# Toute la Nature

**Dans la même collection :**

Tous les arbres de nos forêts
Tous les arbres d'Europe
Les plantes sauvages d'Europe
Les plantes-santé
Les plantes-saveur
Les champignons d'Europe
Les insectes d'Europe
Tous les oiseaux d'Europe
Les papillons d'Europe
Les nids, les œufs et les poussins d'Europe
Tous les pigeons d'Europe
Tous les reptiles et amphibiens d'Europe
Tous les chats du monde
Tous les chevaux du monde
Tous les chiens du monde
Tous les mammifères d'Europe
Les traces d'animaux
Les coquillages marins du monde
Les poissons des lacs et rivières d'Europe
Les minéraux, roches et fossiles
L'astronomie
Observer le ciel à l'œil nu et aux jumelles
Etoiles et planètes

# Un multiguide d'initiation

# Toute la Nature

Pat Morris

édition française
Michel Cuisin

Bordas

Edition originale : *The Hamlyn Guide to the Countryside*

ISBN 0 600 35606 X (édition brochée)
ISBN 0 600 35607 8 (édition cartonnée)
Certaines illustrations ont déjà été publiées dans *The Country Life Book of the Natural History of the British Isles* et dans d'autres ouvrages publiés par The Hamlyn Publishing Group Limited

Édition française :

ISBN 2-04-012717-8
Dépôt légal : mai 1987



Achevé d'imprimer à Hong-Kong, par Mandarin
Offset, en mai 1987

# Adresses utiles

**En France**

• Ministère de l'Environnement, direction de la protection de la nature, 14, boulevard du Général-Leclerc, 92521 Neuilly. Pourra vous fournir des informations diverses, notamment la liste des espèces protégées.
• Société nationale de protection de la nature, 57, rue Cuvier, 75005 Paris ; adresse postale : BP 405 75222 Paris cedex 05. Possède un important service de documentation et vous indiquera toutes sortes d'associations plus particulières.
• Ligue française pour la protection des oiseaux, 37, rue du Docteur Pujos, 17300 Rochefort.
• Association française du World Wildlife Fund, 23, rue d'Anjou, 75008 Paris.

**En Belgique**

Inter Environnement
25, rue d'Arlon, 1040 Bruxelles
World Wildlife Fund, 937, chaussée de Waterloo, Boîte 5, 1180 Bruxelles.

**Au Canada**

Service de Protection de l'environnement, 235, rue Clemasy Est, Montréal, Québec.
• World Wildlife Fund, Suite 201, 60, Saint-Clair Avenue East, Toronto 7, Ontario.

**En Suisse**

Ligue suisse pour l'environnement, Wartenergstrasse 22, 4052 Bâle.
• Ligue suisse pour la protection de la nature. Case postale 73, 4020 Bâle.
• World Wildlife Fund, Rieterstrasse 6, Case postale 8027 Zürich.

**N.B.** Pour les très nombreuses associations régionales, voir le *Guide de la nature en France,* éditions Bordas.

# Sommaire



# Abréviations

L. Longueur (c'est la longueur totale ; ainsi, pour les mammifères, c'est la distance séparant le bout du museau de l'extrémité de la queue). Pour les animaux à symétrie rayonnée (étoiles de mer, oursins), la dimension indiquée est le diamètre.

E. Envergure.
Sauf indication contraire, les dimensions sont des moyennes.

sp. Signifie que le nom de l'espèce n'est pas précisé.

# Introduction

L'Europe occidentale, qui forme l'extrémité du vaste continent eurasiatique, comprend une partie des pays baignés par l'océan Atlantique et l'ouest de la Méditerranée, c'est-à-dire la Grande-Bretagne, les Pays-Bas, la Belgique, le Luxembourg, la France, la Suisse, l'Italie, l'Espagne et le Portugal. Le courant chaud du Gulf Stream qui longe ses côtes en adoucit le climat. Les vents dominants venus de l'ouest imprègnent d'humidité la Grande-Bretagne et les régions littorales, mais les tendances continentales se manifestent à mesure que l'on s'avance vers l'est, les hivers devenant de plus en plus froids et longs car la masse terrestre se refroidit plus que les contrées maritimes. Aux confins de l'Europe centrale, les différences entre les températures hivernales et estivales augmentent, l'air devient plus sec, alors qu'à l'ouest les extrêmes sont atténués par la proximité de la mer.

En direction du sud, l'influence méditerranéenne, rapidement perceptible, se traduit par l'élévation des températures moyennes, la douceur et l'humidité de l'hiver, la sécheresse extrême de l'été. Passées certaines limites, l'aridité du climat se reflète dans la végétation qui possède nombre d'éléments originaux. L'altitude modifie également le climat local et, par conséquent, la faune et la flore. Dans les grands massifs (Alpes, Pyrénées) comme dans certaines chaînes moins élevées (Apennins, Vosges, Jura, etc.), les températures décroissent quand on gravit les pentes, l'air s'assèche, l'influence du rayonnement solaire s'accentue, et en hiver l'épaisseur de la neige affecte profondément la vie de nombreux organismes. Les montagnes opposent une barrière aux vents chargés de vapeur d'eau, c'est pourquoi leurs versants tournés vers l'ouest sont très arrosés, alors que les vallées internes bénéficient d'une atmosphère plus sèche.

## Géologie

La formation de l'Europe a duré plus de 2 600 millions d'années et les roches les plus anciennes se trouvent dans l'ouest de l'Ecosse, les plus récentes dans différents bassins sédimentaires. De la nature des roches dépend l'aspect des paysages. En effet, les plus vieilles, dures, résistent mieux à l'érosion et constituent une grande partie des montagnes et des plateaux. Les roches jeunes sont plus sensibles à l'action des forces érosives qui les découpent de façon spectaculaire. Les matériaux désagrégés s'accumulent dans les vallées où les terres sont riches en substances nutritives favorables à la végétation. La composition de la faune et de la flore dépend dans une très large mesure de la nature des sols, qui peuvent être calcaires, siliceux ou franchement acides. Tous les intermédiaires sont possibles.

Aux roches anciennes correspondent des paysages parfois austères, des côtes très découpées. Les roches relativement récentes et les terres résultant de leur décomposition sont plus propices à l'agriculture, et font vivre un plus grand nombre d'espèces animales et végétales. Elles forment les bassins sédimentaires où sont concentrés villes, aéroports et autres établissements importants. De nos jours, l'homme a transformé la plupart des paysages mais leurs grands traits sont restés intacts. Ils ont été en partie modelés par des forces gigantesques comme celles des glaciers quaternaires.

## Les glaciations

Au cours des deux derniers millions d'années, au moins quatre glaciations ont affecté le nord de l'Europe occidentale, et des glaciers s'étendirent jusqu'au niveau du 50e degré de latitude. Leur masse, qui atteignit une grande épaisseur, rabota les roches sous-jacentes, et les débris créèrent des collines. En montagne, le profil de nombreuses vallées témoigne de leur passage et certains lacs des Alpes et de Grande-Bretagne en sont également la preuve. Les glaciations furent séparées par des périodes où le climat fut souvent plus chaud que de nos jours. Cette alternance de refroidissements et de réchauffements, qui dura des centaines de milliers d'années, a laissé des traces dans la faune et la flore.

## Influence des glaciations

A l'époque où ils atteignirent leur développement maximal, les glaciers recouvraient l'Irlande, l'Ecosse, le Pays de Galles, une grande partie de l'Angleterre, les Pays-Bas, la Belgique ainsi que les Alpes. La dernière glaciation (il y a 20 000 ans) fut la moins importante, mais en Grande-Bretagne elle atteignit encore le sud du Pays de Galles. Au sud de la zone envahie par les glaces régnait une végétation de toundra semblable à celle que l'on trouve aujourd'hui en Scandinavie. Parmi les espèces actuellement vivantes, seuls probablement vivaient des animaux tels que le lièvre variable, l'hermine, peut-être la musaraigne pygmée, le lagopède et le bécasseau variable. Les glaciers représentaient un stock d'eau considérable, c'est pourquoi le niveau des mers était inférieur d'environ 100 m à celui que nous connaissons.

La Grande-Bretagne, étroitement soudée au continent, était donc aisément accessible aux animaux qui circulaient à l'emplacement de la Manche et de la mer du Nord. Il y a environ 12000 ans, le climat s'améliora de sorte que plantes et animaux s'avancèrent vers le nord à mesure que les glaciers se retiraient. Après le bouleau et les pins, les chênes et l'aulne se répandirent en même temps que le tétras lyre et le sanglier.

## L'empreinte humaine

L'homme a détruit, ou profondément altéré, certains milieux naturels, mais il en a créé d'autres. De même, il a exterminé diverses espèces mais en a introduit beaucoup d'autres; c'est le cas du faisan de chasse (probablement apporté par les Romains) et récemment du mouflon, originaire du Bassin méditerranéen, désormais largement répandu en Europe occidentale et centrale.

Le lapin, lui aussi méridional, a été propagé par les Romains qui le gardaient dans des enclos. L'élevage de la carpe se développa de façon remarquable au Moyen-Age où ce poisson jouait un grand rôle dans l'alimentation. Parmi les espèces introduites à l'époque moderne, le rat musqué et le ragondin (venus respectivement d'Amérique du Nord et d'Amérique tropicale) tiennent une place non négligeable dans la nature, en raison de leur nombre. Plusieurs espèces ont été acclimatées en Grande-Bretagne dont la faune est plus pauvre que celle du continent. Ainsi, la chouette chevêche y est maintenant largement répandue; d'autres oiseaux comme la bernache du Canada, le canard mandarin, le faisan doré, l'oie d'Egypte, le tadorne casarca et même une perruche vivent maintenant en liberté dans certaines régions de ce pays. Le bien-fondé de ces introductions est évidemment des plus douteux.

Parmi les insectes, diverses espèces inconnues auparavant en Europe occidentale ont été introduites accidentellement et ont eu une influence considérable dans leur nouvelle patrie : il en est ainsi du doryphore et du phylloxera. L'homme a également modifié la distribution de certaines espèces animales en transportant le chamois dans les Vosges, la marmotte dans les Pyrénées, etc. De très nombreuses plantes ont été introduites en raison de leur valeur alimentaire ou de leurs qualités décoratives et plusieurs vivent à l'état sauvage. Au nombre des premières on compte la tomate, l'aubergine, la pomme de terre et parmi les secondes le forsythia, les séquoias, le sapin de Douglas, le chêne rouge d'Amérique, etc.

En outre, l'homme a fortement réduit les effectifs de certaines espèces animales et végétales devenues rares, et ce processus, qui s'est accéléré au cours des dernières décennies, menace des éléments précieux de la faune et de la flore. Ces espèces bénéficient généralement d'une protection légale, qui malheureusement reste trop souvent théorique. Parmi elles citons la loutre et le gypaète.

## Habitats

L'Europe occidentale possède une très grande variété de paysages qui servent d'habitats pour des dizaines de milliers d'espèces animales et végétales. A chaque ensemble végétal correspond une faune particulière, de sorte que l'on peut distinguer maintes communautés à l'intérieur d'un même pays (prairies, landes, forêts de feuillus, champs, etc.). Cette association facilite l'identification, au moins pour certaines espèces, car d'autres, peu exigeantes, trouvent presque partout les conditions nécessaires à leur existence. Ainsi, la corneille noire peut être observée dans les parcs, champs, prairies, et même sur les plages, en plaine et en montagne, alors que le cincle est un oiseau visible seulement au bord des cours d'eau rapides et propres.

Les principaux paysages d'Europe occidentale sont brièvement décrits dans les pages suivantes, mais il ne faut pas perdre de vue qu'ils sont rarement séparés par des limites précises, la transition s'effectuant progressivement, par exemple entre une plage de sable et une vasière. De même, champs, landes et prairies sont reliés par des intermédiaires. L'aspect et la structure des milieux naturels ou transformés évoluent sans cesse : un étang délaissé sera bientôt envahi par la végétation, et la nappe d'eau libre finira par disparaître. En quelques décennies, une plantation de peupliers ou d'épicéas change profondément de sorte que les animaux et les plantes qui l'habitent ne sont plus les mêmes qu'au départ.

Ce livre présente une sélection des espèces les plus communes ou les plus remarquables que l'on trouve en Europe occidentale. Toutes, même les plus banales, jouent un rôle indispensable, dans le milieu où elles vivent. Il faut donc les respecter.

# Le littoral

Les côtes européennes sont entourées par la zone littorale et le plateau continental où la mer est peu profonde. Au-delà du talus continental commencent les abysses et la pleine mer. La vie fourmille dans les eaux côtières, et le nombre ainsi que la diversité des poissons y sont remarquables. Certaines espèces restent au large mais d'autres s'approchent du littoral et viennent se nourrir dans l'espace exondé à marée basse. Ce sont elles que les pêcheurs à la ligne ont le plus de chances de capturer.

De nombreux oiseaux, çà et là des phoques, et beaucoup d'autres animaux vivent aux dépens de ces poissons. Enfin, les eaux littorales sont également riches en plancton.

**La mer** s'échauffe et se refroidit lentement, c'est pourquoi elle exerce une action adoucissante sur le climat des régions côtières, mais elle constitue également une source inépuisable de vapeur d'eau qui arrose ces mêmes contrées sous forme de pluie, brume et brouillard. Le littoral est donc plus humide que l'intérieur des terres, surtout dans l'ouest où les vents dominants viennent de la mer.

**L'espace situé entre les limites des marées** (hautes et basses) est appelé zone intertidale ou de balancement des marées. Les organismes qui le peuplent doivent supporter alternativement l'exposition à l'air et l'inondation par la mer.

**Au-dessous de la limite inférieure des marées,** le fond est sablonneux et descend en pente douce ; l'influence des vagues y

devient peu perceptible et les organismes ne sont jamais exposés à l'air libre. On ne les voit qu'après certaines tempêtes qui agitent les eaux à une profondeur inhabituelle et les arrachent à un habitat normalement non perturbé. Dans ces conditions, ils peuvent être rejetés en grand nombre sur la côte (c'est le cas des étoiles de mer et des aphrodites).

**Le grand large.** Beaucoup de poissons marins forment des bancs où le nombre protège l'individu ; en effet, ils ne disposent d'aucune cachette si ce n'est celle que leur procurent les congénères. Les poissons vivant loin des côtes sont qualifiés de pélagiques. Jadis l'abondance des poissons assurait des ressources régulières aux pêcheurs, mais, depuis quelques décennies, des prélèvements excessifs ont fortement réduit les populations de nombreuses espèces, de sorte qu'il n'est plus rentable de les rechercher.

**Les fonds marins** constituent un habitat où les animaux ne trouvent guère d'abris, c'est pourquoi beaucoup s'enfouissent dans le sable. Toutefois, certains vers, comme les sabelles, se construisent un étui tubulaire au moyen de grains de sable cimentés. Ils sont parfois si nombreux qu'ils forment de véritables forêts miniatures visibles dans la zone intertidale. Les organismes benthiques, qui vivent sur le fond de la mer constituent le benthos.

Bien éclairées, **les eaux marines superficielles** sont fréquentées par des myriades d'algues planctoniques (phytoplancton) qui servent d'aliment à de tout petits animaux (zooplancton) ; à leur tour, ceux-ci font vivre d'autres invertébrés, des poissons et des oiseaux.

# Plages de sable

Les plages de sable sont en règle générale faiblement inclinées de sorte qu'à marée basse de vastes surfaces sont, chaque jour, longuement exposées à l'air libre et au soleil. Il en résulte que la plupart des organismes qui fréquentent ce milieu risqueraient de se dessécher ou d'être surpris par des prédateurs s'ils ne s'enterraient dans le sable. On les voit à condition de les déterrer ou après leur mort, quand la mer les rejette sur la plage. A marée basse, les grains de sable se dessèchent et ceux que le vent entraîne en haut du rivage y forment des dunes. Celles-ci sont fort appréciées par les touristes qui, trop nombreux, bouleversent la végétation et dérangent les animaux. Actuellement, rares sont les dunes épargnées par ces perturbations.

**Les bancs de sable et les îlots** exondés temporairement sont recherchés par les petits échassiers qui s'y reposent ou s'y nourrissent de vers et d'autres animaux fouisseurs. En outre, ils se trouvent en sécurité car nul ne peut les approcher sans être vu.

C'est **juste au bord de l'eau** que l'on trouve souvent les restes échoués d'animaux qui, normalement, vivent en profondeur, au-dessous de la limite atteinte par les plus basses mers. Les amas d'algues et les autres épaves représentent des cachettes humides pour les puces de mer et divers animaux littoraux incapables de résister longtemps à la dessiccation.

La faible inclinaison des **plages** rend compte de l'étendue de la zone intertidale. A marée montante, l'eau est peu profonde et l'action des vagues reste limitée. **Les plages de galets** ont une pente beaucoup plus raide, la zone exposée à marée basse

y est plus courte et les vagues s'y brisent avec force.

**Les dunes** sont dues à l'accumulation du sable soufflé par le vent. Ce sable ne retient pas l'humidité, est imprégné de sel et constamment agité, c'est pourquoi rares sont les plantes (par ex. l'oyat) capables de s'adapter à ces conditions instables.

**Dans les lagunes** isolées de la mer par un cordon littoral, l'eau, dilućc par la pluie, est moins salée et les vagues ne l'agitent point. Ces plans d'eau offrent un asile à de nombreux invertébrés et à des oiseaux qui s'en nourrissent.

**Les dépressions situées entre les dunes** peuvent être très humides si l'eau de pluie s'y accumule. Ces mares font vivre des larves d'insectes et sont entourées de saules. L'abri fourni par les dunes explique la présence de quelques plantes comme le chardon bleu et une euphorbe et celle d'oiseaux qui nichent à terre, tels l'huîtrier-pie et le gravelot à collier interrompu.

Les dunes ne cessent de s'agrandir du côté tourné vers la mer, alors que sur l'autre versant la végétation tend à les stabiliser. La pluie dissout le sel et les débris de coquillages, laissant un sable propre, plutôt acide, où peut se développer une lande dominée par la bruyère qui, finalement, sera remplacée par des broussailles.

# Côtes rocheuses et falaises

Sur les côtes bordées par des roches dures, l'érosion marine entraîne la formation de falaises. Plus les roches sont résistantes, plus les parois seront verticales. Les roches tendres comme le calcaire et les marnes se désagrègent et les falaises de ce type sont relativement lisses et fragiles. Elles offrent peu d'emplacements favorables aux oiseaux et aux plantes. En revanche, les falaises de granit, découpées en fragments séparés par des crevasses profondément sculptées, possèdent de nombreuses corniches recherchées par les oiseaux.

**La cime des falaises** représente un habitat hostile, fréquemment aspergé par les embruns. De nombreuses plantes ne supportent pas ces conditions et la végétation se compose donc d'espèces spécialisées, particulièrement adaptées.

**Les rochers** qui se détachent des falaises s'entassent à leur base et forment une zone d'éboulis caractéristique, recouverts par l'eau à marée haute. Toutefois, sur certaines côtes, ils sont submergés en permanence.

**La partie supérieure des côtes rocheuses** n'est arrosée que lors des grandes marées. Plus bas, les roches sont exondées chaque jour des heures durant. Seules certaines espèces d'algues et d'animaux marins supportent ces variations, et se répartissent à des niveaux différents selon leur plus ou moins grande tolérance à l'inondation et au dessèchement.

**A marée basse,** les mares subsistant dans les creux de rocher protègent des animaux et des plantes qui autrement dessécheraient à l'air libre. On peut y observer diverses espèces intertidales.

**Tous les organismes vivant sur les rochers** sont exposés aux chocs répétés des vagues ; la plupart doivent donc se cramponner au substrat pour ne pas être entraînés. Certains animaux qui cherchent refuge dans les fentes, sous les rochers ou parmi les frondes des algues échappent aux regards.

**Au-dessous de la limite inférieure** des basses mers, la côte s'incline doucement et les rochers sont souvent moins nombreux.

# Vasières et estuaires

La vase se compose de très fines particules minérales, en suspension dans l'eau, et qui se déposent si cette dernière est presque calme. Les conditions nécessaires à la formation des vasières sont réunies à l'embouchure des fleuves lents. Les sédiments constituent des bancs dont la forme varie sans cesse et qui peuvent disparaître à la suite d'une tempête ou d'une modification majeure du régime des marées. La vase et l'eau qui la recouvre sont riches en éléments nutritifs. Il en résulte que la faune des vasières est dominée par des vers et des mollusques qui se nourrissent en filtrant l'eau, et par des oiseaux auxquels ces invertébrés servent d'aliment.

**Les vasières** sont défavorables aux grands animaux en raison de l'absence d'abris et de leur instabilité. En revanche, les petites espèces peuvent aisément creuser un terrier ; les invertébrés fouisseurs sont donc les plus nombreux.

**Des plantes supportant le sel** croissent aux endroits où la vase est exondée à marée basse ; elles contribuent à la fixer, et à mesure que le sol s'affermit, la pluie réduit la salinité, d'autres plantes s'installent et des oiseaux profitent de l'abri qu'elles leur offrent.

**Les vasières soumises à l'influence**

**des marées** sont souvent couvertes de vastes prairies de zostères et d'algues broutées par les oies et les canards.

Certains oiseaux n'ont aucune peine à enfoncer leur long bec dans la **vase molle,** pour y trouver des invertébrés. En hiver, les vasières sont fréquentées par de très nombreux volatiles qui viennent s'alimenter, car elles ne gèlent pas, étant salées et recouvertes par la mer deux fois par jour. Il s'agit en particulier de petits échassiers qui, après avoir niché à l'intérieur des terres dans le nord de l'Europe, migrent vers le sud car ils ne pourraient subsister dans leur pays d'origine.

**A marée descendante,** l'eau se retire, creusant un réseau complexe de rigoles dont certaines conservent un peu de liquide.

**Vers et mollusques bivalves,** adaptés au fouissement, sont les plus abondants des invertébrés vivant dans les vasières.

**Les épaves,** troncs d'arbres et pieux sont rapidement recouverts par la vase qui s'accumule autour d'eux. Dans un environnement instable ils représentent de véritables petits îlots sur lesquels se fixent toutes sortes d'invertébrés sessiles, comme les balanes, des algues, et où se perchent des oiseaux.

# Cours d'eau

Le nombre des espèces animales et végétales vivant dans un cours d'eau dépend de la vitesse du courant. Torrents et ruisseaux rapides coulent généralement dans les régions accidentées, et le mouvement de leurs eaux crée des turbulences qui entraînent les animaux incapables de se fixer au substrat ou de résister en nageant. Mais ces eaux vives ont l'avantage d'être froides et bien oxygénées. A l'opposé, les rivières lentes ont des eaux moins riches en oxygène : maints vertébrés et poissons en sont exclus. Elles traversent les plaines et sont fréquemment polluées par les produits chimiques agricoles, les déchets industriels et ceux qui proviennent des égouts.

**Les torrents** ont une végétation aquatique très réduite car, s'ils sont riches en oxygène, leurs eaux tumulteuses déracinent la plupart des plantes. La majorité des animaux qui les peuplent se mettent à l'abri du courant et beaucoup se cachent sous les pierres.

Constamment humidifiés, **les rochers et la terre éclaboussés par les cascades** représentent un milieu favorable aux moustiques et aux hépatiques.

Parvenues dans les vallées, les eaux cou-

lent plus lentement et les rivières serpentent. En raison de l'étendue de l'espace drainé par ces dernières, l'eau a tendance à s'accumuler dans les parties les plus basses des bassins hydrographiques et inonde la campagne, notamment après les orages violents.

**Les rivières de plaine** traversent souvent les terres argileuses et les graviers qu'elles ont déposés au cours des âges. Ces dépôts s'entassent en couches horizontales, ce qui augmente les risques d'inondation pendant les crues. L'humidité ambiante favorise l'agriculture, mais les terres fréquemment recouvertes d'eau sont réservées à l'élevage. Les prairies humides sont fréquentées par de nombreux oiseaux et invertébrés. Une végétation luxuriante borde les rivières, mais on l'élimine périodiquement car elle entrave l'écoulement.

**Les forêts** de conifères et de feuillus ainsi que les haies situées dans les parties supérieures des bassins hydrographiques sont de gigantesques éponges qui retiennent de grandes quantités d'eau de pluie, empêchant l'érosion et retardant les crues.

# Lacs, étangs et marais

Les rives des lacs et des étangs constituent l'un des milieux les plus riches qui soient, mais aussi l'un des moins stables. En effet, la croissance de la végétation aquatique, l'accumulation de débris font lentement reculer la nappe d'eau, et préparent l'installation des plantes franchement terrestres. La faune et la flore aquatiques sont fortement influencées par la composition de l'eau qui dépend elle-même de la nature du sol et de la quantité de polluants en provenance des champs voisins.

**La ceinture de plantes émergées**, tels les roseaux, offre des emplacements de nidification à différents oiseaux et un microclimat favorable à beaucoup d'insectes et autres invertébrés.

Les nénuphars et d'autres plantes poussant **en eau profonde** s'enracinent dans la vase tandis que leurs feuilles flottent à la surface. Toutefois, ces végétaux ne peuvent croître dans les eaux boueuses riches en éléments nutritifs où la lumière solaire ne pénètre plus.

**Les matières polluantes** d'origine organique et les engrais lessivés par les pluies aboutissent dans les plans d'eau. Cet enrichissement en éléments nutritifs, appelé eutrophisation, se traduit généralement par la prolifération de certaines algues et l'appauvrissement de la faune car de nombreuses espèces ne peuvent plus vivre dans ces conditions.

**De la profondeur de l'eau** dépend dans une large mesure la composition de la flore et de l'avifaune. En plaine, les étangs et les lacs naturels ont généralement des rives faiblement inclinées, pourvues d'anses, et

une zone d'eaux peu profondes où plantes et animaux fourmillent. En revanche, les réservoirs artificiels et les gravières ont souvent des berges abruptes et un niveau variable de sorte que leur faune et leur flore sont relativement pauvres.

**Pour observer** les animaux aquatiques on se sert d'un petit filet que l'on promène au-dessus du fond et de la végétation. Une loupe facilitera leur examen dans un récipient rempli d'eau (assiette blanche ou coupelle de plastique posée sur un papier blanc) avant qu'ils ne retrouvent leur élément.

**Les prairies humides** proches des rivières qui débordent souvent ont un sol fertile engraissé par les alluvions, et par conséquent une flore riche. Les inondations empêchent l'établissement de cultures, mais ces prairies sont pâturées ou servent à la production de foin.

**Les arbres** qui poussent au bord de l'eau appartiennent à quelques espèces capables de vivre dans un terrain gorgé d'humidité et périodiquement inondé. Ils représentent un élément essentiel du paysage et sont fréquentés par des oiseaux qui nichent dans leur ramure.

**Marais et tourbières** sont habités par des organismes originaux et précieux pour cette raison. Malheureusement les tourbières, qui couvrent une faible superficie en Europe occidentale (sauf localement) sont de plus en plus éliminées par le drainage.

# Les forêts de feuillus

Mis à part les Pays-Bas et la Grande-Bretagne, les autres pays d'Europe occidentale sont assez fortement boisés (taux de boisement égal ou supérieur à vingt pour cent). Les forêts d'arbres à feuilles caduques (= feuillus) présentent une grande diversité due non seulement à la variété des arbres mais aussi au mode de traitement appliqué, celui-ci influant sur la présence des animaux et des autres plantes. Certains animaux vivent à terre et d'autres dans les cimes. On estime qu'environ cinq cents espèces d'insectes vivent aux dépens des chênes, profitant de leurs feuilles, écorce, fruits, bois, etc.

Quelques mammifères, des oiseaux et de nombreux insectes trouvent leur nourriture dans **la voûte forestière** (par exemple les chenilles de la tordeuse verte). Les branches offrent un support relativement inaccessible à beaucoup de nids. Quand les feuilles ont poussé, au printemps, les arbres répandent une ombre qui empêche la croissance de mainte plante herbacée.

**Taillis.** Certains arbres rejettent de souche, c'est-à-dire qu'après une coupe leurs souches produisent des rejets formant, lorsque ces coupes sont nombreuses, un taillis. Jadis on coupait systématiquement certaines espèces (châtaignier, charme, noisetier) tous les 25 à 30 ans de façon à obtenir des perches destinées aux clôtures et à d'autres usages. Les taillis ont une flore et une faune assez riche mais moins variée que celle des arbres âgés. Les coupes régulières facilitent la pénétration de la lumière qui stimule la croissance de nombreuses petites plantes.

**Les arbres morts et leurs souches** sont décomposés par des champignons, des bactéries et de petits animaux. Ces restes servent aussi d'observatoire temporaire à l'écureuil. Les arbres pourrissants fournissent le gîte et le couvert à une foule d'invertébrés et en particulier à des coléoptères dont les larves rongent le bois.

**Les ornières, les fossés** et autres dépressions remplies d'eau constituent autant de lieux de ponte pour les moustiques et certains moucherons ; il en est de même des creux situés à la base des troncs doubles et de certaines crevasses des écorces.

En automne, **les arbres à feuilles caduques** perdent leur feuillage. Les feuilles mortes sont décomposées par d'innombrables organismes qui restituent au sol les éléments nutritifs qu'elles renfermaient. Ce tapis — ou litière — dissimule de nombreux petits mammifères et invertébrés ; en outre, certains oiseaux nichent à sa surface. Les feuilles des différentes essences se dégradent plus ou moins vite, et la litière change en conséquence ; ainsi, dans les hêtraies, les feuilles mortes résistent longtemps au pourrissement, tandis que dans les chênaies ou les bois de bouleaux elles disparaissent rapidement et la végétation herbacée est plus abondante.

**Allées et clairières** interrompent la voûte et favorisent la pénétration des rayons solaires qui stimulent la croissance des petits végétaux dont les fleurs attirent des insectes comme les papillons.

La majorité des « fleurs » poussent sous les arbres avant que ceux-ci aient acquis leur feuillage. Au contraire, en plein été, elles se font rares sauf dans les espaces dégagés et les chemins.

# Les forêts de conifères

Sur les collines et en montagne, des terres impropres à l'agriculture ou fortement érodées ont été reboisées avec des conifères (pins, épicéas). Ces arbres sont les plus utilisés car ils poussent plus vite que les essences à feuilles caduques et procurent rapidement un revenu appréciable. D'une façon générale, pour le biologiste, les plantations de conifères sont moins intéressantes que les forêts de feuillus, mais il serait abusif de les comparer à des déserts car elles hébergent des plantes et des animaux que l'on ne trouve guère ailleurs. Les forêts naturelles de conifères constituent un milieu bien plus riche, comparable aux hêtraies, aux chênaies, etc.

**Les conifères projettent une ombre épaisse,** qui persiste toute l'année puisqu'ils perdent leurs feuilles (aiguilles) de façon très progressive. L'obscurité relative des plantations d'épicéas est caractéristique, ainsi que la quasi-absence de végétation herbacée.

**Les forêts de pins sylvestres** ont un

tout autre aspect, car il s'agit d'arbres au feuillage peu épais, qui laisse passer la lumière, si bien que les fougères et d'autres plantes poussent aisément en abondance.

Les forêts de sapins pectinés, plus sombres, ont un sous-bois plus riche que celui des pessières (forêts d'épicéas) surtout si des hêtres se mêlent aux résineux. Elles existent surtout en montagne.

**Les plantations de conifères**, très denses dans leur jeunesse, sont alors fréquentées par de très nombreux animaux car la végétation herbacée y est encore luxuriante.

**Certains conifères prospèrent dans les terrains pauvres** et sous les climats rudes où les feuillus ne pourraient subsister, c'est pourquoi les reboisements affectent surtout les sols infertiles.

Au bout d'un certain nombre d'années, les cimes répandent leur ombre, le sous-bois se dénude plus ou moins, mais les branches serrées offrent des abris contre le vent et la pluie à divers oiseaux et à quelques mammifères.

Plusieurs espèces de conifères servant aux plantations à grande échelle sont originaires d'autres continents et font vivre moins d'animaux que les essences indigènes.

# Landes, maquis et garrigues

Les landes occupent des terres sablonneuses et pauvres ; en terrain calcaire elles ont pour équivalent des friches ou pelouses couvertes d'une végétation caractéristique. Les sols de ces lieux incultes sont bien drainés et s'échauffent rapidement. Beaucoup d'insectes et de reptiles les apprécient, mais la rareté des éléments nutritifs explique la faible densité de la végétation. Les landes, où règnent les bruyères, peuvent être envahies par le bouleau, le pin sylvestre et l'ajonc si elles sont à l'abri des incendies et du pâturage. Partout les landes ont régressé et, sur le continent, il n'en reste plus que des lambeaux dont les plus remarquables font l'objet d'une protection qui devrait les soustraire aux déprédations.

En mainte région, **les coteaux calcaires** sont revêtus d'une végétation où dominent des buissons tels le cerisier Sainte-Lucie et les genévriers. Des plantes, comme diverses orchidées, les embellissent à l'approche de l'été. Malheureusement, ces espaces sauvages sont, eux aussi, menacés par

l'extension des champs et certaines activités de loisir.

**Dans les Ardennes belges,** les hautes fagnes possèdent une végétation originale entourée par la forêt des hêtres, chênes, bouleaux, charmes et conifères. La camarine, la callune et des plantes carnivores comptent au nombre des espèces les plus remarquables.

**Dans le Midi,** deux formations végétales représentent les vestiges de l'ancienne forêt disparue depuis longtemps à la suite d'une exploitation abusive, d'incendies répétés et d'un pâturage excessif. Sur les terrains calcaires, c'est **la garrigue** qui a l'aspect d'un gigantesque archipel de petits buissons entourés de plantes herbacées. En terrain siliceux, **le maquis** bien plus épais et plus haut (2-3 m), impénétrable en raison de sa densité, comporte çà et là quelques arbres qui le dominent (pins, chêne vert). Le maquis couvre de vastes étendues sur les pentes des montagnes.

# Prairies, champs et bocages

On admet que, si les agriculteurs délaissaient champs et prairies, les plaines et les plateaux seraient peu à peu envahis par des broussailles, et, finalement, il se formerait une forêt probablement dominée par le hêtre ou le chêne selon les régions. Le « défrichement » effectué au Moyen-Age et plus tard a modifié les paysages naturels et leur a donné l'aspect que nous leur connaissons. A côté des terres cultivées, d'autres espaces couverts de plantes herbacées forment les prairies, entretenues par les bestiaux (moutons et vaches). L'influence du lapin de garenne peut être considérable localement s'il prolifère, car il élimine les jeunes arbres. Dans les pays de bocage l'homme soigne les haies, mais beaucoup ont été arrachées au cours des dernières décennies. C'est surtout dans l'Ouest qu'elles créent un paysage très compartimenté, très boisé mais où les vraies forêts sont peu nombreuses.

**En broutant l'herbe,** les moutons empêchent l'éviction de certaines espèces végétales de petite taille par celles qui pourraient les étouffer. Si le pâturage ou le fauchage sont suspendus, les plantes ligneuses s'installent progressivement dans les prairies et ce nouvel habitat attire des insectes et des oiseaux absents auparavant.

On fauche **les accotements** des routes pour éviter le développement des brous-

sailles et améliorer la visibilité. Cette intervention est peu fréquente pour des raisons économiques, mais elle a les mêmes conséquences que le pâturage. La végétation herbacée qui pousse sur les talus diffère donc quelque peu de celle des prairies pâturées, par la présence de plantes élevées.

Sur les terres les plus fertiles s'étendent des **champs** immenses où dominent les plantes cultivées (blé, orge, maïs, betteraves, pomme de terre), les espèces sauvages étant éliminées au maximum. Dans ce milieu défavorable à de nombreuses espèces, la faune et la flore sauvages sont relativement pauvres et les parasites des cultures sont parfois les plus nombreux, tant qu'ils ne sont pas détruits.

**Les haies** constituent un habitat artificiel puisque beaucoup ont été plantées. Elles fournissent abri et nourriture à de très nombreux animaux et végétaux sauvages tout en exerçant une influence non négligeable sur le microclimat local.

**Les fourmilières** ne manquent pas, dans les prairies, et peuvent avoir un âge vénérable (cent ans ou même plus). Sur les buttes herbeuses qu'elles occupent poussent des plantes spécialement adaptées, car le substrat est instable.

**Limaces et escargots** sont souvent les principaux animaux herbivores dans les prairies en terrain calcaire et peuvent consommer davantage de végétaux que des moutons. Il arrive qu'on en dénombre plusieurs centaines sur un mètre carré.

# Les montagnes

En moyenne, **la température diminue** d'un degré à mesure que l'on s'élève de cent cinquante mètres. A haute altitude le vent est l'un des facteurs qui explique l'absence d'arbres ; ceux-ci sont remplacés par des arbustes nains (pin de montagne, rhododendron), puis plus haut, par des coussinets de plantes herbacées et finalement par des lichens et des mousses qui se réfugient dans des fissures.

L'intensité du rayonnement solaire, les variations considérables de température d'une saison à l'autre et au cours d'une période de vingt-quatre heures influent de façon négative sur la végétation, qui présente toutes sortes d'adaptations lui permettant de résister aux conditions ambiantes rigoureuses.

Parmi les milieux les plus hostiles aux plantes, on compte **les éboulis** situés au pied des falaises, mais l'alternance du froid et de la chaleur contribuent à fissurer les blocs de rocher, et des plantes pionnières parviennent à s'établir dans les creux.

C'est surtout dans les Alpes et les Pyrénées que l'on remarque **l'étagement de la végétation,** formée jusqu'à 600-800 m des mêmes espèces qu'en plaine. Puis, jusqu'à

1 300-1 700 m s'étendent des forêts mixtes de conifères et d'arbres à feuilles caduques (étage montagnard). A partir de 1 700 m et jusqu'à 2 300 m, l'étage subalpin est caractérisé par les forêts de conifères (épicéas, mélèzes, pins aroles). Enfin, plus haut encore et jusqu'à 3 000 m, c'est le domaine des plantes herbacées précédées par les arbres nains (étage alpin), auquel succèdent les neiges éternelles entre 3 000-3 500 m et 4 810 m. Toutefois, cette division reste schématique et varie selon la latitude, l'orientation des massifs et le climat local. D'une façon générale, les versants ensoleillés exposés au sud ont une végétation différente de celle des pentes plus froides, tournées vers le nord, où dominent les forêts de conifères.

**Les eaux des lacs montagnards,** généralement pauvres en éléments nutritifs, sont transparentes, froides et presque dépourvues de végétation.

Une partie des **alpages** (= prairies d'altitude) est broutée par des moutons ou des vaches qui y passent la belle saison et descendent dans les vallées et les plaines en automne. En mainte région la transhumance et l'exploitation des prairies ayant cessé, la composition de la flore a changé, car l'influence des herbivores sauvages (campagnols, marmotte, bouquetin, chamois) diffère de celle du bétail.

# Villes et jardins

On croit souvent que l'extension des villes élimine définitivement la flore et la faune sauvages. Il n'en est rien sauf en ce qui concerne certains éléments originaux qui ne peuvent s'adapter au bouleversement résultant de l'envahissement du béton. La richesse animale et végétale des milieux urbains est remarquable. Certes, nombre d'espèces sont cultivées, et l'homme s'efforce de détruire les animaux qui en profitent, mais beaucoup d'oiseaux et de mammifères trouvent un habitat correspondant à leurs besoins dans nos jardins et dans certains espaces incultes qui subsistent même au centre des agglomérations (talus de voies ferrées, décombres, vieux cimetières, etc.). La végétation y est surtout composée de plantes sauvages. En ces lieux, la rareté des grands prédateurs, l'absence d'interventions humaines (engrais, pesticides, façons culturales) permettent le maintien d'une faune et d'une flore parfois aussi riches qu'à la campagne.

**Les greniers** des maisons, chauds, sombres et tranquilles, offrent des conditions idéales à certains oiseaux (martinet noir par exemple), aux guêpes qui y bâtissent leurs nids, aux araignées qui s'y reproduisent ainsi qu'à certaines chauves-souris. Ils jouent un rôle important pour la survie de ces dernières et, en Grande-Bretagne, il est devenu illégal de déranger leurs colonies. L'hirondelle de fenêtre colle son nid sous les balcons et les corniches.

**Les caves** constituent un milieu frais, obscur et humide, favorable à divers invertébrés. Certains renards citadins y pénètrent ainsi que des rats et des souris qui fréquentent également les espaces existant sous les planchers.

Plusieurs papillons (paon de jour, petite tortue) hibernent dans **les abris de jardins** frais et secs. Les tas de feuilles mortes et autres déchets sont fréquentés par le hérisson, et les composts offrent à l'orvet des emplacements de ponte.

**Les parcs urbains** servent d'habitat permanent, ou d'escale, à des oiseaux. Les arbres des boulevards abritent des dortoirs de moineaux et d'étourneaux.

Lichens et mousses envahissent **ruines et vieux murs** dont les fentes abritent des araignées et d'autres invertébrés.

**Les vieux cimetières** sont plus ou moins envahis par des plantes sauvages, et les pierres tombales, souvent formées de calcaire ou de roches très dures, constituent un milieu propice à l'installation des lichens. Les inscriptions gravées nous renseignent sur l'âge maximal de ces plantes qui poussent lentement.

Certains animaux trouvent une source permanente de nourriture dans **les dépôts d'ordures** et les champs d'épandage des banlieues sont fréquentés par divers oiseaux.

Les usines, les foyers domestiques et les automobiles rejettent des gaz tel l'anhydride sulfureux qui, s'ajoutant à l'oxyde de carbone et au gaz carbonique, rendent l'atmosphère urbaine mortelle pour les végétaux les plus sensibles à la pollution. La suie et la poussière, polluants solides, recouvrent tout et sont également nuisibles à de nombreuses plantes. Cependant les contrôles et diverses mesures ont localement permis une réduction sensible de cette pollution et plusieurs plantes en ont bénéficié. Leur présence conditionne celle des insectes et finalement celle des oiseaux insectivores, comme les hirondelles de fenêtre, qui réussissent à subsister au cœur des grandes cités.

# Plantes sans fleurs

On croit souvent que plantes et fleurs sont synonymes alors qu'en réalité il existe plusieurs grands groupes de plantes dépourvues de fleurs. Il s'agit pour la plupart de végétaux apparus sur la Terre il y a des centaines de millions d'années, bien avant les plantes à fleurs. Les fleurs servent essentiellement à la reproduction et attirent les animaux (insectes et autres) qui assurent la pollinisation. Les plantes sans fleurs se reproduisent de façon tout à fait différente.

**Ci-contre, amanites tue-mouches. Cette belle espèce toxique pousse sous les bouleaux et les pins.**

## Champignons

Au sein du monde végétal les champignons se distinguent par l'absence de chlorophylle, ce pigment vert indispensable à la photosynthèse (production d'aliments à partir de gaz carbonique et d'eau). Ils se nourrissent en absorbant des molécules préexistantes et, pour cette raison, ils croissent généralement sur les cadavres d'autres plantes, d'animaux ; ce sont alors des saprophytes (à moins qu'ils ne soient parasites). N'ayant pas besoin de la lumière solaire, ils peuvent prospérer à l'ombre ou même dans l'obscurité.

Les champignons sont constitués d'un entrelacs de filaments appelés hyphes, qui pénètrent dans le substrat pour absorber la nourriture. Ce que l'on appelle couramment « champignon » ne représente en fait que la fructification de cette masse, appelée mycélium. Le « champignon » sort de terre pour que les spores (éléments reproducteurs) se dispersent. De nombreux champignons, telles les moisissures et les levures, ne possèdent pas ces appareils reproducteurs et passent inaperçus du profane, malgré leur abondance. Leur identification étant difficile, ils ne figurent pas dans ce livre.

Les champignons « à chapeau » et ceux qui ont la forme d'une console sont des végétaux très visibles. Dans nos pays on en connaît des centaines d'espèces mais seules les plus communes seront décrites. Qu'ils ressemblent à des parapluies, à des étagères ou à des sacs, les champignons émettent un très grand nombre de spores (des millions chaque jour chez certaines espèces).

Les spores diffèrent des graines par l'absence de réserves nutritives, c'est pourquoi elles sont minuscules et ressemblent à des grains de poussière très fins. Le vent assure leur diffusion, et leur nombre élevé compense les pertes.

### Ecologie

La plupart des champignons résistent mal à la sécheresse et abondent surtout dans les endroits humides et ombragés. Les hyphes de certaines espèces s'associent aux racines des arbres sous forme de mycorhizes. Cela explique leur présence fréquente à proximité de telle ou telle essence, par exemple celle de l'amanite tue-mouches sous les bouleaux. Beaucoup

**Les spores de la vesse de loup perlée sont dispersées par le vent. Ce champignon peut en produire environ un million par jour et elles sont parfois emportées jusque dans la haute atmosphère.**

**Le polypore versicolore *Trametes versicolor* attaque un vieil arbre. La plupart des arbres sont tués par des champignons et cette espèce est la plus commune sur les gros arbres vivants.**

apparaissent à une saison particulière, l'automne étant la plus propice à nombre d'espèces. Malgré leur petite taille, les champignons jouent un rôle essentiel dans la nature car ils décomposent le bois mort, les excréments des animaux, les feuilles mortes et toutes sortes de débris organiques qui, sans eux, s'entasseraient sur le sol. Certains sont nuisibles puisqu'ils s'attaquent aux clôtures et au bois d'œuvre. De même, diverses espèces parasites (non décrites ici) détruisent des plantes cultivées dans les champs, les jardins et les serres. Beaucoup de champignons servent de nourriture aux animaux (insectes, limaces, écureuils, etc.) mais leur valeur nutritive est faible. Plusieurs espèces indigènes sont mortelles pour l'homme sans l'être pour les animaux, et un plus grand nombre entraînent des troubles digestifs ou nerveux plus ou moins graves. Pour éviter tout empoisonnement ne consommez aucun champignon sans l'avoir identifié correctement ou demandez l'avis d'un véritable expert.

## Algues

Les algues existent sous deux formes très différentes : les unes, microscopiques, n'ont qu'une seule cellule, les autres, bien visibles, sont plus ou moins volumineuses. Les premières servent de nourriture au plancton animal de la mer et des eaux douces. Extraordinairement abondantes et variées, elles ne sont pas décrites dans ce guide car leur identification est réservée aux spécialistes équipés de microscopes. Certaines algues simples vivant dans les eaux douces ont l'aspect de chaînes filamenteuses de cellules et, comme beaucoup d'autres, elles envahissent souvent les étangs dont les eaux sont enrichies par des engrais ou les effluents d'égout. Il en résulte un déséquilibre du milieu aquatique.

## Algues marines

Comme celle des espèces unicellulaires, leur structure est fort simple, puisqu'elles sont dépourvues de tiges, feuilles, racines et canaux conducteurs de sève. Un crampon les fixe au substrat, mais, à la différence des racines, il n'absorbe ni eau ni substances nutritives. En outre ces algues n'ont pas d'écorce ni de bois et, sorties de l'eau, elles s'affaissent immédiatement ; sauf exceptions, elles ne résistent pas à la dessiccation prolongée. Elles possèdent de la chlorophylle, mais souvent celle-ci est masquée par d'autres pigments bruns ou rouges. Enfin, elles n'ont ni fleurs ni pollen et se reproduisent au moyen de cellules mâles qui nagent dans l'eau de mer pour rejoindre les organes femelles. Leur corps, appelé thalle, se compose du crampon et de la fronde, plus ou moins découpée.

## Lichens, mousses et hépatiques

Il s'agit de petits végétaux simples qui passent souvent inaperçus, sauf s'ils sont

**Les algues marines ont souvent une forme compliquée et de grandes dimensions. A marée basse, il leur faut résister à la dessiccation. Un crampon les fixe aux rochers.**

groupés et forment un tapis vert ou gris qui recouvre sols, écorces ou rochers. On les observe dans les lieux ombragés où ils abondent, sur les rochers, les arbres et les vieux murs mais il faut une loupe et beaucoup d'attention pour examiner les détails de leur organisme et leurs caractères distinctifs.

## Lichens

Les lichens sont des végétaux composites formés d'un champignon et d'une algue vivant en symbiose. On en connaît des milliers dont la coloration varie du noir au blanc en passant par diverses tonalités de vert et de gris. Certains sont orange vif. Ils poussent très lentement et n'atteignent des dimensions relativement importantes que sur un substrat stable, comme un rocher ou l'écorce d'un arbre. Ce support peut faciliter l'identification, car, normalement, ceux qui croissent sur les rochers (ou leurs substituts, toits, murs et pierres tombales) ne se fixent pas sur les arbres. Les lichens arboricoles peuvent avoir l'aspect d'une croûte, d'une feuille, d'une touffe de filaments ou d'une poudre verdâtre. Les lichens tirent leurs aliments inorganiques des poussières de l'atmosphère, mais certains sont très sensibles à la pollution de l'air. La suie, le pétrole et d'autres substances étouffent rapidement les espèces les plus fragiles en empêchant l'algue d'effectuer la photosynthèse.

Les lichens supportent mal l'anhydride sulfureux résultant de la combustion du charbon et du pétrole, et le nombre des espèces présentes, notamment sur les arbres, est un indice de la pureté de l'atmosphère. Ainsi, dans la région de Rouen, on a constaté que la flore des lichens avait fortement diminué depuis le siècle dernier, passant en cent cinquante ans de 300 espèces environ à moins de 10 en 1976. A Lille il y en avait 21 au début du XX$^{e}$ siècle et aucune en 1973. Des études effectuées en Belgique ont donné des résultats analogues.

**De nombreux lichens poussent sur les falaises et rochers calcaires dont la pierre tombale — ci-dessus — est pour eux un substitut.**

**Lichens épiphytes poussant sur un chêne dans une forêt de Belgique. On ne trouve une telle abondance de lichens que dans les régions où l'atmosphère n'est pas polluée, c'est-à-dire en montagne ou à l'écart des régions industrielles.**

## Mousses

Les mousses sont les plus simples des plantes vertes terrestres. La plupart ont une très petite taille et, en raison de leur mode de reproduction primitif, elles ont besoin d'humidité, soit en permanence soit de façon périodique. Malgré cette exigence, certaines mousses (par exemple celles des murs) résistent mieux à de longues périodes de sécheresse que des plantes plus évoluées. Elles doivent cette qualité au fait qu'elles peuvent (en raison de leur structure cellulaire) perdre presque toute leur eau et se recroqueviller avant de reprendre leur aspect normal dès qu'il pleut. Cela leur permet également de résister aux températures élevées.

En apparence les mousses ont une faible importance écologique. En réalité, elles retiennent de grandes quantités d'eau et limitent le ruissellement. Dans les tourbières vivent certaines grandes espèces (20 cm) des genres *Sphagnum* et *Polytrichum*. Les sphaignes *(Sphagnum)* concurrencent les autres plantes dans ces milieux humides et représentent une exception car ce sont les seules à avoir une valeur économique. En effet, elles sont à l'origine de la tourbe qui s'accumule lentement au cours des siècles. La tourbe sert en horticulture et comme combustible après séchage. Dans certains pays, comme l'Irlande, elle est si abondante qu'on la brûle dans les centrales thermiques.

## Hépatiques

Les hépatiques croissent exclusivement dans les lieux humides et ombragés car leur mode de reproduction nécessite, comme celui des mousses, la présence d'un film d'eau à leur surface. C'est au bord des fossés, des cours d'eau, sur les racines des arbres, les piles des ponts, que l'on a des chances d'en voir, mais, à moins de les chercher spécialement, on ne les discernera pas. Petites, elles ont l'aspect de feuilles lobées, molles, d'un vert foncé, appliquées contre le substrat ; on peut donc dire qu'elles ressemblent à des algues terrestres. Leur lame est fixée par des pseudoracines et elles effectuent la photosynthèse mais elles n'ont pas de fleurs, celles-ci étant remplacées par des organes producteurs de cellules sexuées et de spores. Elles se reproduisent aussi de façon végétative.

## Fougères

La majorité des fougères vivent dans les régions tropicales, il y en a peu dans les pays tempérés. Les espèces européennes mesurent généralement moins d'un mètre de haut et la plupart ont des feuilles (appelées frondes) profondément découpées, sauf chez certaines (par ex. scolopendre) où elles sont simples et rubanées. Sur la face inférieure des feuilles se développent de petites capsules (les sporanges) contenant de nombreuses spores minuscules. Dispersées par le vent à maturité, celles qui tombent en milieu humide germent et produisent une lame verte appelée prothalle qui porte des cellules sexuées qui seront à l'origine d'une nouvelle plante. Les fougères présentent donc (comme les mousses, les hépatiques et les prêles) une alternance de générations, le végétal producteur de spores (asexuées) ou sporophyte étant le

**Les hépatiques prospèrent dans les endroits humides et frais. Ci-dessus, les organes reproducteurs de l'espèce *Marchantia polymorpha* se dressent au-dessus de la plante.**

**Les prêles sont des plantes très anciennes, proches des fougères. Les fossiles de leurs ancêtres géants forment le charbon.**

plus visible, le prothalle étant la forme sexuée. Les fougères peuvent également se multiplier rapidement de façon végétative au moyen de leurs rhizomes (tiges souterraines).

A la différence des mousses, les fougères possèdent, comme les plantes à fleurs, des racines et, dans leur tige, un ensemble de cellules dans lesquelles circule la sève. Mais en général leurs feuilles résistent mal à la dessiccation et elles prospèrent surtout dans les lieux humides et frais. Quelques espèces tolèrent la sécheresse et peuvent se flétrir sans mourir. On distingue les fougères d'après la forme de leurs frondes, mais l'aspect et la disposition des sporanges sont également importants pour leur identification.

**Ecologie**

La plupart des fougères n'ont apparemment qu'une faible importance écologique, à l'exception de la fougère-aigle *(Pteridium aquilinum)* qui pousse fréquemment dans les espaces dégagés et se propage rapidement grâce à son rhizome. Ses frondes forment un écran qui ombrage les autres plantes et les empêche de croître. La fougère-aigle peut donc occuper une position dominante sur de grandes surfaces dans les landes et en forêt, remplacer les graminées et diminuer la valeur des pâturages dans certaines régions, mais elle peut servir de litière. En forêt, ses frondes desséchées, facilement inflammables, contribuent à l'extension des incendies.

## Prêles

Les fougères sont des plantes très anciennes puisqu'elles existaient il y a plus de trois cents millions d'années. A l'ère primaire, les prêles ont formé les forêts qui poussaient dans les marécages, et leurs restes fossilisés sont à l'origine du charbon. Les prêles ont une tige cannelée, des rameaux articulés et des feuilles très petites disposées en collerette. Elles partagent avec les fougères quelques caractères importants mais ne leur ressemblent guère extérieurement, de sorte qu'il est facile de les reconnaître. Elles poussent surtout dans les terrains humides.

**C'est en forêt que la plupart des fougères trouvent un habitat favorable, à la fois humide, frais et ombragé. Les fougères font partie des végétaux les plus anciens et ont précédé les plantes à fleurs.**

# Plantes sans fleurs

**Scolopendre** Aspleniaceae *Phyllitis scolopendrium.* 20-60 cm. **Habitat :** bois, haies, murs, corniches rocheuses, puits. Jusqu'à 1 800 m environ. **N.B.** Commune en terrain calcaire.

**Blechnum** Blechnaceae *Blechnum spicant.* 15-50 cm. **Habitat :** plaine et, dans le Midi, en montagne. Localisé. Jusqu'à 2 400 m. **N.B.** En terrain siliceux.

**Capillaire noir** Aspleniaceae *Asplenium adiantum-nigrum.* 15-40 cm. **Habitat :** bois, rochers et murs. **N.B.** Préfère les sols rocailleux, alcalins. Tolère un certain éclairement.

**Prêle commune** Equisetaceae *Equisetum arvense.* 20-60 cm. **Habitat :** localement répandue dans les lieux humides (champs, etc.). Jusqu'à 2 500 m. Absente des tourbières. Encore appelée **queue de cheval.**

**Rue de muraille** Aspleniaceae *Asplenium ruta-muraria.* 6-15 cm, rarement davantage. **Habitat :** rochers calcaires, murs. **N.B.** Sur substrats basiques.

**Fougère-aigle**
Hypolepidaceae *Pteridium aquilinum*. 60 cm-2 m. **Habitat :** très commune en forêt (chênaies, pinèdes) ; landes, clairières. **N.B.** En terrain siliceux, bien drainé. Remplace souvent la bruyère sur les brûlis.

**Ceterach, Herbe dorée**
Aspleniaceae *Ceterach officinarum*. 5-20 cm. **Habitat :** crevasses des rochers calcaires, murs. Jusqu'à 2 000 m.

**Fougère mâle** Aspidiaceae *Dryopteris filix-mas*. 30 cm-1 m. **Habitat :** forêts, haies. Commune jusqu'à 1 500 m, et plus. **N.B.** Tolère des conditions très différentes. Souvent plantée dans les jardins.

**Fougère femelle** Athyriaceae *Athyrium filix-femina*. 40 cm-1 m. **Habitat :** forêts humides, ravins. Jusqu'à 1 600 m. Commune.

***Polystichum*** Aspidiaceae
*Polystichum aculeatum*.
30-80 cm. **Habitat :** bois, haies, corniches rocheuses. **N.B.** Exige un sol riche en bases.

***Dryopteris*** Aspidiaceae
*Dryopteris dilatata*. 20-50 cm.
**Habitat :** bois, haies, corniches rocheuses ombragées. **N.B.** Plusieurs espèces voisines présentes en terrain calcaire ou siliceux. Diffère de *D. carthusiana* par ses écailles foncées aux bords clairs.

***Thelypteris*** Thelypteridaceae
*Thelypteris palustris*. 40-80 cm.
**Habitat :** très localisée dans les marais, les aulnaies et les prés humides. Jusqu'à 2 000 m. **N.B.** Frondes généralement solitaires ; les parties fertiles ont les bords enroulés.

***Polystichum setiferum***
Aspidiaceae. 30-50 cm.
**Habitat :** bois, haies. Grande-Bretagne (rare en Ecosse et dans le nord). **N.B.** Exige un sol riche en bases. Préfère les hivers doux, humides.

**Ophioglosse, langue de serpent** Ophioglossaceae *Ophioglossum vulgatum.* 10-30 cm. **Habitat :** landes et prairies humides, marais. **N.B.** Préfère les sols profonds, riches en humus. Passe souvent inaperçu.

***Botrychium*** Ophioglossaceae *Botrychium lunaria.* 8-20 cm. **Habitat :** prairies sèches, landes. Rare en plaine. Jusqu'à 2 500 m. **N.B.** Dans les terrains bien drainés.

**Polypode** Polypodiaceae *Polypodium vulgare.* 20-50 cm. **Habitat :** bois, haies, rochers, murs. Commun. Jusqu'à 2 000 m. **N.B.** Variable. Parfois sur les troncs.

**Bolet satan** Boletinae *Boletus satanas*. Diamètre du chapeau : 10-30 cm. **Habitat :** bois clairs de feuillus en terrain calcaire. **N.B.** Pores rouge sang. TOXIQUE.

**Amanite vireuse** Agaricineae *Amanita virosa*. Diamètre : 5-10 cm. **Habitat :** Bois de feuillus en terrain siliceux. Assez rare. **N.B.** Blanc pur. Pied souvent fibreux-laineux en surface. MORTELLE.

**Amanite panthère** Agaricineae *Amanita pantherina*. Diamètre : 5-12 cm. **Habitat :** bois de feuillus ou de conifères. Peu commune. **N.B.** DANGEREUSE mais non mortelle en général.

**Amanite phalloïde** Agaricineae *Amanita phalloides*. Diamètre : 5-15 cm. **Habitat :** bois de feuillus et de conifères. **N.B.** Solitaire ou non. Chapeau variant du brun-jaune au vert olive à brun ou blanchâtre. MORTELLE.

**Trompette de la mort, Corne d'abondance**
Cantharellaceae *Craterellus cornucopioides*. Diamètre : 3-8 cm. **Habitat :** forêts de feuillus et mixtes. Commune. **N.B.** En grand nombre dans les feuilles mortes. Eté et automne.

**Rhodopaxille sinistre**
Agaricineae *Lepista personata*. Diamètre : 6-12 cm. **Habitat :** prairies (en cercles). **N.B.** En colonies. Automne (octobre).

**Marasme des Oréades**
Agaricineae *Marasmius oreades*. Diamètre : 2-8 cm. **Habitat :** prairies, bords des chemins. **N.B.** Souvent en cercles (« ronds de sorcières »). Chapeau avec mamelon central. Du printemps à l'automne.

**Lactaire délicieux**
Russulineae *Lactarius deliciosus*. Diamètre : 5-15 cm. **Habitat :** bois de conifères. **N.B.** Zones concentriques sur le chapeau. Chapeau et pied rouge-orangé devenant plus ou moins vert. Lait rouge carotte. Eté, automne.

**Russule comestible**
Russulineae *Russula vesca*. Diamètre : 5-10 cm. **Habitat :** surtout bois de feuillus ; plus rare sous les conifères (montagne). **N.B.** Surtout dans les chênaies. A maturité, dépression centrale sur le chapeau. Eté, automne.

**Hygrophore des prés**
Agaricineae *Camarophyllus pratensis*. Diamètre : 4-10 cm. **Habitat :** prairies, chemins des bois. **N.B.** Eté et automne. Comestible mais médiocre.

**Clitocybe odorant**
Agaricineae *Clitocybe odora*. Diamètre : 3-10 cm. **Habitat :** bois de feuillus et conifères en terrain calcaire. **N.B.** Généralement en groupes. Eté et automne. Chair : odeur d'anis.

**Morille** Pezizales *Morchella esculenta*. Hauteur : 16-20 cm **Habitat :** lisières, bosquets, jardins, vergers, sous les frênes, les ormes, etc. **N.B.** Généralement en terrain calcaire, remué. Printemps.

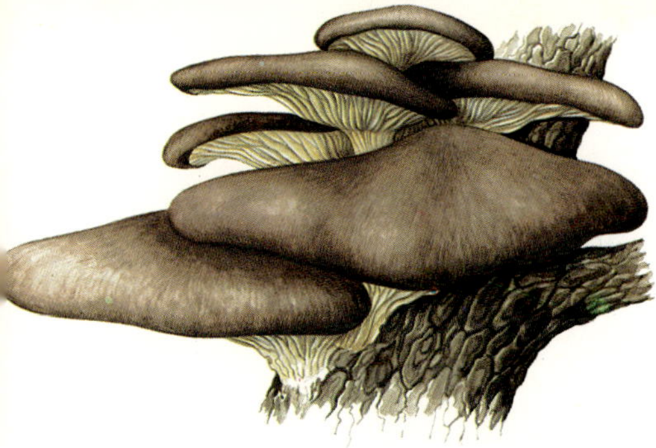

**Pleurote en forme d'huître**
Agaricineae *Pleurotus ostreatus*. Diamètre : 5-15 cm. **Habitat :** sur les troncs d'arbres feuillus (bois, parcs). **N.B.** En touffes denses. De l'automne au printemps. Cultivée.

**Vesse de loup perlée**
Gasteromycetales *Lycoperdon perlatum*. Diamètre : 2-7 cm. **Habitat :** bois de feuillus et conifères en terrain acide. **N.B.** Surtout en groupes. Blanchâtre, devenant brune. Comestible jeune. Eté, automne.

**Bolet orangé** Boletineae *Leccinum versipelle*. Diamètre : 7-15 cm. **Habitat :** sous les trembles, peupliers, saules, bouleaux. **N.B.** Souvent en groupes. Eté, automne.

**Bolet à pied rouge**
Boletineae *Boletus erythropus*. Diamètre : 5-20 cm. **Habitat :** bois de feuillus et de conifères en terrain acide. **N.B.** Solitaire ou non. Pores rouge foncé ou orangé, bleuissant au contact. Eté, automne.

**Bolet bai** Boletineae *Boletus badius*. Diamètre : 3-15 cm. **Habitat :** bois de feuillus et de conifères. **N.B.** Chapeau gluant par temps pluvieux. Brun foncé. Eté, automne.

**Cèpe, Cèpe de Bordeaux** Boletineae *Boletus edulis*. Diamètre : 5-25 cm. **Habitat :** bois de feuillus et bois de conifères (en montagne). **N.B.** Pores blancs puis jaunâtres. Eté et automne. Excellent.

**Coprin chevelu** Agaricineae *Coprinus comatus*. Diamètre : 3-5 cm. **Habitat :** prairies, parcs, jardins, bords des chemins, décombres. **N.B.** En petits groupes. Fragile. Vieillit vite. Lamelles d'abord blanches puis roses, puis noires, se liquéfiant. Eté, automne. Comestible jeune.

**Agaric champêtre** Agaricineae *Agaricus campestris*. Diamètre 4-12 cm. **Habitat :** prairies, jardins, dans l'herbe. **N.B.** (Eté et automne ; abondant après la pluie, en été). Lamelles d'abord roses puis brun foncé.

**Agaric boule de neige**
Agaricineae *Agaricus arvensis*. Diamètre : 5-17 cm. **Habitat :** prairies, haies, forêts de feuillus et conifères. **N.B.** Lamelles d'abord blanches, devenant rosées et brun foncé. Eté, automne.

**Coulemelle, Lépiote élevée**
Agaricineae *Macrolepiota procera* Diamètre : 8-25 cm. **Habitat :** bois de feuillus, haies, prairies, surtout en terrain siliceux. **N.B.** Souvent près des fourmilières et en groupes. Pied coriace. Eté et automne.

**Hydne sinué** Cantharellaceae *Hydnum repandum*. Diamètre : 3-15 cm. **Habitat :** bois de feuillus et conifères. **N.B.** Généralement en groupes ou en cercles. Pas de lamelles mais des aiguillons fragiles. Eté, automne.

**Chanterelle, girole**
Cantharellaceae *Cantharellus cibarius*. Diamètre : 2-10 cm. **Habitat :** bois de feuillus et conifères. **N.B.** Généralement en groupes. Toujours près des arbres. Légère odeur d'abricot.

***Codium tomentosum***
Chlorophyceae. 25-35 cm. **Habitat :** vase, sable, rochers. Etage médio-littoral. Aspect feutré. Manche, Atlantique, Méditerranée.

**Laminaire digitée**
Phaeophyceae *Laminaria digitata.* Atteint 1 m de long et plus. **Habitat :** rochers de l'étage infra-littoral et jusqu'à 30 m. Mer du Nord, Manche, Atlantique. **N.B.** En coupe, stipe ovale.

**Laminaire** Phaeophyceae *Laminaria saccharina.* Atteint 3 m de long. **Habitat :** de l'étage infra-littoral à 20 m. Mer du Nord, Manche, Atlantique. **N.B.** Algue rubanée. Reconnaissable à ses frondes gaufrées.

**Laitue de mer**
Chlorophyceae *Ulva lactuca.* 15-50 cm. **Habitat :** rochers, sauf aux endroits les plus exposés. Mer du Nord, Manche, Atlantique, Méditerranée. Jusqu'à 20 m. **N.B.** Verte ; brunit et noircit en vieillissant. Tolère une certaine pollution.

***Enteromorpha intestinalis***
*Chlorophyceae.* 5 cm-1 m. **Habitat :** estuaires, mares rocheuses à l'étage supra-littoral où l'eau est presque douce. Mer du Nord, Manche, Atlantique, Méditerranée.

# Algues marines

***Himanthalia elongata***
Phaeophyceae. Atteint 2 m. **Habitat :** mares de l'étage infra-littoral et jusqu'à 10 m. Côtes rocheuses. Manche et Atlantique. Souvent en colonies denses. **N.B.** Cupule basale souvent seule.

***Ascophyllum nodosum***
Phaeophyceae. Grande taille dans les lieux abrités : 30 cm-1,50 cm. **Habitat :** côtes rocheuses. Etages supra- et médio-littoral. Mer du Nord, Manche, Atlantique. **N.B.** Pas de côte centrale. Une algue rouge, *Polysiphonia lanosa* se fixe souvent sur elle.

***Laminaria hyperborea***
Phaeophyceae. Atteint 3,50 m. **Habitat :** rochers de l'étage infra-littoral. Mer du Nord, Manche, Atlantique. **N.B.** Pousse un peu plus bas que *L. digitata*. Section du stipe arrondie. Stipe rugueux portant des animaux et d'autres plantes.

***Saccorhiza polyschides***
Phaeophyceae. Atteint 5 m de long et 3 m de large. **Habitat :** rochers ; étage infra-littoral et jusqu'à 30 m. Mer du Nord, Manche, Atlantique. Isolée.

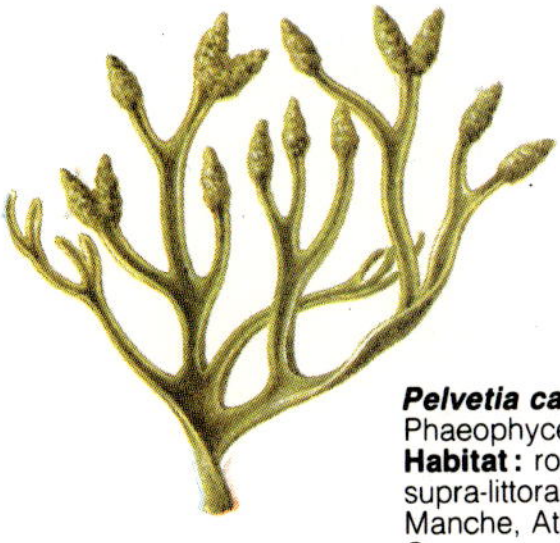

***Pelvetia canaliculata***
Phaeophyceae. 5-15 cm. **Habitat :** rochers de l'étage supra-littoral. Mer du Nord, Manche, Atlantique. Commune. **N.B.** Occupe un niveau particulier.

**Varech** Phaeophyceae *Fucus serratus*. 50 cm-1 m. **Habitat :** rochers de l'étage médio-littoral. Mer du Nord, Manche, Atlantique. Commun. **N.B.** Forme souvent une strate distincte. Porte souvent des animaux.

**Fucus vésiculeux** Phaeophyceae *Fucus vesiculosus*. 15 cm-1 m. **Habitat :** Rochers de l'étage médio-littoral. Mer du Nord, Manche, Atlantique. **N.B.** Forme souvent une strate distincte. Variable. Flotteurs groupés par 2 ou 3.

**Fucus spiralé** Phaeophyceae *Fucus spiralis*. 15-40 cm. **Habitat :** rochers de l'étage supra-littoral sauf aux endroits très exposés. Mer du Nord, Manche, Atlantique. **N.B.** Pas de flotteurs.

***Gigartina stellata*** Rhodophyceae. 10-20 cm. **Habitat :** rochers en bas de l'étage infra-littoral. Mer du Nord, Manche, Atlantique. **N.B.** Sujets âgés couverts de pustules.

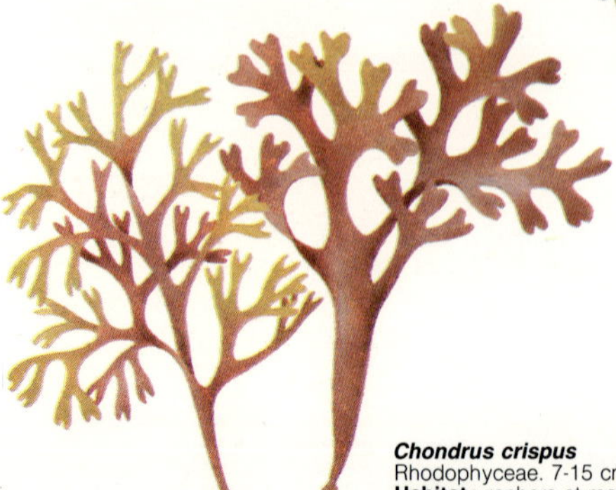

***Chondrus crispus*** Rhodophyceae. 7-15 cm. **Habitat :** rochers et mares de l'étage infra-littoral. Mer du Nord, Manche, Atlantique. **N.B.** Devient verte en lumière vive.

***Lithophyllum incrustans***
Rhodophyceae. Aspect d'une croûte atteignant 4 cm d'épaisseur. **Habitat :** commune dans les mares rocheuses, surtout aux endroits exposés. De la mer du Nord à la Méditerranée. **N.B.** Fortement fixée au substrat.

***Polysiphonia lanosa***
Rhodophyceae. Atteint 8 cm. **Habitat :** sur les autres algues, notamment *Ascophyllum nodosum*. Mer du Nord, Manche, Atlantique.

***Corallina officinalis***
Rhodophyceae. 5-12 cm. **Habitat :** rochers, mares, étage médio-littoral. De la mer du Nord à la Méditerranée. **N.B.** Varie du blanc au rouge, jaune et rose.

***Ceramium rubrum***
Rhodophyceae. 2-30 cm. **Habitat :** rochers, mares ; étages médio- et infra-littoral. Jusqu'à 10 m. De la mer du Nord à la Méditerranée. **N.B.** Du rouge foncé au jaune.

***Dilsea carnosa***
Rhodophyceae. 15-30 cm. **Habitat :** bas de l'étage infra-littoral. Rochers. Jusqu'à 10 m et plus bas. Mer du Nord, Manche, Atlantique.

***Porphyra umbilicalis***
Rhodophyceae. 5-20 cm. **Habitat :** rochers couverts de sable. Tout le littoral. De la mer du Nord à la Méditerranée. **N.B.** Forme très variable.

# Plantes à fleurs

Les plantes à fleurs ont un aspect et des dimensions extrêmement variés, et croissent dans toutes sortes d'habitats, depuis le centre des villes jusqu'aux sommets des montagnes. On en compte 4 200 espèces en France, 3 800 en Italie, 2 600 en Suisse et 1 500 en Grande-Bretagne. Les espèces vivaces ont une grande longévité ; les espèces annuelles grandissent, fleurissent et fructifient la même année ; enfin, les bisannuelles accomplissent leur cycle vital en deux ans.

Toutes possèdent des fleurs dont les parties essentielles sont le calice (enveloppe externe) formé de sépales généralement verts, qui protègent la corolle (enveloppe interne) composée de pétales. Ces derniers, disposés sur une ou plusieurs rangées, sont souvent de couleurs vives. Ils entourent les étamines (organes mâles) et les carpelles (organes femelles contenant les ovules). Les étamines produisent le pollen transporté par le vent ou des insectes et qui féconde les ovules d'une autre fleur. Les ovules fécondés deviennent des graines souvent pourvues de dispositifs facilitant leur dispersion. La structure des fleurs est souvent complexe, leur coloration est variée et elles possèdent du nectar répandant une odeur qui attire les insectes. Des dispositifs particuliers empêchent l'autofécondation et limitent l'accès de la corolle à un petit nombre d'insectes. Ces détails les rendent à la fois très visibles et intéressantes. Pour identifier les plantes à fleurs il faut non seulement tenir compte de ces dernières mais encore des feuilles et d'autres parties (tige notamment).

**Ci-contre :**
**Orchis pyramidal, plante des pelouses calcaires. Comme la plupart des orchidées, il dépend étroitement de la pérennité de son habitat, assurée par le pacage régulier des moutons qui empêchent les plantes concurrentes de l'évincer.**

### Habitat

De nombreuses espèces de plantes à fleurs ont une importance écologique considérable ; c'est le cas de celles qui forment l'essentiel du régime de certains insectes. Les espèces de la famille des Légumineuses (pois, luzerne, ajonc, trèfles, etc.) ont sur leurs racines des nodosités renfermant des bactéries capables d'assimiler l'azote de l'air, donc d'enrichir le sol en cet élément indispensable. Diverses plantes croissent seulement en terrain calcaire (certaines orchidées, etc.), d'autres au contraire (bruyères) en terrain acide, ce qui permet de connaître approximativement la nature du sol. La majorité des plantes à fleurs poussent en des lieux où le sol, l'humidité, l'éclairement et l'ombre correspondent à

**Abeille visitant une fleur pour prélever le nectar. En se nourrissant, elle transporte involontairement du pollen sur une autre fleur et facilite sa fécondation. Les fleurs attirent les insectes par leur coloration, leur parfum et leur nectar.**

leurs exigences. Ainsi, différents habitats (bois, landes, marais, dunes) ont chacun leurs plantes caractéristiques dont la plupart n'existent pas ailleurs. La connaissance des habitats facilite donc l'identification. Quelques plantes sont presque cosmopolites, mais elles manquent dans les milieux les plus hostiles où seules des espèces étroitement adaptées réussissent à subsister.

**Epoque de floraison**

Presque toutes les plantes de nos régions fleurissent à la belle saison, mais quelques-unes (nivéole, perce-neige) fleurissent à la fin de l'hiver avant que l'ombre des plus grandes ne freine leur développement. D'autres, au contraire, apparaissent tardivement ; il en est qui fleurissent continuellement pendant des mois, tandis que d'autres n'ont qu'une floraison très brève. L'époque de la floraison peut aider à les identifier.

De nombreuses fleurs sont si belles que l'on est tenté de les cueillir pour les emporter chez soi. Cette pratique est interdite pour diverses espèces rares, désormais protégées, et pour toutes celles qui croissent dans les parcs nationaux ; en outre, elle peut être nuisible aux espèces plus communes surtout quand on déterre des plantes entières pour les planter dans un jardin (souvent avec de piètres résultats en raison de différences dans la nature du sol). Par ailleurs, si la cueillette de quelques bouquets de fleurs très communes est tolérable, les prélèvements massifs sont interdits (et insensés) sauf pour des raisons particulières nécessitant une autorisation.

# Herbes

Les herbes font partie d'une seule famille de plantes à fleurs, celle des graminées. Elles ont de toutes petites fleurs aux couleurs ternes, peu visibles, mais compliquées. Le pollen qu'elles produisent en grande quantité est emporté par le vent (c'est lui qui provoque le « rhume des foins »). Les graminées sont l'un des groupes végétaux les plus récents et aussi l'un des plus évolués. Elles forment des touffes et ont la faculté de produire des racines à la partie inférieure des tiges. En outre, elles croissent au niveau de la base des feuilles et des nœuds. Malgré le peu d'égards qu'on leur témoigne sur les terrains de football, de rugby, de tennis, de golf et d'aviation légère, elles repoussent imperturbablement. Couchées, fauchées, elles peuvent être piétinées sans que cela les affecte et

**La drosera est une plante carnivore. Elle retient les insectes sur ses feuilles gluantes et les digère, ce qui lui permet de vivre dans les tourbières où le sol, très acide, est pauvre en substances nutritives.**

elles grandissent à nouveau rapidement. Chez les autres plantes, au contraire, la section des extrémités entraîne un retard de croissance, qui peut aller parfois jusqu'à la mort.

**Ecologie**

Les graminées ont une importance capitale du point de vue écologique car elles sont dominantes dans certains paysages et servent de nourriture à une foule d'insectes, mammifères, oiseaux et autres animaux qui, pour la plupart, possèdent des adaptations pour assimiler leurs tiges et leurs feuilles coriaces. Dans les prairies il existe donc une véritable association entre les graminées et ceux qui les consomment. En effet, elles seules supportent une tonte régulière. Broutées, elles croissent continuellement et finissent par être presque les seules plantes présentes, les autres espèces étant plus ou moins évincées. Les graminées fournissent le fourrage qui sert d'aliment hivernal au bétail. Enfin, les céréales (blé, orge, seigle, maïs) si abondantes dans les régions de grande culture sont, elles aussi, des graminées, et leur importance dans l'alimentation humaine est évidente. On ne saurait donc surestimer la valeur de ces plantes dans le monde.

**Structure**

La plupart des plantes à fleurs font partie du groupe des dicotylédones (les graines ont 2 cotylédons, feuilles riches en réserves nutritives) et leurs feuilles ont des nervures ramifiées ; en revanche, les graminées sont des monocotylédones (un seul cotylédon) aux feuilles étroites, longues, munies de nervures parallèles. Leurs fleurs n'ont ni calice ni corolle. Leurs racines fibreuses, très longues, égales, forment un faisceau touffu qui retient la terre et empêche l'érosion. Elles peuvent (ainsi que les tiges souterraines, appelées rhizomes, présentes chez certaines herbes) pousser rapidement et faciliter l'expansion des espèces qui colonisent les terres fraîchement remuées.

**Identification**

Elle suppose un examen attentif de la structure des feuilles et de la gaine qui les fixe à la tige. La forme et la disposition des fleurs (groupées en épis) ont également une grande importance, bien qu'elles manquent souvent après avoir été fauchées ou broutées. Certaines graminées sont velues, d'autres ligneuses, il en est qui forment des touffes, d'autres non, enfin, la nature du sol et le degré d'humidité déterminent souvent la présence de telle ou telle espèce.

**Les graminées, souvent méprisées, sont appelées collectivement « herbe », comme s'il n'y en avait qu'une seule espèce. En réalité, elles sont nombreuses et se trouvent souvent à la base d'écosystèmes complexes.**

**Caltha, populage**
Ranunculaceae *Caltha palustris.* Atteint 30 cm. **Habitat :** marais, bord des cours d'eau, prairies inondées, fossés. Commun. Jusqu'à 2 000 m et plus. **N.B.** Supporte une ombre partielle. Rare en terrain tourbeux.

**Trolle** Ranunculaceae *Trollius europaeus.* Atteint 60 cm. **Habitat :** prairies et bois humides sur les plateaux et en montagne (500-2 000 m). **N.B.** Fleur en forme de boule.

**Hellébore verte**
Ranunculaceae *Helleborus viridis.* 20-40 cm. **Habitat :** bois, rocailles en terrain calcaire. Jusqu'à 1 500 m. Localisée **N.B.** Floraison précoce (mars-avril).

**Aconit napel** Ranunculaceae *Aconitum napellus.* Atteint 1 m. **Habitat :** assez rare, en montagne entre 500 et 2 500 m. Bords des cours d'eau. **N.B.** Feuilles plus découpées que celles des variétés cultivées. TOXIQUE.

**Anémone Sylvie** Ranunculaceae *Anemone nemorosa.* Atteint 25 cm. **Habitat :** bois de feuillus. Rare dans le Midi. **N.B.** Souvent très abondante, forme de véritables tapis dans les sous-bois sauf en terrain acide et très humide. Fleurs blanches ou roses.

**Anémone pulsatille** Ranunculaceae *Pulsatilla vulgaris.* Atteint 30 cm. **Habitat :** pelouses sèches en terrain calcaire ou sablonneux. **N.B.** Coloration plus ou moins foncée. Jusqu'à 800 m.

**Clématite** Ranunculaceae *Clematis vitalba*. Atteint 20 à 30 m. **Habitat :** haies, bois, lisières, broussailles, en terrain calcaire ou basique.

**Bouton d'or, renoncule** Ranunculaceae *Ranunculus acris*. Atteint 70 cm. **Habitat :** prairies jusqu'à plus de 2 000 m. Très commune. **N.B.** TOXIQUE pour le bétail, qui, en général, ne la consomme pas.

**Renoncule rampante**
Ranunculaceae *Ranunculus repens*. Tiges couchées atteignant 50 cm. **Habitat :** très commune jusqu'à plus de 2 000 m dans les prairies, chemins des bois. **N.B.** Surtout en terrain lourd.

**Renoncule bulbeuse**
Ranunculaceae *Ranunculus bulbosus*. Atteint 35 cm. **Habitat :** commune dans les prairies en terrain calcaire et sablonneux. Jusqu'à 2 000 m. **N.B.** C'est la plus précoce des renoncules (fleurit dès avril). Sépales rabattus.

**Goutte de sang** Ranunculaceae *Adonis annua*. Atteint 50 cm. **Habitat :** champs de céréales. Rare localement. Jusqu'à 1 500 m. Terrains calcaires. **N.B.** Graines ridées.

**Renoncule des glaciers** Ranunculaceae *Ranunculus glacialis*. 4-15 cm. **Habitat :** moraines, rocailles humides. De 2 000 à 4 000 m. **N.B.** Alpes, Pyrénées, Sierra Nevada. Corolle rose à l'extérieur.

**Ficaire** Ranunculaceae *Ranunculus ficaria*. Atteint 30 cm. **Habitat :** haies, bois, talus, lieux humides. En touffes. **N.B.** Pousse à l'ombre ou au soleil. Fleurit dès mars.

**Ancolie commune**
Ranunculaceae *Aquilegia vulgaris*. Atteint 80 cm.
**Habitat :** commune. Bois, talus en terrain calcaire. Jusqu'à 2 000 m. TOXIQUE.
**N.B.** Fleurit de mai à juillet.

**Pigamon jaunâtre**
Ranunculaceae *Thalictrum flavum*. Atteint 1,20 m.
**Habitat :** rare. Plaines et collines. Prairies humides, marécages. Jusqu'à 500 m.
**N.B.** Aspect assez variable.

**Coquelicot** Papaveraceae
*Papaver rhoeas.* Atteint 60 cm. **Habitat :** champs, bords des chemins, terrains vagues. Jusqu'à 1 500 m et plus. **N.B.** Pilosité, forme des feuilles et des fruits, couleur des pétales variables.

**Pavot cornu** Papaveraceae
*Glaucium flavum.* Atteint 1 m. **Habitat :** sables et cailloutis, décombres sur les côtes de l'ouest. **N.B.** Suc jaune.

**Chélidoine** Papaveraceae
*Chelidonium majus.* Atteint 80 cm. **Habitat :** haies, jardins, murs, talus. Commune. Jusqu'à 1 500 m. **N.B.** Suc orangé. TOXIQUE.

**Fumeterre** Fumariaceae *Fumaria officinalis.* Atteint 70 cm. **Habitat :** jardins, terrains vagues, champs. Très commun. Jusqu'à plus de 1 500 m. **N.B.** Surtout en terrain calcaire et sablonneux.

**Moutarde noire** Cruciferae *Brassica nigra.* Atteint 1 m. **Habitat :** champs, terrains incultes, fossés. Commune localement. **N.B.** Fruits (siliques) pourvus d'un bec étroit.

**Moutarde des champs** Cruciferae *Sinapis arvensis.* Atteint 60 cm. **Habitat :** Champs, chemins. Commune. **N.B.** Feuilles inférieures dentées et velues.

**Diplotaxis** Cruciferae *Diplotaxis tenuifolia.* Atteint 80 cm. **Habitat :** vieux murs, terrains incultes, talus, surtout en sol calcaire. Commun localement. **N.B.** Plante glabre ; souche épaisse.

**Barbarée** Cruciferae *Barbarea vulgaris.* Atteint 90 cm. **Habitat :** fossés, lieux humides, haies. Commune. Jusqu'à 1 200 m.

**Herbe aux chantres** Cruciferae *Sisymbrium officinale.* Atteint 60 cm. **Habitat :** haies, terrains incultes, bords des routes. Commune.

**Rorippa** Cruciferae *Rorippa sylvestris.* Atteint 50 cm. **Habitat :** fossés, berges des cours d'eau. Jusqu'à 2 000 m. Rare localement.

**Cardamine des prés** Cruciferae *Cardamine pratensis.* Atteint 40 cm. **Habitat :** prairies humides, fossés, bois. Très commune. Jusqu'à 2 500 m. **N.B.** Aspect variable. Graines éjectées jusqu'à une distance de 2 m.

**Roquette de mer** Cruciferae *Cakile maritima.* Atteint 40 cm. **Habitat :** dunes côtières de l'ouest et du Midi. **N.B.** Graines dispersées par l'eau de mer. Variable : feuilles simples ou fortement lobées.

**Chou marin** Cruciferae *Crambe maritima*. Atteint 60 cm. **Habitat :** galets, sables des côtes de la Manche et de l'Atlantique. Localisé. **N.B.** Reparaît après avoir été recouvert par les galets. Fruits dispersés par l'eau de mer où ils restent viables plusieurs jours.

**Monnoyère** Cruciferae *Thlaspi arvense*. Atteint 30 cm. **Habitat :** champs, terrains vagues. Commune. Jusqu'à 2 000 m. **N.B.** Fruits gros, presque circulaires, avec larges ailes (diamètre : 12-22 mm).

**Bourse-à-pasteur** Cruciferae *Capsella bursa-pastoris*. Atteint 40 cm. **Habitat :** bords des routes, champs, jardins, terrains vagues. Très commune. Jusqu'à plus de 2 000 m. Aspect variable.

**Cochléaire, cranson**
Cruciferae *Cochlearia officinalis*. Atteint 30 cm. **Habitat :** rochers, prés salés, côtes de la Manche et de l'Atlantique. Montagnes (dépasse 2 000 m). Rare au bord de la mer du Nord.

**Cardamine hérissée**
Cruciferae *Cardamine hirsuta*. Atteint 30 cm. **Habitat :** terrains incultes, champs, murs, éboulis. Commune. Dépasse 2 000 m. **N.B.** Fruits dressés. En général, s'autoféconde.

**Drave printanière** Cruciferae *Erophila verna*. Atteint 15 cm. **Habitat :** rochers, murs, prairies sèches. Très commune. Dépasse 2 000 m. **N.B.** Taille et forme des fruits variables.

**Cresson de fontaine** Cruciferae *Nasturtium officinale.* Atteint 90 cm. **Habitat :** très commun dans les eaux claires des ruisseaux et sources. **N.B.** Toujours vert.

**Réséda jaune** Resedaceae *Reseda lutea.* Atteint 60 cm. **Habitat :** prairies, lieux incultes, surtout en terrain calcaire. Commun. Jusqu'à 2 000 m.

**Polygala commun ▲** Polygalaceae *Polygala vulgaris.* Atteint 15 cm. **Habitat :** prairies sèches, landes. Commun. **N.B.** Coloration variable.

◀ **Ciste cotonneux** Cistaceae *Cistus albidus.* Atteint 1 m. Fleurs roses, de 4-6 cm. **Habitat :** garrigues méditerranéennes. Jusqu'à 1 200 m. Aspect velouté, blanchâtre. **N.B.** Italie, Espagne, Portugal, France (Corse comprise).

**Hélianthème** Cistaceae *Helianthemum chamaecistus.* Atteint 50 cm. **Habitat :** prairies sèches, collines, bois clairs. Commun. Jusqu'à 2 000 m. **N.B.** Au contact, les étamines s'inclinent vers les pétales en quelques secondes.

**Lin purgatif** Linaceae *Linum catharticum*. Atteint 30 cm. **Habitat :** landes, prairies sèches et dunes. Commun. Dépasse 2 000 m. **N.B.** Tige généralement, mais pas toujours, solitaire.

**Impatiente** Balsaminaceae *Impatiens noli-tangere*. Atteint 1 m. **Habitat :** bois humides ; bords des eaux. Localisée. Jusqu'à 1 400 m. **N.B.** Fleurs de 2 types, normales ou restant fermées. Graines expulsées à distance quand on touche les fruits mûrs.

**Millepertuis** Hypericaceae *Hypericum perforatum*. Atteint 1 m. **Habitat :** prairies, chemins, haies. Très commun. Jusqu'à 2 000 m. **N.B.** Surtout en terrain calcaire et sablonneux. Poches d'huile translucides sur les feuilles ; taches noires au bord des pétales.

**Millepertuis tacheté**
Hypericaceae *Hypericum maculatum.* Atteint 60 cm. **Habitat :** prairies, haies, voisinage des maisons. Jusqu'à 1 800 m. **N.B.** Généralement en terrain humide et lourd.

**Violette de Rivinus** Violaceae *Viola riviniana.* Atteint 15 cm. **Habitat :** bois, haies. Très commune. **N.B.** Fleurit souvent au printemps et en automne. Coloration variable.

**Millepertuis velu**
Hypericaceae *Hypericum hirsutum.* Atteint 1 m. **Habitat :** prairies, bois clairs. Jusqu'à 1 500 m. **N.B.** Principalement en terrain basique. Velu.

**Violette des bois** Violaceae *Viola reichenbachiana.* **Habitat :** bois, haies, jusqu'à 1 500 m. Commune. **N.B.** Généralement en terrain calcaire. Fleurs normalement lilas, rarement roses ou blanches. Fleurit plus tôt que *V. riviniana.*

**Violette hérissée** Violaceae *Viola hirta*. Atteint 20 cm. **Habitat :** prairies, bois clairs en terrain calcaire. Jusqu'à 2000 m. Très commune, sauf dans le Midi.

**Pensée sauvage** Violaceae *Viola arvensis*. Atteint 20 cm. **Habitat :** champs, prairies. Dépasse 2000 m. Taille et coloration variables (fleurs blanches, jaunes ou violettes). **N.B.** Généralement en terrain calcaire ou neutre. Souvent considérée comme une sous-espèce de la suivante.

***Viola tricolor*** Violaceae. Atteint 40 cm. **Habitat :** prairies, dunes, terrains vagues, champs. Commune. Annuelle ou vivace.

**Œillet à delta** Caryophyllaceae *Dianthus deltoides*. Atteint 30 cm. **Habitat :** prairies sèches, surtout en montagne. Terrains siliceux.

**Fleur-de-coucou**
Caryophyllaceae *Lychnis flos-cuculi.* Atteint 1 m. **Habitat :** prairies humides, marais. Jusqu'à plus de 2000 m. **N.B.** Fleurs généralement roses, rarement blanches.

**Compagnon blanc**
Caryophyllaceae *Silene alba.* Atteint 1 m. **Habitat :** terrains vagues, haies, talus, lisières. Commun. **N.B.** S'hybride avec *S. dioica.*

**Compagnon rouge**
Caryophyllaceae *Silene dioica.* Atteint 90 cm. **Habitat :** bois, haies (sauf Midi). Commun. Dépasse 2000 m. **N.B.** Terrains riches en bases.

**Silène maritime**
Caryophyllaceae *Silene maritima.* Atteint 30 cm. **Habitat :** falaises, dunes. Côtes de la mer du Nord, de la Manche, de l'Atlantique. Montagnes, rives des lacs et ruisseaux. **Silène commun** *Silene vulgaris.* Semblable au précédent mais atteint 80 cm. Feuilles moins charnues. Champs, prairies, haies. Terrains sablonneux. Commun.

**Silène à petites fleurs**
Caryophyllaceae *Silene otites.* Atteint 50 cm. **Habitat :** jusqu'à 2 000 m. Rare. Terrains sablonneux, calcaires ; friches.

**Mouron des oiseaux**
Caryophyllaceae *Stellaria media.* Atteint 35 cm. **Habitat :** champs, jardins, chemins. Très commun. Dépasse 2 000 m. **N.B.** Etamines violet-rouge.

**Céraiste des champs**
Caryophyllaceae *Cerastium arvense*. Atteint 40 cm.
**Habitat :** prairies, bords des routes. Jusqu'à 3 000 m. Assez commun. **N.B.** Terrains calcaires ou faiblement acides. Aspect variable.

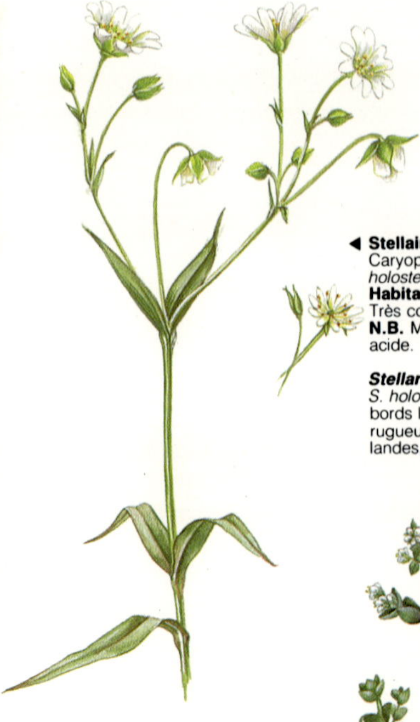

◀ **Stellaire holostée**
Caryophyllaceae *Stellaria holostea*. Atteint 60 cm.
**Habitat :** talus, haies, lisières. Très commune, sauf Midi. **N.B.** Manque en terrain très acide.

***Stellaria graminea.*** Diffère de *S. holostea* par ses feuilles à bords lisses et non‚pas rugueux. Terrains acides ; landes, bois clairs.

**Pourpier de mer** ▶
Caryophyllaceae *Honkenya peploides*. Atteint 30 cm.
**Habitat :** sables mobiles des dunes côtières. Mer du Nord, Manche, Atlantique. Très rare en Méditerranée. **N.B.** Souvent associé à une graminée *Agropyron junceiforme*. Supporte une brève immersion.

**Spergulaire marginée** Caryophyllaceae *Spergularia media*. Atteint 40 cm. **Habitat :** marais salés, prés salés ; côtes de l'ouest et du Midi. Pétales blancs ou roses. Seules les fleurs sont velues.

**Gnavelle** Caryophyllaceae *Scleranthus perennis*. Atteint 20 cm. **Habitat :** localisé. Prairies, champs. Jusqu'à 2 000 m. **N.B.** Terrains siliceux.

***Scleranthus annuus.*** Atteint 20 cm. Semblable à ***Scleranthus perennis,*** mais sépales dressés et bordés de blanc. Très commun. Terrains vagues sablonneux, prairies.

**Espargoutte** Caryophyllaceae *Spergula arvensis*. Atteint 60 cm. **Habitat :** champs, bois. Jusqu'à 1 500 m. **N.B.** Jamais en terrain calcaire. Mauvaise herbe. Variable.

**Herniaire** Caryophyllaceae
*Herniaria glabra.* Atteint 15 cm. **Habitat :** terrains sablonneux. Jusqu'à 2 000 m. Manque localement. **N.B.** Graines d'abord rouges puis noires.

**Chénopode blanc**
Chenopodiaceae
*Chenopodium album.* Atteint 1 m. **Habitat :** champs, terrains vagues, décombres. Dépasse 1 500 m. **N.B.** Aspect variable.

**Salicorne** Chenopodiaceae
*Salicornia europaea.* **Habitat :** vases littorales, mares salées. Côtes, Lorraine. **N.B.** D'abord verte, devient jaune verdâtre puis se teinte de rouge.

**Soude brûlée**
Chenopodiaceae *Salsola kali.* Atteint 60 cm. **Habitat :** côtes sablonneuses de l'ouest et du Midi. **N.B.** Plante piquante, étalée.

**Betterave sauvage**
Chenopodiaceae *Beta vulgaris.* Atteint 1,20 m. **Habitat :** côtes de l'ouest et du Midi. Terrains salés, rochers. Racine non renflée. Plante plus ou moins rougeâtre.

**Arroche étalée**
Chenopodiaceae *Atriplex patula.* Atteint 80 cm. **Habitat :** décombres, champs, chemins ; jusque sur les côtes. Dépasse 1 500 m.

**Faux pourpier, Obione** Cnenopodiaceae *Halimione portulacoides* (= *Obione p.*). Sous-arbrisseau atteignant 50 cm. **Habitat :** terrains vaseux et salés sur les côtes, de la mer du Nord à la Méditerranée. **N.B.** Gris blanchâtre, aspect farineux.

**Mauve sylvestre** Malvaceae *Malva sylvestris.* Atteint 1,20 m. **Habitat :** terrains vagues, haies, bords des chemins. **N.B.** Aspect variable, dressé ou couché.

**Lavatère arborescente** Malvaceae *Lavatera arborea.* Atteint 3 m. **Habitat :** falaises, rochers des côtes de l'ouest, voisinage des maisons. Provence et Corse. **N.B.** Graines parfois velues.

**Géranium Herbe-à-Robert**
Geraniaceae *Geranium robertianum*. Atteint 45 cm. **Habitat :** bois, haies, jardins, vieux murs. Commun. Jusqu'à 2 000 m. **N.B.** Odeur désagréable.

**Géranium à poils mous**
Geraniaceae *Geranium molle*. Atteint 40 cm. **Habitat :** terrains vagues, chemins, champs. Jusqu'à 2 000 m. **N.B.** Plante velue, couverte de longs poils mous, blancs. Fleurs parfois très pâles.

**Géranium des bois**
Geraniaceae *Geranium sylvaticum*. Atteint 60 cm. **Habitat :** prairies en terrain siliceux et en montagne (Vosges, Jura, Alpes, Pyrénées). Jusqu'à 2 500 m. **N.B.** Fleurs rouges ou rose-violet.

**Oxalis des bois** Oxalidaceae *Oxalis acetosella.* Atteint 15 cm. **Habitat :** fréquent dans les bois humides ; haies. Jusqu'à 2 000 m. **N.B.** Supporte bien l'ombrage. Souvent commun dans les hêtraies. Parfois épiphyte.

**Bec-de-grue** Geraniaceae *Erodium cicutarium.* Atteint 50 cm. **Habitat :** champs, chemins, dunes, terrains vagues sablonneux. **N.B.** Fleurs variant du rose pourpre au blanc (rare).

**Genêt des teinturiers** Papilionaceae *Genista tinctoria.* Atteint 60-80 cm. **Habitat :** prairies, bois, landes, talus, falaises côtières. Jusqu'à 1 800 m. **N.B.** En terrain lourd.

**Genêt à balais, Brande** Papilionaceae *Sarothamnus scoparius.* Atteint 2 m. **Habitat :** fréquent. Landes, terrains, vagues, bois. **N.B.** Préfère les terrains sablonneux, siliceux.

**Ajonc** Papilionaceae *Ulex europaeus.* Atteint 3 m. **Habitat :** fréquent dans les landes, haies, talus, en terrain siliceux. Jusqu'à 600 m. **N.B.** Préfère les sols légers, non calcaires. Les gousses s'ouvrent en explosant.
**Ajonc nain** *Ulex minor.* Bien plus petit (30-80 cm). Landes côtières.
**Ajonc de Le Gall** *Ulex gallii* (50 cm-1,50 m). Intermédiaire entre les deux précédents.

**Bugrane** Papilionaceae *Ononis repens.* Atteint 30-50 cm. **Habitat :** sables littoraux, prairies sèches, chemins. Jusqu'à 1 800 m. **N.B.** Préfère les terrains calcaires.

**Trèfle commun**
Papilionaceae *Trifolium pratense.* Atteint 30 cm. **Habitat :** falaises côtières, prairies, gazons, champs. Jusqu'à 2 400 m. **N.B.** Très variable. Fleurs généralement roses, parfois blanches. Souvent cultivé comme fourrage.

**Trèfle rampant** Papilionaceae *Trifolium repens.* Atteint 50 cm. **Habitat :** prairies, pelouses, tous terrains. Très commun. Jusqu'à 2 300 m. Fleurs généralement blanches, rarement roses.

**Jarosse** Papilionaceae *Vicia cracca*. Atteint 1,50 m. **Habitat :** fréquente dans les lisières, allées forestières, prairies. Jusqu'à 2 000 m. **N.B.** Plante grimpante. Vrilles fourchues. Fleurs passant du bleu au mauve.

***Vicia sepium*** Papilionaceae. Atteint 50 cm. **Habitat :** prairies, bois, haies, broussailles. Commune. **N.B.** Plante grimpante. Vrilles fourchues.

**Vesce cultivée** Papilionaceae *Vicia sativa*. Atteint 1 m. **Habitat :** haies, prairies, broussailles. Très commune. Jusqu'à 1 600 m. **N.B.** Très variable ; une forme cultivée a des fleurs plus pâles.

**Cytise** Papilionaceae *Cytisus laburnum*. Arbuste. Atteint 7 m. **Habitat :** broussailles, bois clairs sur collines calcaires, sèches. Jusqu'à 2 000 m. Au nord, jusqu'en Lorraine. Fleurs pendantes.

**Baguenaudier** Papilionaceae *Colutea arborescens*. Arbrisseau. Atteint 1 m. **Habitat :** bois secs des régions méditerranéennes, jusqu'à 1 500 m. **N.B.** Gousses renflées.

**Gesse des montagnes** Papilionaceae *Lathyrus montanus*. Atteint 30 cm. **Habitat :** bois, haies, broussailles. Commune. Jusqu'à 1 300 m. **N.B.** En terrain acide. Fleurs passant du rose vif au bleu et au vert.

**Caroubier** Papilionaceae *Ceratonia siliqua*. Arbre. Atteint 10 m. **Habitat :** lieux boisés et rocailleux des régions côtières méditerranéennes. Cultivé. **N.B.** Gousses de 10-20 cm, pendantes.

**Minette** Papilionaceae *Medicago lupulina*. Atteint 30 cm. **Habitat :** prairies, chemins herbeux, gazons. Très commune. Plaine et montagne (dépasse 1 500 m).

**Lotier** Papilionaceae *Lotus corniculatus*. Atteint 30 cm. **Habitat :** prairies, chemins, talus. Très commun. **N.B.** Très variable.

**Anthyllide vulnéraire**
Papilionaceae *Anthyllis vulneraria*. Atteint 30 cm. **Habitat :** prairies sèches. **N.B.** Surtout abondante en terrain calcaire. Commune. Préfère les lieux secs, les sols superficiels. Fleurs variant du jaune au rouge.

**Arbre de Judée**
Papilionaceae *Cercis siliquastrum*. Atteint 9 m. **Habitat :** terrains secs, bords des ruisseaux, région méditerranéenne ; planté au nord. Feuilles échancrées à la base. Fleurs (avant les feuilles) de mars à mai.

**Eglantier** Rosaceae *Rosa canina.* Atteint 10 m. **Habitat :** lisières, haies, broussailles. Très commun. **N.B.** Très variable.

**Ronce** Rosaceae *Rubus* ▶ *fruticosus.* **Habitat :** bois, broussailles, haies, bosquets, talus. Jusqu'à 1 500 m. Très commune. **N.B.** Espèce très variable, complexe.

◀ **Framboisier** Rosaceae *Rubus idaeus.* Atteint 2 m. **Habitat :** bois, lieux rocheux. Commun. Jusqu'à 2 200 m. Manque dans la région méditerranéenne.

**Tormentille** Rosaceae *Potentilla erecta.* Atteint 50 cm. **Habitat :** tourbières, prairies, landes. Jusqu'à 2 000 m. **N.B.** Très commune en terrain sec et acide. Abondante ou rare en terrain lourd ou calcaire.

▲ **Cerisier Sainte-Lucie, Cerisier mahaleb** Rosaceae *Cerasus mahaleb.* Atteint 4-5 m. **Habitat :** coteaux calcaires, bois secs, montagnes du Midi. **N.B.** Arbuste. Fruits petits, noirs.

▼ **Quintefeuille** Rosaceae *Potentilla reptans.* Atteint 60 cm de long. **Habitat :** haies, prairies, lisières, chemins. Très commune. **N.B.** Fleurs solitaires sur de longues tiges.

**Potentille printanière** Rosaceae *Potentilla tabernaemontani.* Atteint 20 cm. **Habitat :** prairies sèches. **N.B.** Préfère les pentes ensoleillées et les sols basiques.

**Potentille ansérine** Rosaceae *Potentilla anserina.* Atteint 50 cm. **Habitat :** terrains vagues, bords des routes, des cours d'eau, prairies. Très commune. **N.B.** Rampante. Dessous des feuilles argenté et velu.

**Aigremoine** Rosaceae *Agrimonia eupatoria.* Atteint 60 cm. **Habitat :** prairies, chemins, haies. Très commune. Jusqu'à 1 000 m. **N.B.** Surtout en terrain calcaire. Tige rougeâtre.

**Pimprenelle** Rosaceae *Poterium sanguisorba.* **Habitat :** terrains calcaires. Talus, bords des routes. Jusqu'à 2 000 m. Commune. **N.B.** Odeur de concombre quand on l'écrase.

**Fraisier des bois** Rosaceae *Fragaria vesca.* Atteint 25 cm. **Habitat :** bois, broussailles, haies. En terrain calcaire. Jusqu'à 1 900 m. **N.B.** Fruits excellents.

# Plantes à fleurs

**Comaret** Rosaceae *Potentilla palustris.* Atteint 50 cm. **Habitat :** marais, landes humides, tourbières. Localisé. Jusqu'à 2 000 m. **N.B.** Fleurs entièrement pourpres.

**Reine des prés** Rosaceae *Filipendula ulmaria.* Atteint 1,50 m. **Habitat :** Prairies humides, fossés, marais, bords des cours d'eau. Commune. Jusqu'à 1 800 m. **N.B.** Manque en terrain acide, tourbeux. Fleurs odorantes.

***Filipendula vulgaris***
Rosaceae. Atteint 80 cm. **Habitat :** prairies sèches, en terrain calcaire, bois. Jusqu'à 1 200 m. **N.B.** Les racines portent des tubercules ovoïdes.

**Benoîte commune** Rosaceae *Geum urbanum.* Atteint 60 cm. **Habitat :** bois, haies, broussailles. **N.B.** Préfère les sols humides, riches et l'ombrage.

**Drosera, rossolis** Droseraceae *Drosera rotundifolia*. Atteint 30 cm. **Habitat :** tourbières, landes tourbeuses, souvent sur les sphaignes *(Sphagnum)*. Jusqu'à 2 000 m. **N.B.** Plante carnivore. Les feuilles, munies de longs poils brillants, gluants, retiennent les insectes et les digèrent.

**Benoîte des rives** Rosaceae *Geum rivale*. Atteint 60 cm. **Habitat :** localement commune. Prairies, marais, bois humides. Manque localement. Jusqu'à 2 000 m. **N.B.** Supporte l'ombre. Préfère les sols riches en bases.

**Saxifrage étoilée** Saxifragaceae *Saxifraga stellaris*. Atteint 20 cm. **Habitat :** bords des ruisseaux, sources, lieux marécageux en montagne (1 200-3 000 m). **N.B.** En terrain siliceux.

**Casse-pierre** Saxifragaceae *Saxifraga granulata*. Atteint 50 cm. **Habitat :** prairies sèches, sablonneuses, lisières ; plaines et collines. Jusqu'à 1 400 m. **N.B.** Manque dans les terrains très acides.

**Myrte, Nerta** Myrtaceae *Myrtus communis*. Atteint 3 m. **Habitat :** garrigues, maquis et forêts de pins méditerranéens. **N.B.** Arbrisseau aromatique. Fleurs odorantes. L'écorce se détache par plaques.

**Parnassie des marais** Parnassiaceae *Parnassia palustris.* Atteint 30 cm. **Habitat :** prairies humides, marais, alpages. Dépasse 2 000 m. **N.B.** Sur les sols basiques.

**Orpin âcre** Crassulaceae *Sedum acre.* Atteint 10 cm. **Habitat :** prairies sèches, dunes, vieux murs, rochers. Jusqu'à 2 000 m. **N.B.** Goût poivré.

**Orpin d'Angleterre** Crassulaceae *Sedum anglicum.* Atteint 15 cm. **Habitat :** rochers, murs, toits. Jusqu'à 1 800 m. **N.B.** Manque sur les sols très basiques.

**Epilobe velu** Onagraceae *Epilobium hirsutum.* Atteint 2 m. **Habitat :** fossés, marais, bords des cours d'eau. Jusqu'à 1 500 m. Commun.

**Laurier de Saint-Antoine** Onagraceae *Epilobium angustifolium* Atteint 1,20 m. **Habitat :** lisières des bois, clairières, coupes, terrains vagues. Manque localement. **N.B.** Aspect très variable. Jusqu'à 2 300 m. Très commun.

**Circée de Paris** Onagraceae *Circaea lutetiana.* Atteint 60 cm. **Habitat :** bois, ravins. Jusqu'à 1 300 m. **N.B.** Préfère les sols humides, riches en bases.

**Herbe aux ânes** Onagraceae *Oenothera biennis.* Atteint 1 m. **Habitat :** terrains vagues, bords des eaux. **N.B.** Originaire d'Amérique du Nord.

**Salicaire** Lythraceae *Lythrum salicaria.* Atteint 2 m. **Habitat :** bords des étangs, cours d'eau lents, marais. Commune. Jusqu'à 1 400 m. **N.B.** Forme souvent d'importantes colonies.

**Euphorbe du littoral** Euphorbiaceae *Euphorbia paralias.* Atteint 60 cm **Habitat :** dunes des côtes de l'ouest et du Midi. **N.B.** Suc laiteux.

**Mercuriale des bois** Euphorbiaceae *Mercurialis perennis.* Atteint 40 cm. **Habitat :** bois, talus. Très commune. Jusqu'à 1 800 m. **N.B.** Souvent dominante dans les hêtraies en terrain calcaire.

**Réveille matin**
Euphorbiaceae *Euphorbia helioscopia.* Atteint 50 cm. **Habitat :** terrains vagues, bords des routes, jardins. Commune. Jusqu'à 1 500 m.

**Grande ortie** Urticaceae *Urtica dioica.* Atteint 1,50 m. **Habitat :** champs, terrains vagues, broussailles, talus, bords des cours d'eau. Très commune. Jusqu'à 2 400 m. **N.B.** En terrain riche. Couverte de poils piquants. **Petite ortie** *Urtica urens.* Plus petite (atteint 50 cm). Décombres, base des murs. Feuilles plus profondément dentées. Feuilles inférieures plus courtes que leur pétiole.
▼

**Figuier** Moraceae *Ficus carica.* Atteint 12 m. **Habitat :** friches, garrigues et bois méditerranéens. **N.B.** Planté depuis des siècles. Feuilles finement velues. Fruits comestibles.

**Gui** Loranthaceae *Viscum album.* Atteint 1 m. **Habitat :** branches des arbres à feuilles caduques, souvent peupliers, pommiers ; aussi sur les sapins et les pins. Jusqu'à 1 300 m. **N.B.** À demi parasite. Toujours vert. Plus abondant en terrain calcaire.

**Lierre** Araliaceae *Hedera helix.* Grimpe jusqu'à 30 m. **Habitat :** bois, haies, parcs, murs, rochers. Dépasse 1 000 m. **N.B.** Tous terrains sauf ceux très acides, secs ou gorgés d'eau. Supporte bien l'ombre. Fleurit seulement en exposition ensoleillée. Deux formes de feuilles. Fleurit en automne (septembre-novembre).

**Argousier** Elaeagnaceae *Hippophae rhamnoides.* Atteint 3 m. **Habitat :** dunes, falaises côtières, bords des cours d'eau, montagnes. Localisé. Jusqu'à 1 800 m. Arbrisseau. **N.B.** Souvent planté.

**Saule** Salicaceae *Salix herbacea.* Atteint 10 cm. **Habitat :** rochers, prairies humides en montagne (Grande-Bretagne, Alpes, Pyrénées, Massif central). Jusqu'à 3 350 m.

**Ecuelle d'eau** Hydrocotylaceae *Hydrocotyle vulgaris.* Atteint 50 cm de long. **Habitat :** marais, bois humides, tourbières. Localisé. **N.B.** Plante rampante. Ne dépasse pas 700 m.

**Grande ciguë** Umbelliferae *Conium maculatum*. Atteint 2,50 m. **Habitat :** Haies, lieux, humides, chemins, terrains incultes. Commune. Jusqu'à 1 500 m. **N.B.** Plante TRÈS TOXIQUE. Taches violacées sur la tige.

**Sanicle** Umbelliferae *Sanicula europaea*. Atteint 40 cm. **Habitat :** localisée. Forêts de chênes et de hêtres en terrain calcaire. Commune. Jusqu'à 1 500 m. **N.B.** Fleurs roses ou blanches.

**Cerfeuil d'âne** Umbelliferae *Anthriscus sylvestris*. Atteint 1,50 m. **Habitat :** prairies, haies, bords des routes, lisières. Jusqu'à 1 700 m. Commun. **N.B.** Début de floraison en avril-mai.

**Chardon bleu** Umbelliferae *Eryngium maritimum*. Atteint 60 cm. **Habitat :** dunes côtières de l'ouest et du Midi. **N.B.** Feuilles glauques. Fleurs et bractées bleu-mauve. Fruits munis de crochets.

**Ache noueuse** Umbelliferae ▶
*Apium nodiflorum.* Atteint 1 m. **Habitat :** fossés, bords des ruisseaux et des étangs. Commune. **N.B.** Feuilles ressemblant à celle du Cresson.

▲
**Criste marine** Umbelliferae
*Crithmum maritimum.* Atteint 50 cm. **Habitat :** rochers et falaises des côtes de la Manche à la Méditerranée. **N.B.** Feuilles charnues, étroites.

**Herbe aux goutteux**
Umbelliferae *Aegopodium podagraria.* Atteint 80 cm. **Habitat :** bois, prairies, haies. Jusqu'à 1 800 m. **N.B.** Surtout en terrain calcaire.

**Petite berle** Umbelliferae
*Berla erecta.* Atteint 1 m. **Habitat :** fossés, bords des cours d'eau lents et des étangs. Jusqu'à 700 m. Localisée.

***Sium latifolium.*** Atteint 1,50 m. Plus grande, avec une tige creuse, épaisse et des feuilles moins dentées mais plus longues. Jusqu'à 700 m. Localisée.

**Petite ciguë** Umbelliferae
*Aethusa cynapium.* Atteint 1,50 m. **Habitat :** terrains vagues, bois humides, champs, jardins. Jusqu'à 1 500 m. **N.B.** Bractées pendantes très visibles.

**Angélique** Umbelliferae *Angelica sylvestris.* Atteint 2 m. **Habitat :** clairières des bois, prairies humides, haies. Jusqu'à 1 700 m. **N.B.** Fleurs blanches ou rosées.

**Rivache** Umbelliferae *Peucedanum palustre.* Atteint 1,50 m. **Habitat :** fossés, prairies humides, marais. Manque dans le sud. Jusqu'à 900 m. **N.B.** Suc laiteux dans toutes les parties des jeunes plantes.

**Panais** Umbelliferae *Pastinaca sativa.* Atteint 1 m. **Habitat :** prairies sèches, terrains vagues, bords des routes, friches. Commun. Jusqu'à 1 600 m. N.B. Surtout en sols basiques. Odeur forte.

**Carotte sauvage** Umbelliferae *Daucus carota.* Atteint 90 cm. **Habitat :** prairies, bords des routes, haies, champs. Très commune. Jusqu'à 1 500 m. **N.B.** Surtout en terrain calcaire. Fleur centrale généralement pourpre.

**Branc-ursine** Umbelliferae *Heracleum sphondylium.* Atteint 1,75 m. **Habitat :** prairies, lisières des bois, haies, bords des routes. Dépasse 1 500 m. **N.B.** Forme des feuilles variable. Pousses comestibles. Fleurs blanches ou rosées.
**Héraclée** *H. mantegazzianum.* Semblable, mais atteint 5 m de haut. Tige tachée de rouge. Espèce introduite, cultivée. Grande-Bretagne : près des cours d'eau.

**Patience sauvage** Polygonaceae *Rumex obtusifolius.* Atteint 1 m. **Habitat :** bords des chemins, haies, décombres, prairies. Jusqu'à 1 500 m. **N.B.** Surtout en terrain remué.

**Parelle** Polygonaceae *Rumex crispus* Atteint 80 cm. **Habitat :** prairies, terrains vagues, champs, chemins. Jusqu'à 1 600 m. Très commune.

**Patience d'eau**
Polygonaceae *Rumex hydrolapathum.* Atteint 2 m. **Habitat :** terrains humides, bords des eaux douces, eau peu profonde. Jusqu'à 400 m. **N.B.** Bord des feuilles ondulé ou non.

**Oseille sauvage ▶**
Polygonaceae *Rumex acetosa.* Atteint 1 m. **Habitat :** prairies, bord des routes, champs. Très commune. Jusqu'à 2 000 m. **Petite oseille** *R. acetosella.* Atteint 30 cm. Plus petite. Feuilles avec 2 oreillettes à la base. Très commune dans les prés, landes en terrain acide.

**Myrtille, Brimbelle** Ericaceae *Vaccinium myrtillus.* Atteint 60 cm. **Habitat :** bois clairs jusqu'à 2 000 m. Manque localement. **N.B.** Terrains siliceux. Fruits comestibles.
▼

**Rhododendron** Ericaceae *Rhododendron ferrugineum.* Atteint 1 m. **Habitat :** bois clairs, rocailles, limite supérieure des forêts. Jusqu'à 2 800 m. Jura, Alpes, Pyrénées, Apennins (nord).

**Airelle rouge** Ericaceae *Vaccinium vitis-idaea.* Atteint 80 cm. **Habitat :** landes tourbeuses, bois. Souvent en montagne. Jusqu'à 3 000 m. **N.B.** En terrain acide. Feuillage persistant. Fruits comestibles.

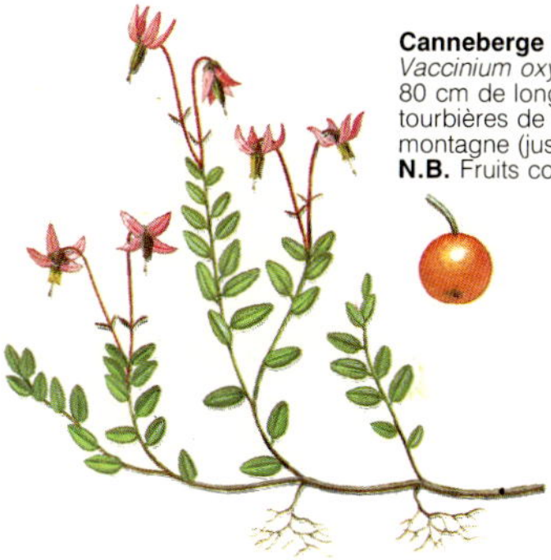

**Canneberge** Ericaceae *Vaccinium oxycoccus.* Atteint 80 cm de long. **Habitat :** tourbières de plaine et montagne (jusqu'à 2 000 m). **N.B.** Fruits comestibles.

**Callune** Ericaceae *Calluna vulgaris.* Atteint 1,50 m. **Habitat :** landes, bois clairs, talus, jusqu'à 2 500 m. **N.B.** Occupe de vastes espaces en terrain siliceux, bien drainé.

**Andromède** Ericaceae *Andromeda polifolia.* Atteint 40 cm. **Habitat :** tourbières, en plaine et montagne jusqu'à 2 000 m. **N.B.** Feuillage persistant.

**Bruyère cendrée** Ericaceae *Erica cinerea.* Atteint 60 cm. **Habitat :** landes sur les côtes et jusqu'à 1 500 m. **N.B.** Généralement en terrain sec, siliceux.

**Camarine** Empetraceae *Empetrum nigrum.* Atteint 30 cm. **Habitat :** tourbières, landes en terrain siliceux. Localisée. Rare en montagne. De 1 300 à 3 040 m en Europe continentale.

**Pirole mineure** Pyrolaceae *Pyrola minor.* Atteint 30 cm. **Habitat :** bois de pins, dunes, prairies de montagne (dépasse 2 000 m). Localisée.

◀ **Statice, Lavande de mer**
Plumbaginaceae *Limonium vulgare.* Atteint 40 cm.
**Habitat :** vases salées des côtes, souvent en grandes colonies.

**Armérie, Jonc marin** ▶
Plumbaginaceae *Armeria maritima.* Atteint 30 cm.
**Habitat :** Pelouses et falaises herbeuses des côtes. Commune.

**Monotrope suce-pin** ▶
Monotropaceae *Monotropa hypopitys.* Atteint 20 cm.
**Habitat :** surtout forêts de pins, aussi hêtraies, dunes. Jusqu'à 1 800 m. **N.B.** Passe souvent inaperçu. Saprophyte.

**Primevère élevée**
Primulaceae *Primula elatior.* Atteint 30 cm. **Habitat :** taillis sous futaie. Fleurs inodores. Jusqu'à 2 200 m. **N.B.** feuilles moins gaufrées que celles de *P. vulgaris* et *P. veris.* ▼

**Primevère commune**
Primulaceae *Primula vulgaris.* Atteint 20 cm. **Habitat :** bois, haies. Localisée. Commune. Jusqu'à 1 000 m. En terrain calcaire ou siliceux. **N.B.** Fleurs inodores.

**Soldanelle** Primulaceae *Soldanella alpina.* Atteint 15 cm. **Habitat :** prairies humides et forêts claires (Pyrénées, Massif central, Alpes, Jura, Apennins). Jusqu'à 3 000 m. **N.B.** Fleurit en avril-mai dès la fonte des neiges.

**Lysimaque** Primulaceae
*Lysimachia vulgaris.* Atteint 1,50 m. **Habitat :** bords des cours d'eau, des étangs, chemins herbeux et humides, lieux marécageux. Jusqu'à 1 200 m. **N.B.** Fleurs munies de glandes noires ou orangées.

**Mouron des champs**
Primulaceae *Anagallis arvensis.* Atteint 15 cm. **Habitat :** Champs, bords des routes, jardins, terrains sablonneux. Commun. **N.B.** Tige et face inférieure des feuilles pointillées de noir.

**Gentiane de Koch**
Gentianaceae *Gentiana kochiana.* Atteint 10 cm. **Habitat :** prés secs, rocailles jusqu'à 3 000 m. Grandes fleurs (5-6 cm). Alpes, Pyrénées, Jura, Cévennes. **N.B.** En terrain acide.

**Gentiane jaune** Gentianaceae
*Gentiana lutea.* Atteint 1,40 m. **Habitat :** rocailles, alpages, coteaux secs. Jusqu'à 2 500 m. Espagne, France, Italie, Suisse.

**Petite centaurée**
Gentianaceae *Centaurium erythraea.* Atteint 60 cm. **Habitat :** prairies sèches, clairières, lisières, friches. Fréquente. Jusqu'à 1 400 m. **N.B.** Plante bisannuelle.

# Plantes à fleurs

**Petit liseron** Convolvulaceae *Convolvulus arvensis*. Atteint 1 m de long. **Habitat :** terrains cultivés, jardins, haies. Très commun. **N.B.** Préfère les sols légers, basiques. Plante vivace.

**Centaurée jaune, Chlora** Gentianaceae *Blackstonia perfoliata*. Atteint 40 cm. **Habitat :** prairies en terrain calcaire, espaces herbeux des falaises côtières. Localisée. Jusqu'à 1 300 m. **N.B.** Les tiges traversent le centre des feuilles.

**Cuscute du thym ▶** Convolvulaceae *Cuscuta epithymum*. **Habitat :** landes. **N.B.** Plante parasite, principalement sur l'Ajonc, la Callune, les trèfles. Fleurs blanches ou roses, odorantes. S'enroule en sens inverse des aiguilles d'une montre. Jusqu'à 2 000 m.

**Liseron des haies** Convolvulaceae *Calystegia sepium*. Tige grimpante atteignant 5 m de long. **Habitat :** haies, broussailles en terrain humide. Jusqu'à 1 500 m.

**Morelle** Solanaceae *Solanum nigrum*. Atteint 60 cm. **Habitat :** fleurs blanches, fruits noirs, jaune verdâtre ou rouges. Terrains vagues, cultures, bord des chemins. Dépasse 1 500 m.

**Douce-amère** Solanaceae *Solanum dulcamara.* Atteint 2 m de long. **Habitat :** haies, lisières, terrains vagues, bords des eaux douces. Commune. Dépasse 1 500 m. **N.B.** Plante grimpante. FRUITS TOXIQUES.

**Molène, Bouillon blanc ▶** Scrophulariaceae *Verbascum thapsus.* Atteint 1,2 m. **Habitat :** haies, terrains vagues, coupes forestières, lieux sablonneux. Commun. Jusqu'à 1 500 m. **N.B.** Sur les sols riches en bases. Couvert de poils blancs, serrés.

**Dompte-venin ▲** Asclepiadaceae *Vincetoxicum officinale.* Atteint 1,20 m. **Habitat :** terrains secs, caillouteux, friches. Jusqu'à 1 800 m. **N.B.** Souvent en terrain calcaire. Graines munies d'aigrettes.

***Scrophularia aquatica*** Scrophulariaceae. Atteint 1,50 m. **Habitat :** prairies humides, bois, bords des cours d'eau. Plaines et collines. Commune. **N.B.** Pétioles et tiges ailés. Plante vivace.

**Digitale, Gant de Notre-Dame** Scrophulariaceae *Digitalis purpurea.* Atteint 1,50 m. **Habitat :** coupes, clairières des forêts en plaine et montagne, landes, talus, haies. Jusque vers 1 000 m. **N.B.** En terrain siliceux. Bisannuelle. Plante médicinale.

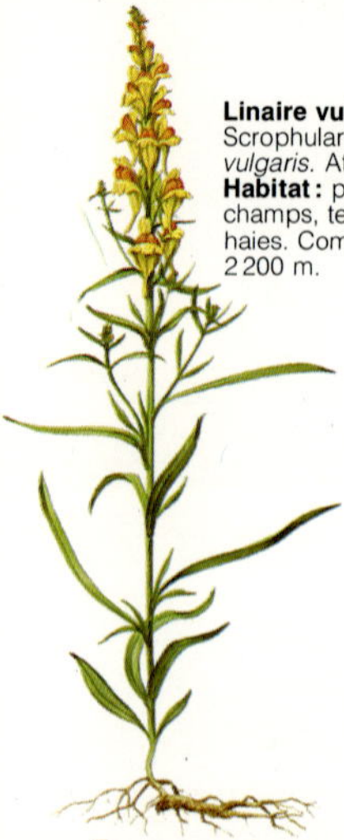

**Linaire vulgaire**
Scrophulariaceae *Linaria vulgaris.* Atteint 80 cm. **Habitat :** prairies, talus, champs, terrains vagues, haies. Commune. Jusqu'à 2 200 m.

**Véronique petit-chêne**
Scrophulariaceae *Veronica chamaedrys.* Atteint 40 cm. **Habitat :** bois, prairies, haies, jardins. Jusqu'à 2 200 m. Commune. **N.B.** Tige avec 4 rangées de longs poils blancs.

**Véronique à écussons**
Scrophulariaceae *Veronica scutellata.* Atteint 50 cm. **Habitat :** prairies humides, bords des étangs, marais. Localisée. Jusqu'à 1 800 m. **N.B.** Fleurs blanches et lilas.

**Cresson de cheval**
Scrophulariaceae *Veronica beccabunga.* Atteint 60 cm. **Habitat :** cours d'eau, étangs, fossés. Jusqu'à 2 400 m. **N.B.** Comestible.

**Mouron d'eau**
Scrophulariaceae *Veronica anagallis-aquatica.* Atteint 20 cm. **Habitat :** bords des étangs, cours d'eau, fossés. Jusqu'à 1 800 m. **N.B.** Généralement glabre ; inflorescence parfois glanduleuse.

**Véronique officinale**
Scrophulariaceae *Veronica officinalis.* Atteint 30 cm. **Habitat :** landes, prairies en terrain acide, bois. Plante rampante comme *V. chamaedrys* mais feuilles moins profondément dentées. Commune. Jusqu'à 2 000 m.

**Véronique de Perse**
Scrophulariaceae *Veronica persica.* Atteint 30 cm. **Habitat :** terrains cultivés, terrains vagues. Très commune. Jusqu'à 1 600 m. Feuilles triangulaires, grossièrement dentées. Fleurs solitaires sur un long pédoncule.

**Mélampyre des champs**
Scrophulariaceae *Melampyrum arvense.* Atteint 30 cm. **Habitat :** bords des routes, talus, champs. **N.B.** Semi-parasite.

**Véronique champêtre**
Scrophulariaceae *Veronica arvensis.* Atteint 25 cm. Commune. Dressée. Feuilles ovales, grossièrement dentées. Fleurs groupées en longue inflorescence sur un pédoncule court. **Habitat :** prairies sèches, champs, lieux incultes.

**Casse-lunettes**
Scrophulariaceae *Euphrasia nemorosa.* Atteint 40 cm. **Habitat :** prairies, friches, bois clairs, landes surtout en terrain siliceux. Commune. Jusqu'à 1 600 m. **N.B.** Aspect variable.

**Mélampyre des prés**
Scrophulariaceae *Melampyrum pratense.* Atteint 60 cm. **Habitat :** bois clairs en terrain siliceux. Dépasse 1 500 m. Floraison : juin-septembre. Fleurs jaune pâle, puis rosées.
**Melampyrum sylvaticum.** Semblable au précédent. Fleurs jaune d'or. Feuilles obliques, dressées. **Habitat :** bois, prés, collines et montagnes. Jusqu'à 2 500 m.

**Odontite** Scrophulariaceae *Odontites verna.* Atteint 50 cm. **Habitat :** terrains vagues, champs, bords des routes, fossés. Commune. Jusqu'à 1 800 m.

▲ **Pédiculaire** Scrophulariaceae *Pedicularis sylvatica.* Atteint 15 cm. **Habitat :** prairies humides, landes. Jusqu'à 1 700 m. **N.B.** manque en terrain calcaire et dans les champs.

▶ **Rhinanthe** Scrophulariaceae *Rhinanthus minor.* Atteint 50 cm. **Habitat :** prairies, surtout en plaine. **N.B.** Aspect très variable : tige courte ou longue ; feuilles larges ou étroites.

◀ **Menthe aquatique** Labiatae *Mentha aquatica.* Atteint 80 cm. **Habitat :** lieux marécageux, bords des rivières et étangs. Jusqu'à 1 400 m. **N.B.** Aspect variable.

**Thym** Labiatae *Thymus drucei.* Atteint 20 cm de long. **Habitat :** prairies sèches en terrain calcaire, lieux sablonneux, rochers. Jusqu'à 1 800 m. Commun. **N.B.** aspect variable. Souvent confondu avec le Serpolet, *T. serpyllum.* Forme des coussinets. Plante aromatique.

**Ortie rouge** Labiatae *Lamium purpureum.* Atteint 30 cm. **Habitat :** champs, terrains vagues, haies, talus, jardins. Jusqu'à 2 000 m. Commun.

**Chanvre sauvage** Labiatae *Galeopsis tetrahit.* Atteint 50 cm. **Habitat :** champs, haies, lieux humides, bois. Très commun. Jusqu'à 2300 m. **N.B.** Tige couverte de poils gluants. Fleurs roses ou blanches.

**Ortie blanche** Labiatae *Lamium album.* Atteint 60 cm. **Habitat :** haies, bords des routes, talus. Commune. Feuilles profondément dentées comme celles des orties véritables.

**Ortie jaune** Labiatae *Galeobdolon luteum.* Atteint 60 cm. **Habitat :** bois (par ex. hêtraies), haies. Commune. Jusqu'à 1900 m. **N.B.** Généralement en terrain lourd. Forme des colonies.

**Origan** Labiatae *Origanum vulgaris.* Atteint 60 cm. **Habitat :** prairies sèches en terrain calcaire, broussailles, haies. Commun. Jusqu'à 2000 m. **N.B.** Plante aromatique. Lieux secs.

**Calament vulgaire** Labiatae *Clinopodium vulgare.* Atteint 80 cm. **Habitat :** prairies en terrain calcaire, broussailles, haies, lisières. Jusqu'à 2000 m. Très commun. **N.B.** Lieux secs. Plante plus ou moins odorante. Plante vivace.

# Plantes à fleurs

**Lavande** Labiatae *Lavandula vera.* Atteint 60 cm. **Habitat :** garrigues, montagnes méditerranéennes jusqu'à 1 800 m. En terrain calcaire. France Italie, Espagne. Cultivée. Très odorante.

**Lierre terrestre, Gléchome ▶** Labiatae *Glechoma hederacea.* Atteint 25 cm. **Habitat :** bois clairs, haies, prairies, talus. Très commun. Jusqu'à 1 600 m. **N.B.** Préfère les sols humides. Abondant après les coupes dans les chênaies.

**Epiaire des bois** Labiatae *Stachys sylvatica.* Atteint 1 m. **Habitat :** bois, haies, lieux ombragés, proximité de l'eau. Jusqu'à 1 500 m. **N.B.** En terrain riche.

**Brunelle** Labiatae *Prunella vulgaris.* Atteint 30 cm. **Habitat :** prairies, chemins forestiers, friches, haies, bords des routes. Très commune. Jusqu'à 2 400 m. **N.B.** Surtout en terrain basique et neutre.

**Bétoine** Labiatae *Betonica officinalis.* Atteint 50 cm. **Habitat :** chemins des bois, prairies, landes, haies. Commune. Dépasse 1 500 m. **N.B.** En terrain calcaire ou siliceux.

**Bugle** Labiatae *Ajuga reptans.* Atteint 30 cm. **Habitat :** bois humides, haies, prairies. Jusqu'à 2 000 m. Très commun. **N.B.** Fleurs bleues, rarement blanches.

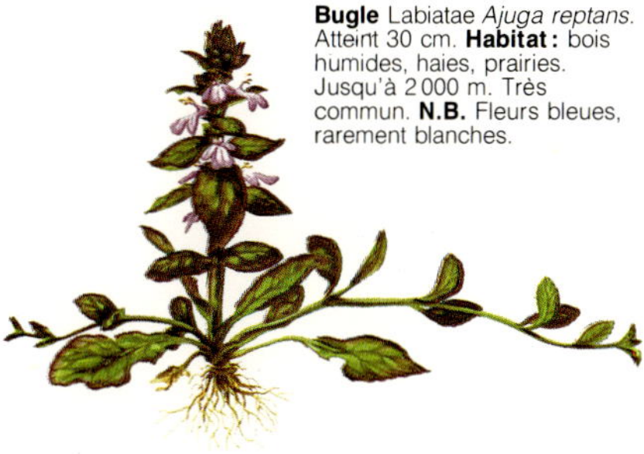

**Romarin** Labiatae *Rosmarinus officinalis.* Arbrisseau. Atteint 1,50 m. **Habitat :** pinèdes et garrigues méditerranéennes. Jusqu'à 1 500 m. Plante aromatique. Feuilles persistantes. Fleurit une grande partie de l'année.

**Myosotis des marais** Boraginaceae *Myosotis scorpioides.* Atteint 45 cm. **Habitat :** bords des cours d'eau et des étangs. Commun. Jusqu'à 2 000 m.

**Buglosse** Boraginaceae *Anchusa arvensis.* Atteint 60 cm. **Habitat :** terrains vagues sablonneux, champs, prairies. Localisé. **N.B.** Plante couverte de poils renflés à la base.

**Myosotis des champs** Boraginaceae *Myosotis arvensis.* Atteint 40 cm. **Habitat :** bois, champs, jardins, haies, lieux sablonneux, bords des routes. En terrain sec. Très commun. Jusqu'à 2 000 m.

**Vipérine** Boraginaceae *Echium vulgare.* Atteint 80 cm. **Habitat :** prairies sèches, terrains vagues, lieux sablonneux, champs. Commune. Jusqu'à 1 800 m. **N.B.** Couverte de poils à base rouge. Boutons floraux roses, fleurs bleu vif.

**Grande consoude** Boraginaceae *Symphytum officinale.* Atteint 1 m. **Habitat :** bords des cours d'eau, lieux marécageux, fossés, chemins. Commune. Jusqu'à 1 500 m. **N.B.** Fleurs violacées, blanches ou roses.

**Pulmonaire** Boraginaceae ▶ *Pulmonaria officinalis.* Atteint 30 cm. **Habitat :** bois, haies. **N.B.** En terrain calcaire ou argileux. Feuilles tachetées de blanc.

**Grassette** Lentibulariaceae *Pinguicula vulgaris.* Atteint 10 cm. **Habitat :** tourbières, marais, bords des sources. En montagne (jusqu'à 2 300 m). Localisée en plaine. **N.B.** Plante carnivore. Feuilles couvertes de poils gluants qui retiennent les insectes.

**Plantain lancéolé** Plantaginaceae *Plantago lanceolata.* Atteint 70 cm. **Habitat :** prairies, lieux herbeux, bords des routes. Très commun. Jusqu'à 2 000 m. **N.B.** Velu ou glabre.

**Grand plantain**
Plantaginaceae *Plantago major*. Atteint 60 cm. **Habitat :** champs, terrains vagues, bords des routes. Commun. Jusqu'à 2 300 m. **N.B.** Résiste bien au piétinement.

**Verveine officinale**
Verbenaceae *Verbena officinalis*. Atteint 75 cm. Tige carrée ; fleurs petites, en épi. **Habitat :** lieux incultes, bords des chemins, clairières, décombres. Jusqu'à 1 500 m.

**Campanule gantelée**
Campanulaceae *Campanula trachelium*. Atteint 1 m. Feuilles fortement dentées ; fleurs violettes. **Habitat :** clairières des bois, lisières, haies, en terrain calcaire. Jusqu'à 1 500 m. Plante vivace.

**Campanule à larges feuilles**
Campanulaceae *Campanula latifolia*. Atteint 1,50 m. **Habitat :** bois, surtout en montagne (jusqu'à 1 600 m). **N.B.** Fleurs pourpres ou blanches.

**Campanule à feuilles rondes** Campanulaceae *Campanula rotundifolia*. Atteint 50 cm. **Habitat :** prairies, lieux sablonneux, secs, bois clairs, talus. Localisée. Jusqu'à 2 000 m. **N.B.** Souvent dans les terrains pauvres peu profonds, acides ou calcaires.

**Yèble** Caprifoliaceae *Sambucus ebulus.* Atteint 2 m. **Habitat :** talus, broussailles, chemins. Jusqu'à 1 400 m. **N.B.** Fruits noirs à maturité.

**Chèvrefeuille** Caprifoliaceae *Lonicera periclymenum.* Atteint 6 m. Sous-arbrisseau grimpant. Fleurs parfumées. **Habitat :** lisières des bois, haies, broussailles. Commun. Jusqu'à 1 000 m.

**Valériane, Herbe aux chats** Valerianaceae *Valeriana officinalis.* Atteint 1 m. **Habitat :** prairies humides, fossés, bords des eaux douces. Commune. Jusqu'à 2 000 m.

**Adoxe** Adoxaceae *Adoxa moschatellina.* Atteint 15 cm. **Habitat :** bois, haies. Jusqu'à 2 000 m. Commune. **N.B.** Souvent en colonies.

**Gaillet** Rubiaceae *Galium mollugo*. Atteint 1 m. **Habitat :** prairies, haies, broussailles, terrains vagues. Jusqu'à 2 000 m. **N.B.** Aspect variable.

**Gratteron** Rubiaceae *Galium aparine*. Atteint 1 m de long. **Habitat :** haies, champs, terrains vagues, lisières. Commun. **N.B.** En terrain riche. Fruits couverts de crochets qui les fixent sur les vêtements ou le pelage des mammifères. Tiges avec aiguillon.

**Caille-lait jaune** Rubiaceae *Galium verum*. Atteint 1 m. **Habitat :** prairies, haies, pelouses. Commun. Jusqu'à 2 000 m. **N.B.** En terrain peu acide ou calcaire. Odeur d'herbe coupée. Plante vivace, dépourvue de crochets.

**Herbe à l'esquinancie** Rubiaceae *Asperula cynanchica*. Atteint 40 cm. **Habitat :** prairies en terrain calcaire, rocailles. Commune. Jusqu'à 2 000 m. Fleurs blanches ou roses. **N.B.** Odeur de vanille. Tiges grêles, plus ou moins couchées.

**Reine des bois** Rubiaceae *Galium odoratum*. Atteint 30 cm. **Habitat :** bois en terrain calcaire, surtout hêtraies. Jusqu'à 1 600 m. Commune. **N.B.** Odeur de vanille quand on la froisse.

**Scabieuse** Dipsacaceae *Scabiosa columbaria.* Atteint 80 cm. **Habitat :** prairies calcaires sèches, talus. Jusqu'à 2 000 m. **N.B.** Coloration variant du lilas au rose et au blanc (rare).

**Mors du diable** Dipsacaceae *Succisa pratensis.* Atteint 1 m. **Habitat :** prairies et bois humides, bords des routes, lieux marécageux. Très commun. Jusqu'à 2 400 m. **N.B.** Coloration variant du mauve au violet foncé.

**Jacobée** Compositae *Senecio jacobaea.* Atteint 1,20 m. **Habitat :** prairies, bords des chemins, terrains vagues. Très commune. Jusqu'à 1 000 m.

**Séneçon commun ▶** Compositae *Senecio vulgaris.* Atteint 40 cm. Mauvaise herbe. **Habitat :** jardins et champs. Terrains vagues. Très commun. **N.B.** Fleurs ligulées (périphériques) parfois absentes.

**Verge d'or** Compositae *Solidago virgaurea.* Atteint 1 m. **Habitat :** bois, haies, terrains sablonneux, rocailles, landes, falaises côtières. Dépasse 2 000 m. En colonies. **N.B.** Généralement en terrain acide. Aspect variable. Attire mouches et abeilles.

**Aster maritime** Compositae ▶ *Aster tripolium.* Atteint 80 cm. **Habitat :** prés salés du bord de mer ; terrains salés. Plante vivace.

◀ **Vergerette (ou Erigéron) du Canada** Compositae *Conyza canadensis.* Atteint 1 m. **Habitat :** terrains vagues, champs, talus, coupes. Très commune. Jusqu'à 1 200 m. **N.B.** Préfère les sols légers.

◀ **Grande marguerite** Compositae *Chrysanthemum leucanthemum.* Atteint 1 m. **Habitat :** prairies, bords des routes, lieux herbeux. Commune. Jusqu'à 2 400 m. Plante vivace. **N.B.** Pousse sur les sols riches. Fleurs ligulées (blanches) parfois absentes.

**Tanaisie** Compositae *Chrysanthemum vulgare.* Atteint 1 m. **Habitat :** talus, bords des routes, terrains vagues. Localisée. Assez commune. Jusqu'à 1 500 m. En touffes. **N.B.** Odeur forte, peu agréable. Attire mouches et coléoptères.

# Plantes à fleurs

**Pâquerette** Compositae *Bellis perennis.* Atteint 15 cm. **Habitat :** prairies, gazons, bords des routes. Jusqu'à 2 400 m. Très commune.

**Pas d'âne, Tussilage** ▶ Compositae *Tussilago farfara.* Atteint 30 cm. **Habitat :** bords des chemins, décombres, terrains vagues, lisières, voisinage des cours d'eau. Commun. Jusqu'à 2 400 m. **N.B.** Les fleurs se ferment la nuit. Les feuilles apparaissent après les fleurs.

◀ **Millefeuille** Compositae *Achillea millefolium.* Atteint 70 cm. **Habitat :** talus, prairies, pelouses, bord des routes. Très commun. Jusqu'à 2 500 m. **N.B.** Odeur assez forte. Pilosité et coloration variables.

**Eupatoire** Compositae *Eupatorium cannabinum.* Atteint 1,50 m. **Habitat :** marais, fossés, bords des étangs et des cours d'eau, éclaircies des bois humides. Jusqu'à 1 700 m. **N.B.** Fleurs roses, pourpres ou blanches.

**Edelweiss** Compositae *Leontopodium alpinum.* Atteint 20 cm. **Habitat :** corniches herbeuses, rocailles (Alpes, Pyrénées). Jusqu'à 3 400 m. **N.B.** Surface cotonneuse.

***Tripleurospermum maritimum*** *(= Matricaria maritima)* Compositae. Atteint 80 cm. **Habitat :** terrains sablonneux. Côtes de la Manche et de l'Atlantique. Egalement terrains vagues. Aspect variable.

**Matricaire** Compositae
*Matricaria matricarioides.*
Atteint 40 cm. **Habitat :** terrains vagues, bords des routes. Surtout dans le Nord. Commune. **N.B.** Odeur forte.

**Armoise vulgaire**
Compositae *Artemisia vulgaris.*
Atteint 1,50 m. **Habitat :** bords des routes, terrains vagues, champs. Jusqu'à 1 500 m. Très commune. **N.B.** Forme des feuilles et des inflorescences variable.

**Chardon des marais**
Compositae *Cirsium palustre.*
Atteint 2,50 m. **Habitat :** prairies, marais, haies, bois humides. Jusqu'à 1 800 m.

**Cirse champêtre** Compositae
*Cirsium arvense.* Atteint 1,50 m. **Habitat :** champs, terrains vagues, prairies. Jusqu'à 2 000 m. Très commun. **N.B.** Plante envahissante. Attire les syrphes et les papillons.

# Plantes à fleurs

**Cirse acaule** Compositae *Cirsium acaule.* Atteint 5 cm. **Habitat :** prairies pâturées en terrain calcaire, pelouses sèches, lieux sablonneux, friches. Commun. Jusqu'à 2 000 m.

**Centaurée noire** Compositae *Centaurea nigra.* Atteint 80 cm. **Habitat :** prairies, terrains vagues, bords des routes, en terrain siliceux. Commune. **N.B.** Aspect variable.

**Carline** Compositae *Carlina acaulis.* Atteint 40 cm. **Habitat :** friches, prairies, bo clairs. Plateaux et montagnes jusqu'à 2 800 m. France, Ital Espagne.

**Baromètre** Compositae *Carlina vulgaris.* Atteint 40 cm. **Habitat :** friches en terrain calcaire, prairies sèches, prés-bois. Jusqu'à 2 800 m. Commun. **N.B.** Bisannuel. Les feuilles de la 1re année meurent avant la floraison.

**Pissenlit** Compositae *Taraxacum officinale.* Atteint 35 cm. **Habitat :** prairies, gazons, lieux herbeux, terrains vagues. Jusqu'à 2 000 m. Très commun. **N.B.** Forme des feuilles variable.

**Chicorée sauvage**
Compositae *Cichorium intybus.* Atteint 2 m. **Habitat :** prairies, friches, bords des routes. Jusqu'à 1 500 m. Très commune. **N.B.** En terrain sec. Fleurs bleu ciel.

**Liondent** Compositae ▶ *Leontodon hispidus.* Atteint 60 cm. **Habitat :** prairies, rocailles. Dépasse 2 500 m. Très commun. **N.B.** Sur les sols calcaires ou riches en bases. Pilosité et autres caractères variables.

▲
**Poule grasse** Compositae *Lapsana (= Lampsana) communis.* Atteint 1,25 m. **Habitat :** haies, lisières, terrains vagues, murs. Commune. Jusqu'à 1 800 m. **N.B.** Les fleurs se ferment l'après-midi.

**Arnica** Compositae *Arnica montana.* Atteint 60 cm. **Habitat :** prairies des montagnes jusqu'à 2 800 m. Localement en plaine. Floraison : mai-août. **N.B.** Plante médicinale (vulnéraire)

**Piloselle** Compositae *Pilosella officinarum.* Atteint 30 cm. **Habitat :** prairies sèches, friches, lieux rocheux, landes. Jusqu'à 3 000 m. Commune. **N.B.** Face inférieure des feuilles couverte de poils courts, blancs.

# Plantes à fleurs

**Laiteron des champs**
Compositae *Sonchus arvensis.* Atteint 1,50 m. **Habitat :** champs, terrains vagues, haies, jardins. Commun. Dépasse 1 500 m. **N.B.** Bord des feuilles dentelé. Lait abondant.

**Butome, Jonc fleuri**
Butomaceae *Butomus umbellatus.* Atteint 1 m. **Habitat :** bords des étangs, des cours d'eau. Fossés. Jusqu'à 1 000 m. Plante vivace.

**Herbe aux femmes battues, Tamier** Dioscoreaceae *Tamus communis.* Atteint 4 m. **Habitat :** lisières des bois, haies, broussailles. Jusqu'à 1 200 m. Localisé. Préfère les sols fertiles, bien drainés. Plante grimpante.

**Parisette à quatre feuilles**
Trilliaceae *Paris quadrifolia.* Atteint 40 cm. **Habitat :** bois. Jusqu'à 2 000 m. FRUIT TOXIQUE. **N.B.** Préfère les lieux humides sur sols calcaires. Egalement appelée raisin de renard.

**Sceau de Salomon multiflore** Liliaceae *Polygonatum multiflorum.* Atteint 60 cm. **Habitat :** bois de feuillus. Jusqu'à 1 500 m. **N.B.** En terrain argileux ou calcaire. FRUITS TOXIQUES.

**Fragon, Petit houx** Liliaceae *Ruscus aculeatus.* Arbrisseau atteignant 80 cm. **Habitat :** bois secs, lieux rocailleux. Jusqu'à 700 m. **N.B.** Préfère les terrains calcaires.

**Muguet** Liliaceae *Convallaria majalis.* Atteint 20 cm. **Habitat :** bois de feuillus, jusqu'à 2 000 m. Commun. **N.B.** Seulement en terrain calcaire ou sablonneux. Fleurs parfumées. FRUITS TOXIQUES.

**Jacinthe des bois, Endymion** Liliaceae *Endymion nutans.* Atteint 40 cm. **Habitat :** bois de feuillus. Localisée. Forme souvent d'importants massifs. **N.B.** Préfère les terrains légers, acides.

**Narthécie** Liliaceae *Narthecium ossifragum*. Atteint 40 cm. **Habitat :** marais, tourbières, plaines et collines jusqu'à 600 m. Localisée. **N.B.** Couvre parfois de vastes surfaces. Floraison de juin à août. Tige striée, cylindrique.

**Lis martagon** Liliaceae *Lilium martagon*. Atteint 1 m. **Habitat :** bois et prairies en montagne (de 400 à 2600 m) ; hêtraies. Souvent en terrain calcaire. **N.B.** Fleurs tournées vers le sol.

**Ail des ours** Liliaceae *Allium ursinum*. Atteint 30 cm. **Habitat :** bois humides. Forme des colonies importantes. Jusqu'à 1200 m. **N.B.** Forte odeur d'ail. Localisé.

**Perce-neige** Amaryllidaceae *Galanthus nivalis*. Atteint 25 cm. **Habitat :** clairières des bois humides, prairies. Jusqu'à 1500 m. **N.B.** Floraison dès janvier ou février. Fleurs solitaires, pendantes.

**Jonquille** Amaryllidaceae *Narcissus pseudonarcissus.* Atteint 40 cm. **Habitat :** bois frais, prairies. Jusqu'à 2 000 m. **N.B.** Préfère les lieux humides.

**Iris des marais** Iridaceae *Iris pseudacorus.* Atteint 2 m. **Habitat :** bords des étangs, des cours d'eau, fossés, marécages. Jusqu'à 800 m. **N.B.** Fruits en juillet-août.

**Pied de veau, Arum, Gouet** Araceae *Arum maculatum.* Atteint 50 cm. **Habitat :** bois, lisières, haies, parcs. Jusqu'à 1 500 m. **N.B.** Supporte bien l'ombre. Préfère les sols riches en bases. FRUITS TOXIQUES.

**Helléborine des marais**
Orchidaceae *Epipactis palustris*. Atteint 50 cm.
**Habitat :** prairies en terrain calcaire, marais, tourbières. Jusqu'à 1 600 m. Localisée.

**Helléborine à larges feuilles**
Orchidaceae *Epipactis helleborine*. Atteint 80 cm.
**Habitat :** bois clairs, broussailles. Jusqu'à 2 000 m.
**N.B.** Généralement en terrain calcaire superficiel ; supporte bien l'ombre.

**Céphalanthère blanche**
Orchidaceae *Cephalanthera damasonium*. Atteint 60 cm.
**Habitat :** bois clairs de feuillus (hêtraies, boulaies) ou de conifères, jusqu'à 1 200 m.
**N.B.** Absence de tubercules au niveau des racines. Manque localement.

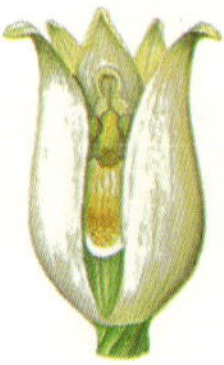

**Néottie nid d'oiseau**
Orchidaceae *Neottia nidus-avis*. Atteint 40 cm. **Habitat :** bois humides de feuillus ou de conifères, jusqu'à 1 700 m.
**N.B.** Souvent dans les hêtraies. Terrains calcaires riches en humus.

**Orchis mâle** Orchidaceae *Orchis mascula.* Atteint 55 cm. **Habitat :** prairies, taillis, bords des routes. Jusqu'à 2 500 m. **N.B.** Généralement en terrain calcaire ou argileux. Les sujets sylvestres sont plus grands.

**Grande listère** Orchidaceae *Listera ovata.* Atteint 70 cm. **Habitat :** bois frais, prairies. Jusqu'à 2 000 m. Commune. **N.B.** Préfère les terrains calcaires. L'une des orchidées les plus répandues.

**Orchis pyramidal** Orchidaceae *Anacamptis pyramidalis.* Atteint 50 cm. **Habitat :** prairies en terrain calcaire, broussailles, lieux sablonneux. Jusqu'à 2 000 m. Commun. **N.B.** Fleurs blanches chez une variété.

**Orchis brûlé** Orchidaceae *Orchis ustulata.* Atteint 25 cm. **Habitat :** prairies en terrain calcaire. Jusqu'à 2 000 m. Europe occidentale, péninsule Ibérique (seulement dans le nord).

**Orchis moustique**
Orchidaceae *Gymnadenia conopsea*. Atteint 80 cm. **Habitat :** prairies en terrain calcaire, lieux marécageux, bois clairs. Jusqu'à 2 500 m. **N.B.** Colonies souvent importantes.

**Orchis casque, Orchis pourpre** Orchidaceae *Orchis purpurea*. Atteint 80 cm. **Habitat :** prairies, bois clairs, friches, bords des routes. Terrains calcaires. Localisé. Rare en Grande-Bretagne.

**Orchis grenouille**
Orchidaceae *Coeloglossum viride*. Atteint 35 cm. **Habitat :** prairies en terrain calcaire, lisières. Très localisé. Jusqu'à 2 600 m. Fleurs verdâtres et rougeâtres.

**Ophrys abeille** Orchidaceae *Ophrys apifera.* Atteint 60 cm. **Habitat :** prairies et friches en terrain calcaire, lieux sablonneux, pinèdes, broussailles. Plaines et collines. **N.B.** Préfère les lieux dégagés où l'herbe est courte et où l'eau s'écoule rapidement.

**Orchis tacheté** Orchidaceae *Dactylorhiza fuchsii.* Atteint 60 cm. **Habitat :** prairies, broussailles, bords des routes. **N.B.** Surtout en terrain calcaire.

**Orchis à feuilles tachetées** Orchidaceae *D. maculata.* Atteint 60 cm. Les fleurs ont un labelle (pétale inférieur) trilobé et très large. **Habitat :** terrains humides, terrains acides. Jusqu'à 2 000 m.

**Orchis incarnat** Orchidaceae *Dactylorhiza incarnata.* Atteint 80 cm. **Habitat :** prairies humides, marécages. Jusqu'à 2 000 m. **N.B.** Aspect variable. S'hybride souvent.

# Plantes à fleurs

① **Pâturin des bois** Gramineae *Poa nemoralis.* Atteint 80 cm. **Habitat :** chemins des bois, haies. Jusqu'à 2 500 m. **N.B.** Plante des lieux ombragés. Souvent abondante localement.

② **Fétuque** Gramineae *Festuca gigantea.* Atteint 2 m. **Habitat :** bois humides, haies, lieux ombragés.

③ **Brome rude** Gramineae *Zerna ramosa.* Atteint 2 m. **Habitat :** bois, lisières, haies, bords des routes. Jusqu'à 1 500 m. **N.B.** Ombrage partiel. Sur la plupart des sols.

④ **Carex des bois** Cyperaceae *Carex sylvatica.* Atteint 60 cm. **Habitat :** bois, terrains déboisés, broussailles. Jusqu'à 1 400 m. **N.B.** Sur les sols lourds, humides (parfois calcaire et argile).

⑤ **Luzule** Juncaceae *Luzula campestris.* Atteint 35 cm. **Habitat :** prairies en terrain acide. Jusqu'à 1 700 m. **N.B.** En terrain humide ou sec.

⑥ **Mélique** Gramineae *Melica uniflora.* Atteint 60 cm. **Habitat :** bois, bords des routes ombragées. Jusqu'à 1 700 m. **N.B.** Souvent très abondante. Dans les hêtraies.

⑦ ***Koeleria cristata*** Gramineae. Atteint 1 m. **Habitat :** prairies sèches en terrain calcaire ou sablonneux. Jusqu'à 2 300 m.

⑧ ***Carex flacca*** Cyperaceae. **Habitat :** prairies en terrain calcaire, dunes, marais.

⑨ **Brachypode pinné** Gramineae (Poaceae) *Brachypodium pinnatum.* Atteint 90 cm. **Habitat :** terrains incultes, prairies sèches. Jusqu'à 1 500 m.

⑩ **Brome des prés** Gramineae (Poaceae) *Zerna erecta.* Atteint 1 m. **Habitat :** prairies en terrain calcaire, terrains vagues, secs. Jusqu'à 1 500 m.

① **Fétuque rouge** Gramineae *Festuca rubra.* Atteint 60 cm. **Habitat :** prairies en terrain calcaire, bois clairs, bords des routes, terrains vagues. Jusqu'à 1 800 m. Commune.

② **Fétuque ovine** Gramineae *Festuca ovina.* Atteint 60 cm. **Habitat :** prairies sèches, rocailles. Jusqu'à 2 500 m.

③ **Avoine pubescente** Gramineae *Helictotrichon pubescens.* Atteint 1 m. **Habitat :** prairies en terrain calcaire et sec.

④ **Avoine des prés** Gramineae *Helictotrichon pratense.* Atteint 1 m. **Habitat :** prairies sèches en terrain calcaire. Jusqu'à 2 000 m.

⑤ **Avoine jaunâtre** Gramineae *Trisetum flavescens.* Atteint 50 cm. **Habitat :** prairies, bords des routes. Terrains calcaires. Aspect très variable.

⑥ **Brize, Cœur de femme** Gramineae *Briza media.* Atteint 60 cm. **Habitat :** prairies en terrain calcaire ou riche en bases. Jusqu'à 2 200 m.

⑦ ***Agrostis tenuis*** Gramineae. Atteint 80 cm. **Habitat :** prairies, landes, terrains vagues. Jusqu'à 3 000 m.

⑧ **Traînasse** Gramineae *Agrostis stolonifera.* Atteint 40 cm. **Habitat :** prairies, marais salés, bords des routes, lieux sablonneux, bois clairs.

⑨ ***Catapodium rigidum*** Gramineae (Poaceae). Atteint 30 cm. **Habitat :** talus secs, murs, lieux rocheux, sablonneux.

⑩ **Houlque** Gramineae (Poaceae) *Holcus mollis.* Atteint 80 cm. **Habitat :** bois en terrain siliceux, prairies.

⑪ **Millet des bois** Gramineae *Milium effusum.* Atteint 1,50 m. **Habitat :** bois humides, hêtraies.

⑫ **Brachypode des bois** Gramineae *Brachypodium sylvaticum.* Atteint 1,20 m. **Habitat :** bois, haies, lieux ombragés, prairies.

① **Dactyle** Gramineae *Dactylis glomerata.* Atteint 1,50 m. **Habitat :** prairies, bords des routes. **N.B.** Cultivé comme fourrage.

② **Canche** Gramineae *Deschampsia caespitosa.* Atteint 2 m. **Habitat :** prairies humides, bois frais en terrain mal drainé. Jusqu'à 2 500 m. **N.B.** Nœuds noirâtres.

③ **Crételle** Gramineae *Cynosurus cristatus.* Atteint 80 cm. **Habitat :** prairies en terrain fertile. Jusqu'à 1 500 m. Commune. **N.B.** Epi régulièrement denté.

④ **Flouve odorante** Gramineae *Anthoxanthum odoratum.* Atteint 50 cm. **Habitat :** prairies sèches, landes, bois clairs. **N.B.** Fleurit tôt (mai). Forte odeur une fois desséchée.

⑤ **Ray Grass** Gramineae *Lolium perenne.* Atteint 60 cm. **Habitat :** prairies, bords des routes, terrains vagues. **N.B.** Surtout dans les sols riches ; landes. Aspect variable. Excellent fourrage.

⑥ **Fromental, Avoine élevée** Gramineae *Arrhenatherum elatius.* Atteint 2 m. **Habitat :** prairies sèches, bords des routes, terrains vagues. Commun.

⑦ **Vulpin** Gramineae *Alopecurus pratensis.* Atteint 1 m. **Habitat :** prairies humides. Jusqu'à 1 800 m. Commun. **N.B.** En terrain riche. Très bon fourrage.

⑧ **Fétuque des prés** Gramineae *Festuca pratensis.* Atteint 1 m. **Habitat :** prairies de plaine, bords des routes. **N.B.** Surtout en terrain riche, calcaire.

⑨ **Pâturin des prés** Gramineae *Poa pratensis.* Atteint 80 cm. **Habitat :** prairies, bords des routes, champs, terrains vagues, murs, lieux ombragés. Jusqu'à 2 300 m. **N.B.** Surtout en terrain sablonneux, bien drainé. Bon fourrage.

⑩ **Pâturin vulgaire** Gramineae *Poa trivialis.* Atteint 1 m. **Habitat :** prairies, terrains vagues, champs, bords des cours d'eau. **N.B.** Commun en terrain riche, humide.

① **Chiendent des sables** Gramineae *Agropyron junceiforme*. Atteint 50 cm. **Habitat :** dunes côtières. **N.B.** Supporte bien le sel. C'est la graminée qui vit le plus près de la mer.

② **Puccinellie maritime** Gramineae *Puccinellia maritima*. Atteint 60 cm. **Habitat :** prés salés des estuaires.

③ **Jonc de Gérard** Juncaceae *Juncus gerardii*. Atteint 30 cm : prés salés, fossés. **N.B.** Marais, depuis le niveau le plus haut de l'étage supralittoral et au-delà.

④ **Laîche des sables** Cyperaceae *Carex arenaria*. Atteint 40 cm. **Habitat :** côtes sablonneuses, dunes. **N.B.** Dunes fixées et amas de sable calcaire.

⑤ **Spartine** Gramineae *Spartina anglica*. Atteint 1,60 m. **Habitat :** vases salées des estuaires et des baies. Inflorescences de 10 à 30 cm. **N.B.** Souvent plantée pour fixer les bancs de vase.

⑥ **Oyat** Gramineae *Ammophila arenaria*. Atteint 1 m. **Habitat :** dunes côtières. **N.B.** Commun localement. Souvent planté pour fixer les dunes.

⑦ **Fléole** Gramineae *Phleum pratense*. Atteint 80 cm. **Habitat :** prairies argileuses, bords des chemins. Jusqu'à 1 800 m.

⑧ **Alpiste** Gramineae *Phalaris arundinacea*. Atteint 2 m. **Habitat :** eaux dormantes, prairies inondées. Jusqu'à 1 500 m.

⑨ **Calamagrostis** Gramineae (Poaceae) *Calamagrostis epigejos*. Atteint 1 m. **Habitat :** bois humides, fossés. **N.B.** En terrain sablonneux ou lourd.

⑩ **Jonc aggloméré** Juncaceae *Juncus conglomeratus*. Atteint 80 cm. **Habitat :** prairies inondées, lieux humides. Jusqu'à 1 900 m.

# Plantes à fleurs

① **Marisque** Cyperaceae *Cladium mariscus.* Atteint 2 m. **Habitat :** marais, bords des étangs, des rivières. Jusqu'à 800 m. Forme des peuplements serrés, purs.

② **Linaigrette** Cyperaceae *Eriophorum angustifolium.* Atteint 60 cm. **Habitat :** marais, tourbières. Jusqu'à 2 500 m. **N.B.** Préfère les terrains très humides, acides ; meurt en terrain sec.

③ **Jonc des chaisiers, Grand jonc** Cyperaceae *Scirpus lacustris.* Atteint 3 m. **Habitat :** étangs, bords des rivières. Jusqu'à 1 500 m. **N.B.** Constitue des peuplements.

④ **Jonc bulbeux** Juncaceae *Juncus bulbosus.* Atteint 60 cm. **Habitat :** terrains humides, bois, mares. **N.B.** Toujours en terrain acide. Pousse dans l'eau ou en dehors.

⑤ **Jonc étalé** Juncaceae *Juncus effusus.* Atteint 80 cm. **Habitat :** prairies et bois humides, marais. Jusqu'à 1 700 m. Forme des massifs en terrain acide. **N.B.** Tige lisse. Longue gaine au-dessus de l'inflorescence.

⑥ **Jonc trifide** Juncaceae *Juncus trifidus.* **Habitat :** prairies rocailleuses, entre 1 500 et 3 000 m, et ouest de l'Ecosse.

⑦ **Carex montagnard** Cyperaceae *Carex bigelowii.* **Habitat :** Grande-Bretagne (Ecosse, sud de l'Angleterre et du Pays de Galles). Par endroits en Irlande.

⑧ **Nard raide** Gramineae *Nardus stricta.* Atteint 50 cm. **Habitat :** prairies sèches ou tourbeuses en terrain siliceux ou acide. Surtout entre 400 et 3 000 m. **N.B.** Epillets violacés.

⑨ **Linaigrette gainée** Cyperaceae *Eriophorum vaginatum.* Atteint 60 cm. **Habitat :** marais tourbeux. Jusqu'à 2 300 m.

⑩ **Jonc gazonnant** Cyperaceae *Trichophorum caespitosum.* Atteint 30 cm. **Habitat :** marais, tourbières, landes. Jusqu'à 2 400 m. **N.B.** Manque sur les sols riches en bases.

① **Jonc à fleurs obtuses** Juncaceae *Juncus subnodulosus.* **Habitat :** prés salés, marais littoraux, creux humides des dunes. Côtes de la mer du Nord, de la Manche et de l'Atlantique.

② **Choin noirâtre** Cyperaceae *Schoenus nigricans.* Atteint 80 cm. **Habitat :** marécages, lieux humides, sur les côtes et à l'intérieur. Jusqu'à 2000 m. **N.B.** Terrains riches en bases. Plus ou moins commun au bord de la mer.

③ **Carex acutiforme** Cyperaceae *Carex acutiformis.* Atteint 1 m. **Habitat :** bords des eaux douces. En plaine et sur les collines jusqu'à 500 m. **N.B.** Sur sols riches en bases. Forme souvent des colonies denses. Ne pousse guère dans l'eau.

④ **Carex pain** Cyperaceae *Carex panicea.* Atteint 60 cm. **Habitat :** prés, bois humides, landes. Jusqu'à 2000 m. Généralement en terrain acide.

⑤ ***Glyceria maxima*** Gramineae. Atteint 50 cm. **Habitat :** mares, étangs, en eau peu profonde. Forme des colonies denses. Jusqu'à 2000 m. Plante très localisée, peu abondante en terrain calcaire.

⑥ **Carex en panicule** Cyperaceae *Carex paniculata.* Atteint 1 m. **Habitat :** bois et prairies humides, marais. Jusqu'à 1500 m. Rare dans le sud. **N.B.** Préfère les terrains tourbeux où le niveau de l'eau est périodiquement élevé. Supporte un peu d'ombre. Forme des touffes très denses.

⑦ **Roseau, Phragmite** Gramineae *Phragmites communis.* Atteint 4 m. **Habitat :** marais, fossés, bords des cours d'eau, étangs. Forme des colonies très vastes (= roselières) autour des plans d'eau. Pousse dans l'eau.

⑧ **Rynchospore** Cyperaceae *Rhynchospora alba.* Atteint 40 cm. **Habitat :** prairies et marais tourbeux (terrains acides). Jusqu'à 1500 m. Localisé.

1 2 3 4 5 6 7 8

# Plantes à fleurs

**Typha, Massette** Typhaceae *Typha latifolia.* Atteint 2,50 m. **Habitat :** fossés, bords des mares, étangs, cours d'eau lents. En colonies. **N.B.** Fleurs mâles au-dessus des fleurs femelles.

**Rubanier** Sparganiaceae *Sparganium erectum.* Atteint 1,20 m. **Habitat :** bords des étangs et rivières lentes en eau peu profonde. Plaines et collines.

**Lobélie** Lobeliaceae *Lobelia dortmanna.* Atteint 70 cm. **Habitat :** étangs. Très localisée. Suc laiteux.

# Plantes des eaux douces

**Trèfle d'eau** Menyanthaceae *Menyanthes trifoliata*. Atteint 40 cm au-dessus du niveau de l'eau. **Habitat :** marais, étangs, prairies tourbeuses. Jusqu'à plus de 2000 m. Localisé.

**Morrène** Hydrocharitaceae *Hydrocharis morsus-ranae*. Atteint 30 cm. **Habitat :** eaux stagnantes (mares, étangs). Plante aquatique pouvant vivre à sec en période de sécheresse. Jusqu'à 1 500 m.

**Flûteau, Plantain d'eau** Alismataceae *Alisma plantago-aquatica*. Atteint 1 m. **Habitat :** étangs, mares, fossés boueux, rivières lentes. Jusqu'à 1 500 m.

**Pesse** Hippuridaceae *Hippuris vulgaris*. Atteint 40 cm. **Habitat :** lacs, étangs, rivières lentes. Eaux peu profondes. Jusqu'à 1 600 m. **N.B.** Préfère les eaux riches en bases.

# Plantes à fleurs

**Faux aloès** Hydrocharitaceae *Stratiotes aloides.* Atteint 50 cm. **Habitat :** eaux dormantes, cours d'eau lents. Feuilles de 15 à 40 cm de long. Plante submergée sauf durant la floraison. Fleurs mâles groupées, fleurs femelles solitaires.

**Ruban d'eau** Sparganiaceae *Sparganium angustifolium.* Atteint 1 m. **Habitat :** lacs tourbeux, surtout en altitude.

***Ceratophyllum*** Ceratophyllaceae *Ceratophyllum submersum.* Atteint 3 m. **Habitat :** eaux stagnantes (étangs, fossés). Jusqu'à 800 m. Localisé.

# Plantes des eaux douces

**Myriophylle** Haloragaceae *Myriophyllum spicatum.* Atteint 3 m. **Habitat :** lacs, étangs, mares, eaux calmes. Jusqu'à 1 500 m. **N.B.** Surtout en eau calcaire.

**Nénuphar** Nymphaeaceae *Nymphaea alba.* **Habitat :** étangs, lacs. Jusqu'à 800 m. Eaux atteignant 2 m de profondeur. **N.B.** Dimensions variables.

**Flèche d'eau, Sagittaire** Alismataceae *Sagittaria sagittifolia.* Atteint 80 cm. **Habitat :** fossés, étangs, mares, bords des rivières lentes. Forme des feuilles est variable selon leur position (submergée, flottante ou aérienne).

# Plantes à fleurs

**Nénuphar jaune**
Nymphaeaceae *Nuphar lutea*. **Habitat :** étangs, mares, rivières. Jusqu'à 1 500 m. **N.B.** Odeur d'alcool. Fleurs dressées au-dessus de l'eau.

**Utriculaire** Lentibulariaceae *Utricularia neglecta*. Atteint 1,50 m. **Habitat :** eaux dormantes (lacs, étangs, fossés). Jusqu'à 800 m. **N.B.** Généralement en eau assez profonde. Les tiges flottantes ont des vésicules qui retiennent et digèrent les organismes aquatiques.

**Potamot** Potamogetonaceae *Potamogeton natans*. Atteint 1,20 m. **Habitat :** lacs, étangs, rivières. Jusqu'à 1 100 m. **N.B.** Profondeurs inférieures à 1 m. Surtout dans les terrains riches en substances organiques.

**Peste d'eau**
Hydrocharitaceae *Elodea canadensis.* Atteint 3 m. **Habitat :** étangs, cours d'eau lents. Originaire d'Amérique du Nord. Envahissante. Plantes mâles et femelles séparées.

**Renoncule aquatique**
Ranunculaceae *Ranunculus fluitans.* Atteint 5 m de long. **Habitat :** rivières rapides. Tiges et feuilles très allongées. Feuilles submergées en forme de lanières fines.

**Renouée amphibie**
Polygonaceae *Polygonum amphibium.* Atteint 1 m. **Habitat :** mares, bords des rivières, étangs. Jusqu'à 2 200 m. **N.B.** Forme terrestre sur les berges. Fleurs roses ou rouges.

**Littorelle** Plantaginaceae *Littorella uniflora.* Atteint 10 cm. **Habitat :** bords des lacs, étangs, mares, eaux peu profondes. Localisée. Jusqu'à 500 m. **N.B.** Surtout dans les régions calcaires. Forme une sorte de gazon en eau peu profonde.

**Lentille d'eau** Lemnaceae *Lemna minor.* Feuilles atteignant jusqu'à 6 mm de diamètre. **Habitat :** mares, bords des étangs ; eaux calmes, riches en éléments nutritifs. Jusqu'à 1 500 m. **N.B.** Recouvre souvent les mares d'un tapis vert.

Lentille d'eau

Littorelle

# Arbres

Les arbres sont les plus grands éléments vivants des paysages terrestres. On distingue deux catégories : les conifères (ou résineux) et les espèces à feuilles caduques (feuillus), très différents par leur structure et leur biologie.

**Les arbres sont les végétaux dominants des forêts, les plus riches des milieux naturels. Ils servent d'habitat à d'autres plantes et à de nombreux animaux. Leurs différentes parties servent de nourriture non seulement pendant leur vie mais aussi après leur mort.**

## Conifères

Les conifères sont des gymnospermes (c'est-à-dire des plantes aux graines nues, non enfermées dans un fruit), groupe de végétaux apparus il y a plus de 200 millions d'années. Leurs graines sont fixées à la surface d'écailles ligneuses réunies en « cônes » (vulgairement appelés « pommes de pin »). Leurs feuilles, appelées aiguilles, sont étroites, d'un vert plus ou moins foncé et ne tombent pas annuellement (sauf chez le mélèze), c'est pourquoi les conifères sont qualifiés de sempervirents (= toujours verts). Leur bois est relativement mou. Leur croissance, plus rapide que celle de maint feuillu, est appréciée. Ils fournissent de nombreux produits (cellulose, pâte à papier, bois d'œuvre, résine, etc.).

## Feuillus

Les feuillus font partie des angiospermes, plantes chez lesquelles les graines se développent à l'intérieur d'un ovaire qui se transforme en fruit. Souvent, ces graines contiennent de grandes quantités de substances nutritives (ex. : glands, faines). Certaines (p. ex. celles du frêne, des érables) sont pourvues d'expansions membraneuses servant d'ailes qui facilitent leur dispersion par le vent. En automne, les feuilles de ces arbres jaunissent, brunissent et tombent (elles sont donc caduques). Cependant quelques espèces, comme le houx, ont des feuilles persistantes. Les feuilles, généralement minces, molles, ont un limbe très large dont la forme caractérise chaque espèce. Leur bois est compact et particulièrement dur chez quelques essences.

**Ce gland deviendra peut-être un grand chêne. Presque chaque année, un chêne adulte produit des milliers de glands et cela pendant 200 à 300 ans. Quelques-uns seulement donneront des arbres.**

### Variété des espèces

Outre les espèces indigènes (au nombre de plusieurs dizaines : en France il y a environ 45 espèces d'arbres forestiers à feuilles caduques et au moins 11 à feuilles persistantes), beaucoup d'autres ont été introduites à titre ornemental et quelques-unes pour le reboisement, ce qui élève le total à plusieurs centaines d'espèces si l'on tient compte des arbustes et des arbrisseaux (un arbuste est un végétal ligneux à tige unique mesurant moins de 7 m, un arbrisseau est un végétal ligneux de 3-4 m maximum ayant plusieurs tiges à sa base). Pour identifier les arbres, on se fonde sur la structure des graines, l'aspect de l'écorce et des fleurs ainsi que sur la forme des feuilles et le port.

Les conifères poussent plus rapidement que les feuillus et certains se contentent de terrains pauvres, c'est pourquoi on les préfère pour les reboisements. Ces plantations à grande échelle (enrésinements) modifient les paysages et influent sur la nature du sol. Les conifères indigènes résistent mieux au froid et à la sécheresse que les feuillus ; aussi, en Europe, les trouve-t-on à plus grande altitude, à des latitudes plus élevées et dans des lieux plus secs.

Les arbres ont une importance capitale tout d'abord parce qu'ils modèlent le paysage. En outre, ils servent d'habitat à des milliers d'espèces animales et végétales, fournissant des aliments aux oiseaux, mammifères et insectes. Leurs restes décomposés alimentent également de très nombreux micro-organismes, des champignons ; leurs racines empêchent les éboulements, leurs cimes freinent le vent, protégeant ainsi le sol du dessèchement. En raison de leurs dimensions généralement imposantes, on peut les considérer comme de véritables microcosmes.

**Genévrier** Cupressaceae *Juniperus communis.* Atteint 6 m. **Habitat :** clairières, côteaux secs, landes, quelle que soit la nature du terrain. Jusqu'à 2 500 m. Fructification à l'automne de l'année suivant la floraison. Baies comestibles. Arbuste.

**If** Taxaceae *Taxus baccata.* Atteint 15 m. **Habitat :** en plaine et en montagne — terrain calcaire — jusqu'à 1 600 m. Cultivé. **N.B.** Supporte bien l'ombre. Rejette de souche. Fruit non comestible mais sans toxicité. Bois non résineux.

**Sapin pectiné, Sapin blanc** Pinaceae *Abies alba.* Atteint 50 m. **Habitat :** forêts de montagne (Vosges, Jura, Alpes, Massif central, Pyrénées, Apennins), Normandie, Corse. Introduit ailleurs. Jusqu'à 2 000 m. **N.B.** Cônes dressés ; aiguilles avec 2 raies blanches au-dessous.

**Pin pignon. Pin parasol** Pinaceae *Pinus pinea.* Atteint 25 m. **Habitat :** région méditerranéenne, plus au nord, par endroits. Aiguilles par deux. Cônes longs de 8-15 cm, avec grosses graines comestibles (pignes).

**Epicéa** Pinaceae *Picea abies (= Picea excelsa).* Atteint 50 m. **Habitat :** spontané en montagne ; très souvent planté en plaine (et en montagne). Jusqu'à 2 200 m. Cônes pendants. Aiguilles piquantes, quadrangulaires. Utilisé pour la fabrication de pâte à papier, et la décoration (sous le nom de « sapin » de Noël).

**Pin à crochet, Pin mugo, Pin de montagne** Pinaceae *Pinus montana.* Atteint 1 à 20 m. **Habitat :** à la limite supérieure des forêts de montagne. Alpes, Pyrénées, Apennins. Aiguilles groupées par deux. Forme naine appelée **Pin mugo.**

**Pin d'Alep** Pinaceae *Pinus halepensis.* Atteint 20 m. **Habitat :** région méditerranéenne, Portugal. Jusqu'à 800 m. Aiguilles par 2, longues de 5-10 cm. En terrain calcaire ou siliceux. Sensible au froid.

**Mélèze** Pinaceae *Larix decidua.* Atteint 35 m. **Habitat :** montagnes jusqu'à 2 500 m. Planté en plaine et sur les collines. **N.B.** Le feuillage jaunit en automne avant de tomber. Rameaux jaunâtres, cônes rouge pourpre à la floraison. Aiguilles groupées par 15-20.

**Pin sylvestre** Pinaceae *Pinus sylvestris*. Atteint 40 m. **Habitat :** spontané en montagne jusqu'à 2 100 m. Très souvent introduit ailleurs. Ecorce orangée ou rougeâtre en haut du tronc. Aiguille vert clair.

**Douglas** ou **Sapin de Douglas** Pinaceae *Pseudotsuga menziesii*. Atteint 55 m en Europe. **Habitat :** espèce introduite, originaire d'Amérique du Nord. Couramment utilisé pour le reboisement. Parcs. **N.B.** Aiguilles arrondies au bout. Odeur de citronnelle.

**Pin (laricio) de Corse** Pinaceae *Pinus nigra* var. *maritima*. Atteint 35 m. **Habitat :** Corse, sud de l'Italie. Planté (parcs, jardins). Préfère les sols sablonneux.

**Pin maritime** Pinaceae *Pinus pinaster, Pinus maritima*. Atteint 40 m. **Habitat :** région méditerranéenne. Planté ailleurs (ex. forêt des Landes, ouest de la France, Pays-Bas, Grande-Bretagne). Aiguilles par 2 (20 cm). Cônes longs de 10-20 cm. En terrain non calcaire.

**Saule fragile** Salicaceae *Salix fragilis.* Atteint 20 m. **Habitat :** bords des cours d'eau, lieux humides, jusqu'à 1 100 m. **N.B.** S'accommode des terres pauvres. Feuilles plutôt pendantes.

**Peuplier blanc** Salicaceae *Populus alba.* Atteint 30 m. **Habitat :** bords des eaux, bois humides. Cultivé. Dessous des feuilles blanc.

**Saule cendré** Salicaceae *Salix cinerea.* Atteint 6 m. **Habitat :** bois humides, bords des eaux douces. Jusqu'à 2 000 m. Feuilles duveteuses en dessous.

**Tremble** Salicaceae *Populus tremula.* Atteint 20 m. **Habitat :** coupes, friches, bois humides. Jusqu'à 2 000 m. Feuilles souvent mobiles, à queue aplatie.

**Myrte des marais** Myricaceae *Myrica gale*. Arbrisseau atteignant 2 m. **Habitat :** marais, tourbières, landes. Localisé. Feuilles et fruits odorants. Jusqu'à 300 m (580 m en Grande-Bretagne).

**Peuplier noir** Salicaceae *Populus nigra* var. *betulifolia*. Atteint 30 m. **Habitat :** bords des rivières, lieux humides. Jusqu'à 1 800 m. Variété de l'ouest et du nord de l'Europe aux feuilles couvertes de poils mous. Chez les vieux arbres, écorce gris-brun, très fissurée.

**Noyer** Juglandaceae *Juglans regia*. Atteint 25 m. **Habitat :** jardins et plantations. Cultivé pour ses fruits et son bois. Originaire d'Europe orientale et du Proche-Orient. Feuilles à 2-6 paires de folioles.

**Peuplier d'Italie** Salicaceae *Populus nigra* var. *italica*. Atteint 30 m. **Habitat :** planté (parcs, prairies, haies). **N.B.** Plantes mâles propagées par bouture. Préfère les sols humides. Ecorce grise. Silhouette caractéristique.

**Bouleau pubescent**
Betulaceae *Betula pubescens.* Atteint 20 m. **Habitat :** marais, tourbières, bord des étangs. Jusqu'à 2 000 m. **N.B.** A besoin de beaucoup d'eau. Rameaux et feuilles finement velus.

**Bouleau verruqueux**
Betulaceae *Betula pendula.* Atteint 25 m. **Habitat :** lisières, landes, broussailles, forêts en terrain sablonneux. Jusqu'à 2 000 m. **N.B.** Préfère les sols légers ; supporte la sécheresse.

**Aulne glutineux** Betulaceae *Alnus glutinosus.* Atteint 25 m. **Habitat :** largement répandu au bord des cours d'eau ; bois humides. Jusqu'à 1 700 m.

**Noisetier, Coudrier**
Betulaceae *Corylus avellana.* Atteint 7 m. **Habitat :** bois, forêts, haies, broussailles. Jusqu'à 1 700 m. Arbuste.

**Charme** Betulaceae *Carpinus betulus.* Atteint 25 m. **Habitat :** bois, forêts, haies, parcs. Jusqu'à 1 000 m. Souvent confondu avec le hêtre, mais feuilles dentées et fruits très différents. Manque localement.

**Hêtre** Fagaceae *Fagus sylvatica.* Atteint 40 m. **Habitat :** fréquent en forêt. Manque dans les régions sèches et en haute montagne. Jusqu'à 1 700 m. **N.B.** Souvent planté. Ses fruits sont les faines.

**Châtaignier** Fagaceae *Castanea sativa.* Atteint 30 m. **Habitat :** spontané dans les montagnes du sud. Introduit ailleurs depuis des siècles. **N.B.** Planté pour la production de fruits et de bois. Ne pousse pas en terrain calcaire.

**Chêne rouvre** ou **sessile** ▶
*Quercus petraea (= Q. sessiliflora).* Atteint 40 m. **Habitat :** bois, forêts. Largement répandu en Europe, manque localement. Jusqu'à 1 600 m. **N.B.** Craint les terrains humides. Glands dépourvus de pédoncule (queue).

sessile

pédonculé

**Chêne pédonculé** Fagaceae ▲
*Quercus pedunculata (= Q. robur).* Atteint 40 m. **Habitat :** forêts. Absent en montagne au-dessus de 1 000 m. Glands pourvus d'une « queue » de 3 à 5 cm.

▲
**Chêne vert, Yeuse** Fagaceae
*Quercus ilex.* Atteint 15 m. **Habitat :** méridional ; surtout en terrain calcaire. Feuilles persistant 2 ou 3 ans, de forme variable. Jusqu'à 1 500 m.

◀ **Chêne-liège** Fagaceae
*Quercus suber.* Atteint 20 m. **Habitat :** terrains non calcaires. Languedoc, Provence, Corse, péninsule Ibérique, Italie. Feuilles persistantes, blanches en dessous, dentées ou non.

**Orme anglais** Ulmaceae *Ulmus procera*. **Habitat :** bois, haies en Grande-Bretagne. Très proche d'*Ulmus carpinifolia (= U. campestris)*, l'Orme champêtre, qui atteint 30 m et vit en terrain frais, riche. Décimé par la graphiose, maladie due à un champignon transmis par un insecte. *Ulmus minor* est considéré comme une variété d'*Ulmus procera*. Ecorce plus grise, feuilles plus petites.

**Orme de montagne** Ulmaceae *Ulmus glabra (= U. montana, U. scabra)*. Atteint 40 m. **Habitat :** forêts de plaine et de montagne jusqu'à 1 300 m. Localisé. Fruits sans queue, longs de 2-3 cm. Graine située vers le centre du fruit. Feuilles très rugueuses et très découpées.

**Platane** Platanaceae *Platanus × hispanica*. Atteint 45 m. **Habitat :** parcs, avenues, bords des routes. Hybride entre une espèce orientale et une espèce américaine. L'écorce se détache en grandes plaques minces.

**Pommier sauvage** Rosaceae *Malus sylvestris.* Atteint 10 m. **Habitat :** bois, haies, en terrain calcaire ou argileux. Jusqu'à 1 500 m. **N.B.** Fruits petits, très acides.

**Sorbier des oiseaux** ou **des oiseleurs** Rosaceae *Sorbus aucuparia.* Atteint 16 m. **Habitat :** bois, forêts, surtout en terrain calcaire. Jusqu'à 2 000 m. Localisé. **N.B.** Fruits aigres mais comestibles.

**Alisier torminal** Rosaceae *Sorbus torminalis.* Atteint 20 m. **Habitat :** bois, forêts surtout en terrain siliceux. Jusqu'à 600 m. **N.B.** Ecorce grise, fissurée. Fruits bruns comestibles. Feuilles de forme caractéristique.

# Arbres et arbustes

**Allier, Alisier blanc**
Rosaceae *Sorbus aria.* Atteint 15 m. **Habitat :** bois, forêts, friches, surtout en terrain calcaire, sec. Plateaux et montagnes (jusqu'à 1 600 m). Face inférieure des feuilles blanche. Fruits comestibles.

**Sorbier intermédiaire** *Sorbus intermedia.* Nord de l'Europe, Grande-Bretagne. Semble être un hybride naturel de *S. aucuparia* et *S. aria.*

**Merisier** Rosaceae *Prunus avium.* Atteint 20 m. **Habitat :** bois de feuillus, parcs, haies. Jusqu'à 1 700 m. **N.B.** Ecorce brune, se détachant facilement en lanières horizontales. Fruits comestibles, doux ou acides.

**Aubépine, Epine blanche**
Rosaceae *Crataegus monogyna.* Atteint 15-20 m. **Habitat :** haies, bois, broussailles. Jusqu'à 1 600 m. Fruits : cenelles. Vit très longtemps. Pousse en tous terrains. Très commune.

**Prunellier, Epine noire**
Rosaceae *Prunus spinosa.* Atteint 3 à 4 m. **Habitat :** haies, broussailles, friches. Arbrisseau épineux. En terrain calcaire. Jusqu'à 1 600 m. Très commun. Fruits (prunelles) comestibles après les gelées.

**Merisier à grappes** Rosaceae *Prunus padus.* Atteint 10 m. **Habitat :** petit arbre ou arbuste des forêts en terrain siliceux. Localisé. Fruits acides. **N.B.** Partie interne de l'écorce malodorante.

**Erable champêtre** Aceraceae *Acer campestre.* Atteint 20 m. **Habitat :** haies, bois de feuillus surtout en terrain calcaire. Jusqu'à 1 500 m. Rameaux pourvus d'excroissances liégeuses.

**Erable sycomore** Aceraceae *Acer pseudoplatanus.* Atteint 40 m. **Habitat :** forêts, parcs, haies. Souvent planté. Jusqu'à 1 700 m. Fleurs en grappes pendantes, verdâtres. **N.B.** Préfère les sols profonds, riches et frais.
**Erable plane** Aceraceae *Acer platanoides.* Atteint 30 m. Feuilles à lobes aigus ; fleurs jaunes, dressées, avant les feuilles.

# Arbres et arbustes

**Marronnier d'Inde** Hippocastanaceae *Aesculus hippocastanum*. Atteint 30 m. **Habitat :** parcs et jardins. Planté. Originaire des Balkans. Fleurs blanches teintées de rose. Les arbres à fleurs roses sont des hybrides de cette espèce avec une autre, américaine.

**Fusain** Celastraceae *Evonymus europaeus*. Atteint 6 m. **Habitat :** bois, haies en terrain calcaire ou riche en bases. Arbuste répandu jusqu'à 700 m. Fruit rouge à 4 lobes ; graines entourées d'une enveloppe orange.

**Buis** Buxaceae *Buxus sempervirens*. Atteint 5 m. **Habitat :** méridional, bois, garrigues, friches, en terrain calcaire. Localisé. Jusqu'à 1 600 m. **N.B.** Souvent planté. Feuilles persistantes.

**Houx** Aquifoliaceae *Ilex aquifolium*. Atteint 10 m. **Habitat :** forêts de chênes et de hêtres, broussailles, haies ; planté. Jusqu'à 2 000 m. **N.B.** Généralement en terrain bien drainé. Feuilles épineuses ou non, selon l'âge de l'arbuste.

**Nerprun** Rhamnaceae *Rhamnus catharticus*. Atteint 8 m. **Habitat :** forêts, haies en terrain calcaire, frais ; localisé. Jusqu'à 1 500 m. Epineux. **N.B.** Feuilles le plus souvent opposées.

**Bourdaine** Rhamnaceae *Frangula alnus*. Atteint 4 m. **Habitat :** forêts en terrain siliceux, frais, acide, pauvre. Jusqu'à 1 000 m. Feuilles alternes.

**Tilleul à petites feuilles** Tiliaceae *Tilia cordata (= T. parvifolia, T. sylvestris)*. Atteint 30 m. **Habitat :** forêts, surtout en terrain calcaire ou argilo-siliceux. Jusqu'à 1 500 m. **N.B.** Feuilles glauques, glabres en dessous. **Tilleul à grandes feuilles** *Tilia platyphyllos*. De 20 à 40 m. **N.B.** Feuilles uniformément vertes, velues en dessous. **Habitat :** forêts.

**Frêne** Oleaceae *Fraxinus excelsior.* Atteint 40 m. **Habitat :** bois de feuillus, haies. En terrain frais et fertile. Associé au chêne pédonculé. Souvent planté. Jusqu'à 1 400 m. **N.B.** Bourgeons noirs.

**Viorne mancienne** Caprifoliaceae *Viburnum lantana.* Arbrisseau atteignant 3 m. **Habitat :** bois, broussailles, haies en terrain calcaire. Jusqu'à 1 500 m. **N.B.** Fruits d'abord rouges, devenant noirs.

**Sureau** Caprifoliaceae *Sambucus nigra.* Atteint 10 m. **Habitat :** bois, haies, terrains vagues, bords des chemins, décombres. Odeur forte. **N.B.** Caractérise les sols riches en azote. Tiges renfermant une moelle blanche.

**Olivier** Oleaceae *Olea europaea.* Atteint 10 m. **Habitat :** région méditerranéenne. Feuilles persistantes, argentées dessous ; fleurs blanches ; fruits verts. Lieux rocailleux, collines. Jusqu'à 800 m. Craint les gelées.

# Invertébrés marins

Des milliers d'espèces d'invertébrés marins habitent les côtes d'Europe occidentale, mais la plupart sont peu visibles. En effet, les unes vivent au-dessous de l'étage infra-littoral et les autres — notamment celles des rivages sablonneux et vaseux — sont profondément enfouies dans un terrier d'où l'on ne peut les déloger qu'avec une pelle. Enfin, celles qui se tiennent à l'air libre ou sont découvertes à marée basse se dissimulent fréquemment dans des fentes de rochers, sous des galets... à moins qu'elles ne soient cachées par des amas d'algues.

Cependant, bon nombre de ces animaux (même les espèces franchement marines) peuvent être rejetés sur le littoral par les tempêtes. De même, leur coquille ou autres fragments de leur organisme sont souvent déposés par les vagues au bord de l'eau. Parmi ces épaves, on trouve également des pontes de buccins (masses de capsules jaunâtres élastiques) et les enveloppes des œufs de raies et de roussettes, sortes de sachets brun-noir, cornés, rectangulaires, pourvus d'un appendice à chaque coin.

Outre une grande variété d'espèces européennes, on peut aussi rencontrer sur nos rivages des plantes et des animaux originaires de pays lointains, qui ont été entraînés par les courants ou les marées. Ainsi, en Grande-Bretagne, on a déjà trouvé des noix de coco antillaises transportées par le Gulf Stream.

On trouvera ci-après les principaux groupes d'invertébrés littoraux présents en Europe.

**Les mollusques gastéropodes** à coquille spiralée vivent sur les rochers, les pierres et autres supports fixes. Ils sont particulièrement abondants sur les côtes rocheuses.

**Les mollusques bivalves,** dont la coquille comporte 2 valves articulées, vivent généralement enfouis dans le sable ou la vase et sont communs sur les plages. Quelques-uns (par exemple les moules) s'attachent aux rochers ou à d'autres supports immobiles.

**Les crustacés,** crabes et crevettes, sont des animaux remuants qui se cachent sous les rochers et dans les mares. En revanche les balanes sont fixées en permanence aux rochers. Elles ont l'aspect de coquillages en

**La mer est un milieu naturel aussi complexe et riche que certains paysages terrestres. Ci-dessous, un bernard-l'ermite s'est introduit dans une coquille de buccin. Les anémones de mer collées sur son abri exploiteront les restes de ses repas.**

**Les méduses ont une structure relativement « simplifiée ». Certaines atteignent de grandes dimensions. Elles se propulsent en contractant leur « ombrelle ». Au cours de leur vie, elles sont d'abord sédentaires, puis mobiles.**

tronc de cône. Les puces de mer font partie des plus petits crustacés observables sur les plages et sous les galets.

**La plupart des vers** s'enfouissent dans le sable ou la vase mais on trouve parfois des néréides sous les pierres. Plusieurs espèces vivent dans le tube qu'elles ont construit et qui dépasse à la surface. D'autres restent enfoncées dans le sable où elles prélèvent leur nourriture et rejettent de petits tortillons semblables à ceux des lombrics. Les vers qui font un tube possèdent un éventail de tentacules utilisé pour respirer et filtrer les particules comestibles flottant dans l'eau.

Oursins, étoiles de mer et holothuries sont des échinodermes caractérisés par la possession de tubes ambulacraires, fins appendices charnus terminés par une sorte de ventouse. Ces tubes, qui ressemblent à de toutes petites pattes, permettent les déplacements. Chez les oursins, ils sortent de la carapace par des ouvertures situées entre les piquants. Les holothuries ont des tubes ambulacraires autour de la bouche et sur les côtés de leur corps boudiné. On les voit rarement sur les côtes.

La plupart des **invertébrés** précités ont une coquille ou une forme caractéristique, mais de nombreux autres possèdent un corps mou et ressemblent plutôt à des limaces. Bien qu'ils soient placés dans des groupes distincts, ils ont un aspect analogue, et seul l'examen de leur anatomie révèle leurs différences. Cependant, avec un peu d'habitude, on parvient à les reconnaître dans la nature.

Les anémones de mer sont semblables à des colonnes de gelée colorée qui, sous l'eau, déploient un grand nombre de tentacules entourant une bouche. Elles sont fixées aux rochers et aux digues par un disque adhésif situé à la base du pied.

Les nudibranches (mollusques) rampent ou nagent lentement dans l'eau peu profonde et ont souvent sur le dos des tentacules plumeux ou d'autres appendices. Ce sont des gastéropodes sans coquille. Les ascidies, très différentes, ressemblent un peu à des éponges et celles-ci ont souvent l'aspect de plantes.

Les animaux vivant dans la zone de balancement des marées (zone intertidale) sont adaptés à la durée de la période d'exposition à l'air libre. Certains fréquentent le niveau inférieur de cet espace et ne sont exondés que durant peu de temps, alors que d'autres, propres à son niveau supérieur, reçoivent seulement des éclaboussures et sont rarement recouverts par l'eau.

Beaucoup d'invertébrés marins, surtout ceux qui vivent dans un terrier ou sur les rochers, ont des larves planctoniques. A l'instar des graines, ces larves assurent la dispersion des espèces. Leur identification nécessite l'emploi d'un microscope, mais avec une bonne loupe on en verra nager plusieurs dans une petite quantité d'eau de mer.

**Etoile de mer. Animal que l'on rencontre souvent à l'étage infralittoral des côtes. Rejetée sur une plage, elle semble apathique, mais sur la face inférieure de ses bras, des rangées de pieds minuscules lui permettent de se déplacer à la recherche de ses proies, en général des mollusques bivalves.**

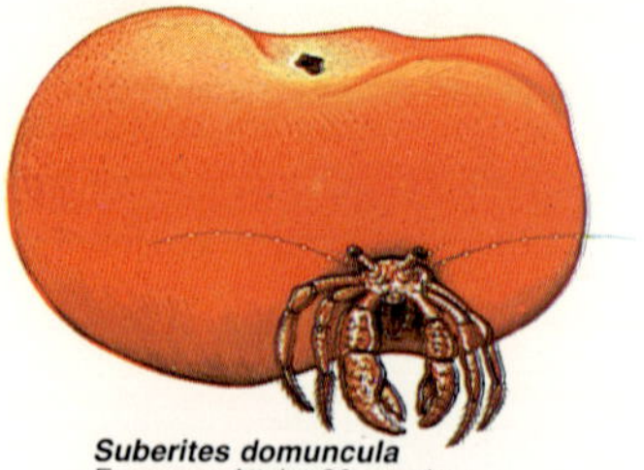

***Suberites domuncula***
Eponges. Atteint 30 cm de diamètre. **Habitat :** eaux peu profondes jusqu'à 200 m. Souvent associée à un bernard-l'ermite. Mer du Nord, Manche, Atlantique, Méditerranée. **N.B.** Cette éponge recouvre la coquille où s'abrite le crustacé, peut la dissoudre progressivement.

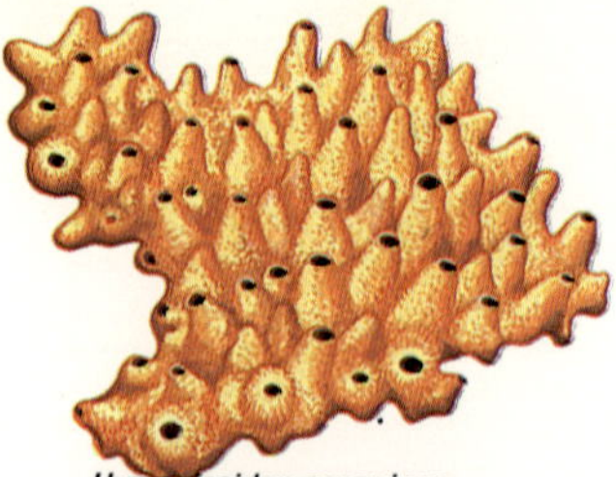

***Hymeniacidon sanguinea***
Eponges. Atteint 50 cm de long. **Habitat :** sur les rochers, de l'étage médiolittoral aux eaux peu profondes. Mer du Nord, Manche, Atlantique. **N.B.** Coloration et forme variables (de l'orange au rouge, surface sillonnée ou lisse).

**Anémone chevaline** Cnidaires *Actinia equina*. 7 cm de haut. **Habitat :** rochers, crevasses. De l'étage médiolittoral jusqu'à 8 m. De la mer du Nord à la Méditerranée. Commune. **N.B.** Possède environ 200 tentacules rétractiles et 24 taches bleues autour de la « bouche ». Brune, rouge, orange ou verte.

***Tealia felina*** Cnidaires. 15 cm de haut. **Habitat :** substrats durs, souvent dans des crevasses. De la mer du Nord à l'Atlantique. **N.B.** Préfère l'ombre. Coloration variable, souvent très belle. Tentacules translucides rayés de diverses couleurs.

***Halichondria panicea***
Eponges. Souvent en masse atteignant 20 cm de long. **Habitat :** pierres, algues, coquillages, de l'étage médiolittoral jusqu'en eau profonde. De la mer du Nord à la Méditerranée. **N.B.** Coloration variant du gris au vert et au brun.

**Sertulaire** Cnidaires *Sertularia cupressina*. Atteint 45 cm de haut. **Habitat :** pierres, coquillages, parfois crabes. Eaux profondes ou non. De la mer du Nord à l'Atlantique. **N.B.** Colonies importantes, ramifiées, blanches ou roses.

**Physalie** Cnidaires *Physalia physalis*. Le flotteur atteint 30 cm de diamètre. **Habitat :** pélagique. Atlantique et Méditerranée. Parfois échouée. **N.B.** Flotte à la surface de l'eau. Au-dessous du flotteur, longs tentacules formés de polypes pourvus de cellules urticantes dangereuses.

**Méduse** Cnidaires *Chrysaora hysoscella*. Longueur 30 cm. **Habitat :** pélagique. De la mer du Nord à l'Atlantique. Ombrelle portant 24 tentacules ; autour de la cavité buccale, 4 bras plus longs que les tentacules.

***Aurelia aurita*** Cnidaires. Atteint 25 cm de diamètre. **Habitat :** pélagique. De la mer du Nord à la Méditerranée. **N.B.** Bras buccaux frangés, plus longs que les nombreux tentacules latéraux. Quatre organes reproducteurs en forme de fer à cheval visibles de dessus.

# Invertébrés marins

***Anemonia sulcata*** Cnidaires. Atteint 10 cm de haut. **Habitat :** rochers, parfois algues, de l'étage infralittoral jusqu'à 23 m. De la Manche à la Méditerranée. **N.B.** Préfère la lumière vive. Environ 170 tentacules, souvent violets à l'extrémité.

***Metridium senile*** Cnidaires. Atteint 8 cm de haut. **Habitat :** rochers, épaves, pilotis. De 50 cm à 3 m de profondeur. De la mer du Nord à la Méditerranée. **N.B.** Les tentacules ressemblent à un plumeau en raison de leur nombre et de leur finesse. Coloration variable.

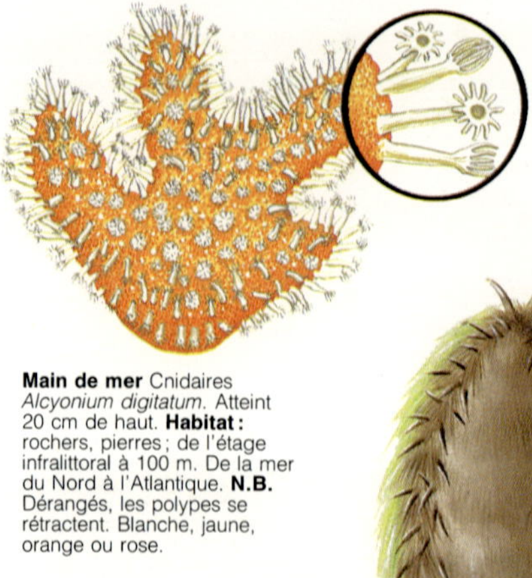

**Main de mer** Cnidaires *Alcyonium digitatum*. Atteint 20 cm de haut. **Habitat :** rochers, pierres ; de l'étage infralittoral à 100 m. De la mer du Nord à l'Atlantique. **N.B.** Dérangés, les polypes se rétractent. Blanche, jaune, orange ou rose.

▲ **Anémone parasite** Cnidaires *Calliactis parasitica*. Atteint 8 cm. **Habitat :** fonds vaseux, de 3 à 100 m. De la mer d'Irlande à la Méditerranée. Souvent sur une coquille de buccin occupée par un bernard-l'ermite. **N.B.** N'est pas vraiment parasite. L'anémone protège le crabe contre les prédateurs et partage ses aliments.

**Aphrodite épineuse** ▶ Vers Annélides *Aphrodite aculeata*. 10-20 cm de long. **Habitat :** fonds mous en eau peu profonde. De la mer du Nord à la Méditerranée. **N.B.** Soies irisées.

***Harmothoe impar*** Vers Annélides. Atteint 2,5 cm de long. **Habitat :** sous les pierres, rochers, algues. Etage infralittoral et eaux peu profondes. De la mer du Nord à la Méditerranée. **N.B.** Ecailles brun-verdâtre avec ▼ tache jaune centrale.

**Eulalia viridis** Vers Annélides. Atteint 5-15 cm. **Habitat :** étage infralittoral, eaux peu profondes. Crevasses des rochers. De la mer du Nord à la Méditerranée. **N.B.** Vert pré.

**Néréide** Vers Annélides *Nereis diversicolor*. Atteint 12 cm de long. **Habitat :** s'enfonce dans le sable ou la vase. De l'étage médiolittoral aux eaux peu profondes. **N.B.** Vaisseau sanguin visible sur le dos. Vert ou rouge.

◄ ***Nereis virens*** Vers Annélides. Atteint 20-40 cm. **Habitat :** étage infralittoral, eaux peu profondes. Mer du Nord et Atlantique. **N.B.** Souvent enterré dans le sable. Vert irisé.

***Chaetopterus variopedatus*** Vers Annélides. Ver : 25 cm ; tube : 40 cm. **Habitat :** dans un tube parcheminé en U, creusé dans le sable ou la vase, sous l'eau. De la mer du Nord à la Méditerranée.

***Nephthys caeca*** Vers Annélides. Atteint 25 cm. **Habitat :** dans le sable. Etage médiolittoral et plus bas. De la mer du Nord à l'Atlantique. **N.B.** Coloration variable, gris perle et autres tonalités. ▲

# Invertébrés marins

**Arénicole** Vers Annélides *Arenicola marina.* 20 cm. **Habitat :** s'enfonce dans le sable. Etage médiolittoral et plus bas. De la mer du Nord à la Méditerranée.

**_Lanice conchilega_** Vers Annélides. Atteint 30 cm. **Habitat :** dans un tube de grains de sable. Extrémité effrangée. Etage médiolittoral et plus bas. De la mer du Nord à la Méditerranée.

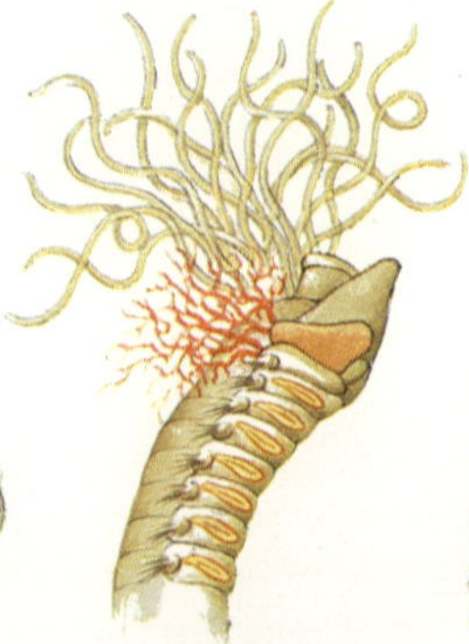

**_Serpula vermicularis_** Vers Annélides. Atteint 7 cm. **Habitat :** tube fixé sur les rochers, pierres, coquillages. Etage infralittoral et eaux peu profondes. De la mer du Nord à la Méditerranée.

**_Pomatoceros triqueter_** Vers Annélides. 2,5 cm. **Habitat :** tube contourné sur les pierres, coquillages. Etage infralittoral et eaux peu profondes. De la mer du Nord à la Méditerranée.

**_Spirorbis borealis_** Vers Annélides. Atteint 3,5 cm. **Habitat :** tube enroulé. Sur algues et rochers. Etages médio- et infralittoral, eaux peu profondes. De la mer du Nord à la Méditerranée.

**Chiton** Mollusques *Lepidopleurus asellus.* Atteint 2 cm. **Habitat :** sur les coquillages et les rochers. Etage infralittoral et jusqu'à 150 m. De la mer du Nord à l'Atlantique.

***Diodora apertura***
Mollusques. Atteint 4 cm. **Habitat :** étage infralittoral et jusqu'à 20 m. De la mer du Nord à l'Atlantique.

**Patelle, Bernique** Mollusques *Patella vulgata*. Atteint 7 cm. **Habitat :** rochers. Etages supra- et médiolittoral. Souvent en situation exposée. De la mer du Nord à l'Atlantique. Coquille conique, côtelée, plus grande aux endroits battus par les vagues.

***Patina pellucida*** Mollusques. Atteint 1,5 cm. **Habitat :** fixée sur les laminaires. Etage infralittoral et eaux peu profondes. De la mer du Nord à l'Atlantique.

**Gibbule** Mollusques *Gibbula umbilicalis*. Hauteur : 1,25 cm. **Habitat :** rochers. Etages supra- et médio-littoral. Manche et Atlantique.

**Gibbule cendrée** Mollusques *Gibbula cineraria*. Hauteur : 1,25 cm. **Habitat :** sous les pierres, sur les algues. Etage infralittoral et jusqu'à 20 m. De la mer du Nord à l'Atlantique.

***Monodonta lineata***
Mollusques. Atteint 2,5 cm de haut. **Habitat :** rochers. Etage médiolittoral. Ouest de la Manche et Atlantique.

**Bigorneau, Vignot**
Mollusques *Littorina littoralis*. Atteint 1 cm de haut. **Habitat :** sur les algues. Etages supra- et médiolittoral. De la mer du Nord à l'Atlantique. Coloration variable (brun, orange, jaune).

**Littorine des rochers**
Mollusques *Littorina saxatilis*. 8 mm de haut. **Habitat :** crevasses et sur les pierres. Etage supralittoral. De la mer du Nord à l'Atlantique.

**Littorine bleue** Mollusques *Littorina neritoides.* 5 mm de haut. **Habitat :** crevasses des rochers. Etage supralittoral. De la mer du Nord à la Méditerranée.

**Hydrobie** Mollusques *Hydrobia ulvae.* 6 mm de haut. **Habitat :** sur la vase des estuaires ; étage médiolittoral ; eaux saumâtres. De la mer du Nord à l'Atlantique.

**Pied de pélican** Mollusques *Aporrhais pespelecani.* 3,5 cm. **Habitat :** s'enfonce dans le sable, la vase ou le gravier. Jusqu'à 80 m. De la mer du Nord à la Méditerranée.

**Janthine** Mollusques *Janthina exigua.* 1,5 cm de haut. **Habitat :** pélagique. Atlantique. Parfois rejetée sur les côtes après les tempêtes.

***Littorina littorea*** Mollusques. 2,5 cm de haut. **Habitat :** sur les rochers, pierres, algues. Etages médio- et infralittoral. De la mer du Nord à la Méditerranée.

**Turritelle** Mollusques *Turritella communis.* 4-5 cm de haut. **Habitat :** partiellement enfouie dans le sable ou la vase. Jusqu'à 80 m. De la mer du Nord à la Méditerranée.

**Crépidule commune** Mollusques *Crepidula fornicata.* 2,5 cm de large. **Habitat :** généralement fixée à des congénères ou à des Bivalves. Eaux peu profondes. De la mer du Nord à l'Atlantique.

**Grain de café** Mollusques *Trivia monacha.* 1,2 cm. **Habitat :** rochers, étage infralittoral et eaux peu profondes. De la mer du Nord à la Méditerranée.

**Pourpre petite pierre**
Mollusques *Nucella lapillus.* 3 cm de haut. **Habitat :** crevasses des rochers. Etage médiolittoral. De la mer du Nord à l'Atlantique.

**Perceur, Cormaillot**
Mollusques *Ocenebra erinacea.* Atteint 6 cm de haut. **Habitat :** sable, rochers, étage infralittoral et jusqu'à 100 m. De la mer du Nord à la Méditerranée.

**Aplysie, Lièvre de mer**
Mollusques *Aplysia punctata.* Atteint 14 cm. **Habitat :** parmi les algues. Eaux peu profondes. Nage. De la mer du Nord à l'Atlantique. **N.B.** Coquille presque incluse dans le corps. Jeunes rougeâtres, adultes brun-vert. Rejette un liquide pourpre si dérangée.

***Dendrotonus frondosus***
Mollusques. 5 cm de long. **Habitat :** rochers, sable en eau peu profonde, et jusqu'à 100 m. De la mer du Nord à l'Atlantique. **N.B.** Nombreux appendices dorsaux ramifiés.

***Elysia viridis*** Mollusques. 3 cm de long. **Habitat :** algues vertes. Etage médiolittoral et plus bas. De la mer du Nord à la Méditerranée. **N.B.** Corps mou aplati.

**Buccin** Mollusques *Buccinum undatum.* Atteint 8 cm. **Habitat :** sur le sable, la vase, en eau peu profonde. De la mer du Nord à l'Atlantique. **N.B.** Coquilles vides souvent habitées par un bernard-l'ermite. Pontes souvent rejetées sur les côtes.

◀ **Limace de mer** Mollusques *Aeolidia papillosa*. Atteint 8 cm. **Habitat :** côtes rocheuses, cailloutis, zone de balancement des marées. De la mer du Nord à l'Atlantique. **N.B.** Nombreux appendices dorsaux séparés au milieu.

***Glycymeris glycymeris***
Mollusques. Atteint 6,5 cm. **Habitat :** dans le sable, la vase, le gravier, en eau peu profonde. De la Manche à la Méditerrânée.

**Moule comestible**
Mollusques *Mytilus edulis*. Longueur : 1-10 cm. **Habitat :** en bancs importants. Etage médiolittoral et plus bas. De la mer du Nord à la Méditerranée. **N.B.** Fixée au substrat par des filaments (byssus).

**Huître comestible**
Mollusques *Ostrea edulis*. Atteint 10 cm. **Habitat :** fixée aux rochers et pierres en eau peu profonde et jusqu'à 80 m. De la mer du Nord à la Méditerranée.

**Huître portugaise**
Mollusques *Crassostrea angulata*. Atteint 15 cm de large. **Habitat :** sur pierres et rochers en eau peu profonde. De la mer du Nord à l'Atlantique.

**Coquille Saint-Jacques**
Mollusques *Pecten maximus*. Atteint 15 cm. **Habitat :** sur le sable, le gravier ; généralement en eau peu profonde. De la mer du Nord à l'Atlantique.

**Bucarde épineuse** Mollusques *Acanthocardia aculeata.* Atteint 10 cm. **Habitat :** dans le sable ; sous l'eau, à partir de 10 cm. De la mer du Nord à la Méditerranée.

**Mactre coralline** Mollusques *Mactra corallina.* Atteint 5 cm. **Habitat :** dans le sable, le gravier. Du bas de l'étage infralittoral à 100 m. De la mer du Nord à la Méditerranée.

**Coque** Mollusques *Cerastoderma edule.* 5 cm. **Habitat :** dans la vase, le sable, le gravier. Estuaires. Etage infralittoral et plus bas. De la mer du Nord à la Méditerranée.

**Telline** Mollusques *Tellina tenuis.* 2 cm. **Habitat :** dans le sable. De l'étage médiolittoral à l'eau peu profonde. De la mer du Nord à la Méditerranée.

**Vénus fasciée** Mollusques *Venus fasciata.* 2,5 cm. **Habitat :** dans le sable ou le gravier. Entre 3 et 100 m de profondeur. De la mer du Nord à la Méditerranée.

***Macoma balthica*** Mollusques. 2,5 cm. **Habitat :** dans la vase et le sable. Eau saumâtre peu profonde, estuaires. De la mer du Nord à l'Atlantique.

**Scrobiculaire** Mollusques *Scrobicularia plana.* Atteint 6 cm. **Habitat :** dans la vase, le sable. Zone de balancement des marées. De la mer du Nord à la Méditerranée.

# Invertébrés marins

**Couteau** Mollusques *Ensis ensis.* Atteint 12,5 cm. **Habitat :** dans le sable. Bas de l'étage infralittoral et eaux peu profondes. De la mer du Nord à la Méditerranée.

**Solen gaine** Mollusques *Solen marginatus.* Atteint 12,5 cm. **Habitat :** dans le sable. Etage infralittoral et eaux peu profondes. De la mer du Nord à la Méditerranée.

**Mye** Mollusques *Mya truncata.* Atteint 7,5 cm. **Habitat :** dans la vase, le sable. De l'étage médiolittoral à 70 m. De la mer du Nord à l'Atlantique.

**Pholade** Mollusques *Pholas dactylus.* Atteint 15 cm. **Habitat :** se creuse une loge dans les roches tendres, le bois, le sable compact à l'étage infralittoral. De la mer du Nord à l'Atlantique.

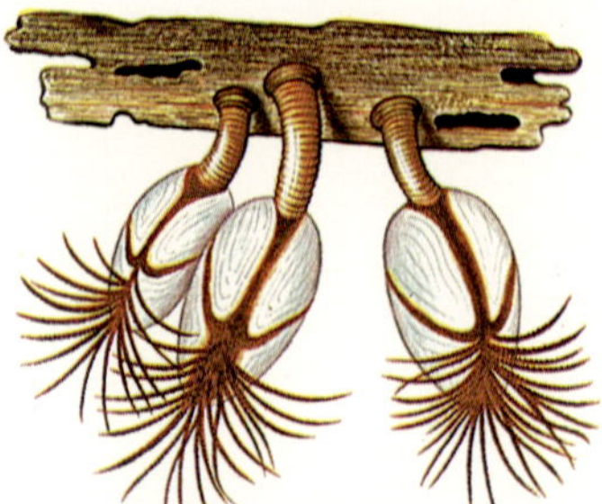

**Anatife** Crustacés *Lepas anatifera.* **Habitat :** fixé aux bateaux, bois flottants. De la mer du Nord à l'Atlantique. **N.B.** Pédoncule rétractile atteignant 20 cm de long.

**Taret** Mollusques *Teredo navalis.* Tube : 20 cm. **Habitat :** fore le bois immergé (coques, pieux). De la mer du Nord à la Méditerranée. **N.B.** Coquille atrophiée. Sécrète un tube calcaire qui l'entoure à mesure qu'il creuse.

**Seiche** Mollusques *Sepia officinalis*. 30 cm. **Habitat :** eaux peu profondes. Sur le sable. Baies, estuaires. De la mer du Nord à la Méditerranée. **N.B.** 10 tentacules autour de la bouche. Corps large, aplati.

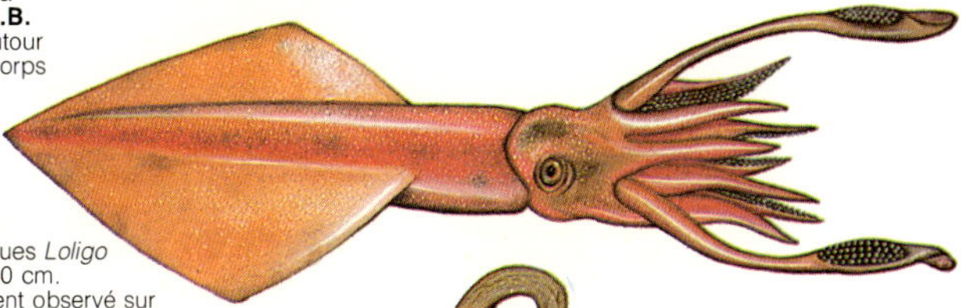

**Calmar** Mollusques *Loligo forbesi*. Atteint 60 cm. **Habitat :** rarement observé sur les côtes. **N.B.** Corps fuselé entouré de nageoires soudées à l'extrémité. Coloration variable (surtout rose, rouge et brune). De la mer du Nord à l'Atlantique.

**Poulpe, Pieuvre** Mollusques *Octopus vulgaris*. Atteint 1 m de long. **Habitat :** entre les rochers, les pierres. Souvent dans un abri construit avec des cailloux. De la Manche à la Méditerranée. **N.B.** 8 tentacules, chacun avec 2 rangs de ventouses. Coloration variable.

***Eledone cirrhosa*** Mollusques. Atteint 50 cm. **Habitat :** parmi les rochers, les pierres, au large. De la mer du Nord à l'Atlantique. Parfois en bas de l'étage infralittoral. **N.B.** Corps lisse ou verruqueux. 1 rang de ventouses sur les tentacules ; surtout brun-rougeâtre dessus et blanc dessous.

***Sepiola atlantica*** Mollusques. Atteint 5 cm. **Habitat :** nage au-dessus du sable et s'enfonce dedans. Eaux peu profondes. Manche et Atlantique. **N.B.** Coloration variable. Corps trapu en forme de coupe.

# Invertébrés marins

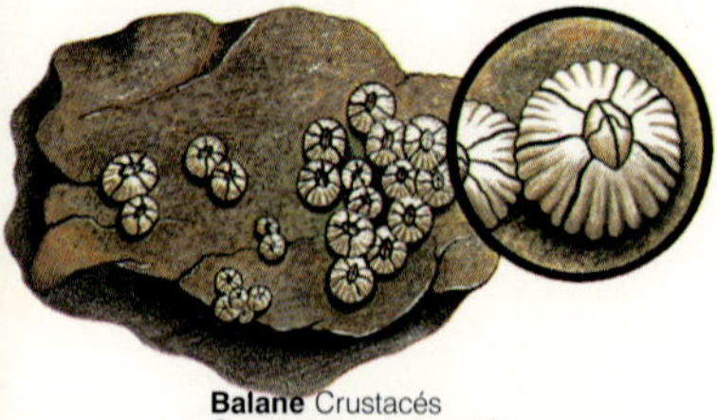

**Balane** Crustacés
*Semibalanus balanoides.*
Atteint 1,5 cm de diamètre.
**Habitat :** fixée sur les rochers. Etages supra- et médiolittoral. De la mer du Nord à l'Atlantique.

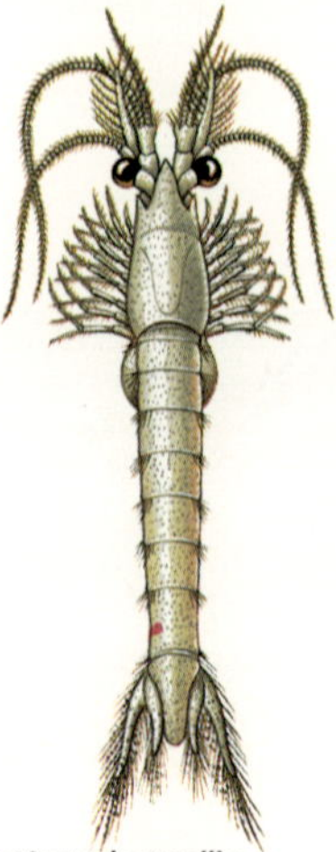

***Leptomysis gracilis***
Crustacés. Atteint 1,3 cm.
**Habitat :** mares de l'étage infralittoral. Eau peu profonde. De la mer du Nord à la Méditerranée. Transparent, incolore.

**Puce de mer** Crustacés
*Talitrus saltator.* Atteint 1,6 cm.
**Habitat :** sur les algues pourries des plages. Aux étages médio- et supralittoral. De la mer du Nord à la Méditerranée.

***Sacculina carcini*** Crustacés. 12-15 mm. **Habitat :** parasite sur l'abdomen du crabe enragé. Côtes sablonneuses ou rocheuses. **N.B.** Diffère des autres balanes. Aspect de masse brun-jaune, lisse, qui empêche le crabe de replier complètement son abdomen.

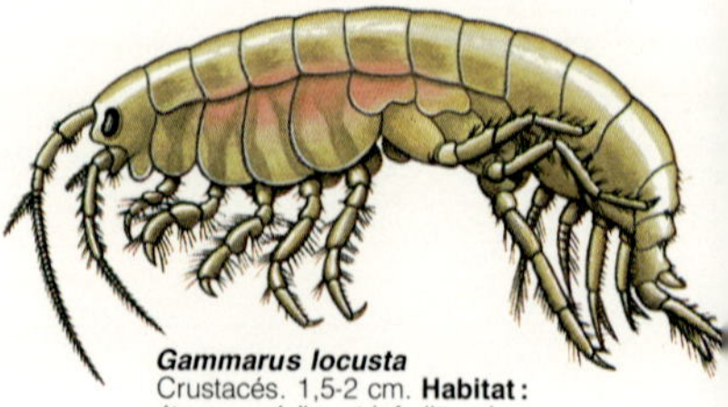

***Gammarus locusta***
Crustacés. 1,5-2 cm. **Habitat :** étages médio- et infralittoral. De la mer du Nord à la Méditerranée. Commun sous les pierres, les algues. **N.B.** Corps aplati latéralement.

**Lygie** Crustacés *Ligia oceanica.* 2,5 cm. **Habitat :** parmi les rochers, pierres, débris d'algues au-dessus de la zone intertidale. De la mer du Nord à la Méditerranée. **N.B.** Aspect de cloporte.

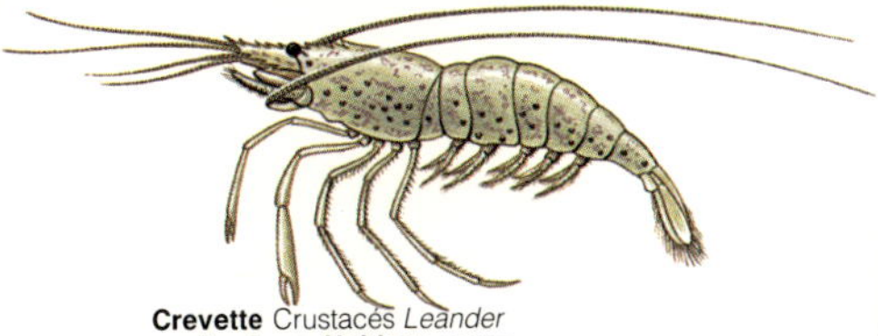

**Crevette** Crustacés *Leander squilla*. 5 cm. **Habitat :** mares rocheuses à l'étage infralittoral ; eaux peu profondes. Souvent parmi les algues. **N.B.** Grandes antennes 1,5 fois plus longues que le corps. Grandes pinces sur la 2e paire de pattes marcheuses.

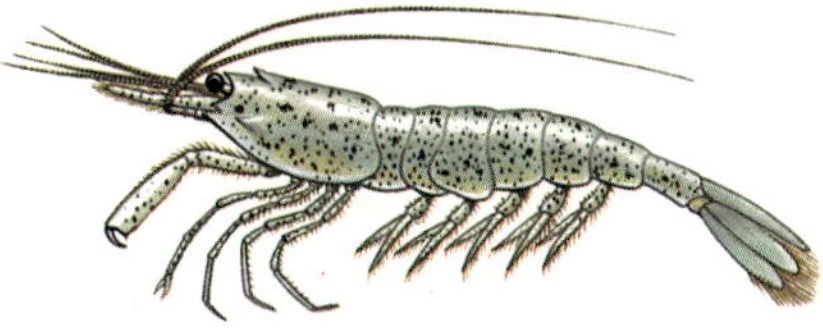

**Crevette grise** Crustacés *Crangon vulgaris*. 5 cm. **Habitat :** étage infralittoral, eaux peu profondes, estuaires. De la mer du Nord à la Méditerranée. **N.B.** Grandes antennes presque aussi longues que le corps. Grandes pinces sur la première paire de pattes marcheuses.

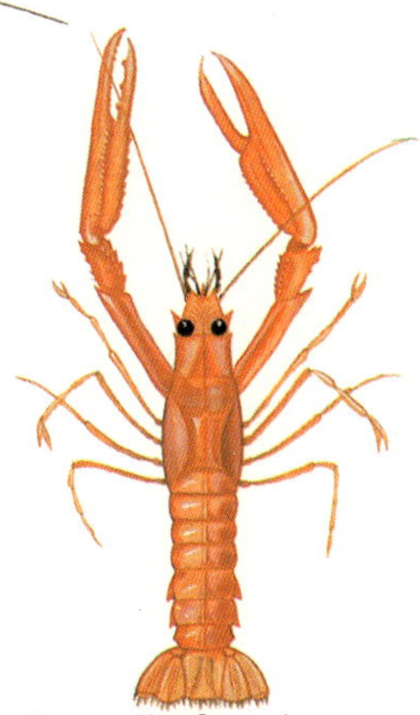

**Langoustine** Crustacés *Nephrops norvegicus*. 15 cm. **Habitat :** vase, sable à partir de 50 m. Mer du Nord, Atlantique, Méditerranée. Ressemble à un petit homard rosé. Arête des pinces dentelée.

**Homard** Crustacés *Homarus gammarus*. Atteint 75 cm. **Habitat :** parmi les rochers à l'étage infralittoral et plus au large. De la mer du Nord à la Méditerranée. **N.B.** Bleu quand il est vivant.

**Galathée** Crustacés *Galathea squamifera*. 4,5 cm. **Habitat :** sous les pierres. De l'étage infralittoral à 80 m. De la mer du Nord à la Méditerranée. **N.B.** Aspect trapu. Abdomen replié sous le thorax. Longues pattes munies de pinces.

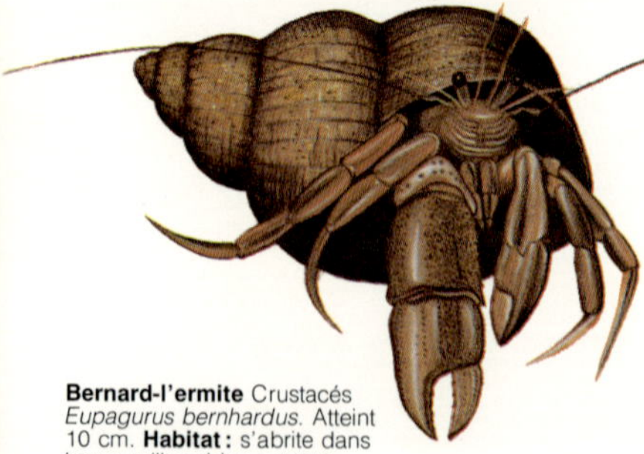

**Bernard-l'ermite** Crustacés *Eupagurus bernhardus.* Atteint 10 cm. **Habitat :** s'abrite dans les coquilles vides, surtout celles des buccins et bigorneaux. Etage infralittoral. De la mer du Nord à la Méditerranée. **N.B.** Pinces de tailles différentes. Change de coquille en grandissant.

**Crabe enragé** Crustacés *Carcinus maenas.* Dépasse 4 cm. **Habitat :** commun sous les pierres, les algues et sur la vase. De la mer du Nord à la Méditerranée. **N.B.** Carapace anguleuse, dentelée sur le bord antérieur.

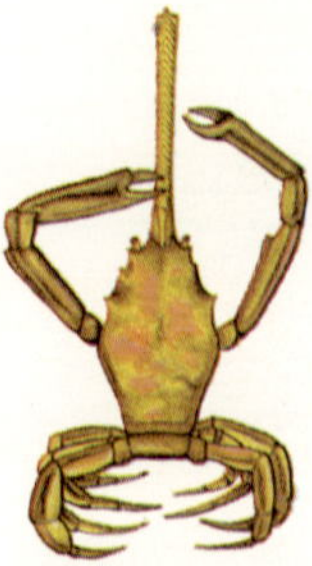

***Corystes cassivelaunus*** Crustacés. Corps : 4 cm. **Habitat :** généralement enfoui dans le sable. Etage infralittoral. De la mer du Nord à l'Atlantique. **N.B.** Pinces plus longues que le corps (surtout chez les mâles). Très longues antennes soudées.

**Tourteau** Crustacés *Cancer pagurus.* Longueur : 14 cm. **Habitat :** parmi les rochers de l'étage infralittoral. De la mer du Nord à la Méditerranée. Corps 1,5 fois plus large que long. **N.B.** Carapace brune à rose. Pinces puissantes, noires au bout. Parfois 40 cm de large.

***Macropodia tenuirostris*** Crustacés. Corps : 1,5 cm. **Habitat :** eaux peu profondes, parmi les algues. De la mer du Nord à la Méditerranée. **N.B.** Carapace souvent couverte d'algues et d'organismes encroûtants. Pattes très longues, un peu velues.

**Crabe chinois** Crustacés *Eriocheir sinensis.* Atteint 7 cm. **Habitat :** cours d'eau, estuaires. De la mer du Nord à l'Atlantique. **N.B.** Pinces couvertes de touffes de soies ayant l'aspect de mitaines. Autres pattes velues et longues.

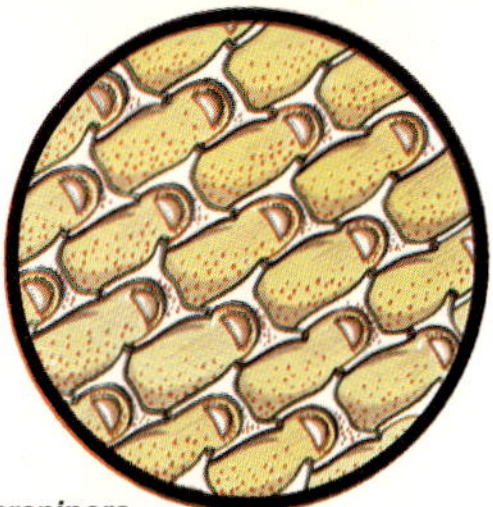

***Membranipora membranacea*** Bryozoaires. Taille : moins de 1 mm. **Habitat :** sur les laminaires et autres algues, de l'étage médiolittoral aux eaux peu profondes. De la mer du Nord à la Méditerranée. Aspect de tapis. **N.B.** Colonies encroûtantes de minuscules animaux avec parfois des excroissances.

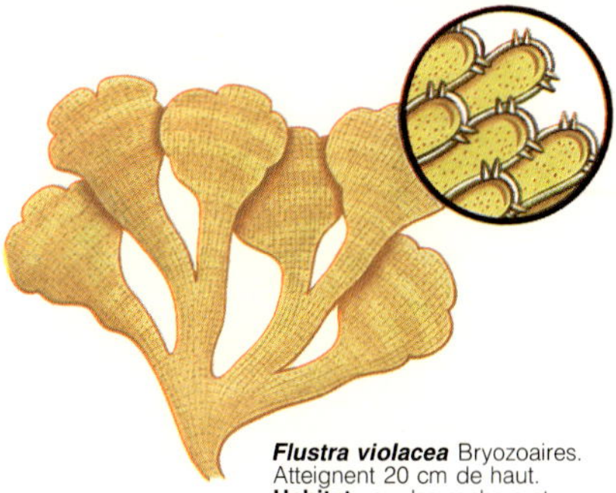

***Flustra violacea*** Bryozoaires. Atteignent 20 cm de haut. **Habitat :** sur les rochers et pierres des eaux peu profondes et jusqu'à 100 m. De la mer du Nord à la Méditerranée. **N.B.** En colonies ramifiées semblables à des feuilles. Confondues avec les algues. Souvent rejetées sur les plages où elles blanchissent et deviennent cassantes.

**Etoile de mer** Echinodermes *Astropecten irregularis*. Atteint 12 cm. **Habitat :** souvent dans le sable tout en bas de l'étage infralittoral, et au-delà. De la mer du Nord à la Méditerranée. **N.B.** Corps aplati avec 5 bras bordés de 2 couches de plaquettes munies de piquants. Brun orangé dessus, blanc dessous.

***Henricia oculata*** Echinodermes. Atteint 20 cm. **Habitat :** substrats mous, parmi les galets et les petites pierres. De la mer du Nord à l'Atlantique. **N.B.** Section des bras presque circulaire. Rouge sang à pourpre dessus, plus claire dessous.

**Soleil** Echinodermes *Crossaster papposus*. Atteint 25 cm. **Habitat :** sable, pierres, bancs d'huîtres et de moules. De la mer du Nord à l'Atlantique. **N.B.** 8 à 13 bras courts. **N.B.** Surface revêtue de petits piquants. Couleur variable.

**Ophiure** Echinodermes *Ophiura texturata*. Disque : 3 cm. **Habitat :** enfouie dans le sable de l'étage infralittoral à 200 m. De la mer du Nord à la Méditerranée. **N.B.** 2 plaques au-dessus de la base des bras ; ceux-ci atteignent 4 fois le diamètre du disque et sont effilés.

***Ophiocomina nigra***
Echinodermes. Disque : 3 cm. **Habitat :** parmi les rochers, les algues et dans le sable ; de l'étage infralittoral à 400 m. De la mer du Nord à la Méditerranée. **N.B.** Bras n'excédant pas 5 fois le diamètre du disque et effilés. Leurs épines sont fines, vitreuses ; noires, brunes ou jaune-orange.

***Asterias rubens***
Echinodermes. Atteint 50 cm de diamètre total. **Habitat :** rochers, cailloux, bancs de moules et d'huîtres ; de l'étage infralittoral à 200 m. **N.B.** Bras arrondis, effilés. Corps revêtu de piquants irrégulièrement disposés. Dessus brun-jaune, dessous plus pâle.

***Ophiothrix fragilis***
Echinodermes. Disque : 2 cm. **Habitat :** sous les pierres, algues et coquillages, de l'étage infralittoral à 350 m. De la mer du Nord à la Méditerranée. **N.B.** Disque souvent pentagonal. Bras n'excédant pas 5 fois le diamètre du disque, fragiles, souvent cassés. Piquants des bras très visibles. Coloration variable.

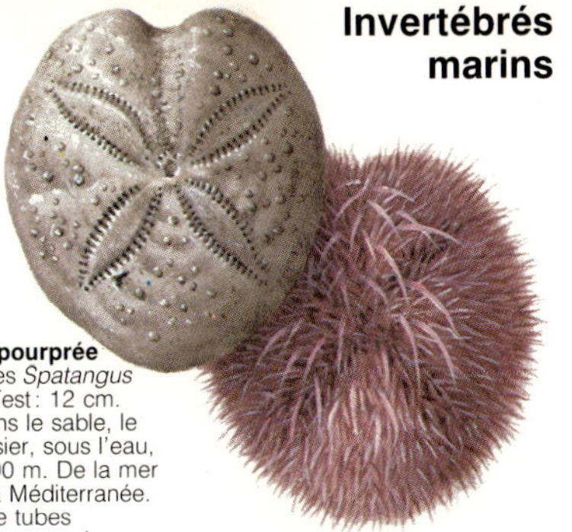

**Oursin** Echinodermes *Paracentrotus lividus.* Test : 6 cm. **Habitat :** parmi les rochers et les pierres, les algues coralligènes. De l'étage médiolittoral à 30 m. Dans les mares rocheuses également. De la Manche à la Méditerranée. **N.B.** Piquants atteignant 3 cm. Coloration variable. Creuse souvent un trou dans les rochers et s'y installe à demeure.

**Spatangue pourprée** Echinodermes *Spatangus purpureus.* Test : 12 cm. **Habitat :** dans le sable, le gravier grossier, sous l'eau, entre 5 et 800 m. De la mer du Nord à la Méditerranée. 5 rangées de tubes ambulacraires ; rangée antérieure dans un sillon menant à la bouche. **N.B.** Piquants généralement courts.

***Psammechinus miliaris*** Echinodermes. Test : 4 cm. **Habitat :** sur les rochers, sous les pierres, souvent à côté d'algues coralligènes. De l'étage médiolittoral à 100 m. De la mer du Nord à l'Atlantique. **N.B.** Piquants atteignant 1,5 cm, violets au bout. Souvent couvert de débris de coquillages et d'algues.

**Botrylle** Cordés *Botryllus schlosseri.* Individus atteignant 2 mm de long. **Habitat :** forme une croûte sur les rochers, pierres, algues. Etage infralittoral et eaux peu profondes. De la mer du Nord à la Méditerranée. **N.B.** Groupés par 3-12 disposés en étoile. Colonies de forme et de taille variées, souvent aplaties, parfois charnues.

**Ascidie** Cordés *Ascidia mentula.* Atteint 10 cm de haut. **Habitat :** fixée aux rochers de l'étage infralittoral et jusqu'à 200 m. De la mer du Nord à la Méditerranée. Sédentaire. **N.B.** Entourée d'une tunique épaisse d'aspect cartilagineux.

**Oursin comestible** Echinodermes *Echinus esculentus.* Test : 10-17 cm. **Habitat :** sur les rochers, parmi les algues. Du bas de l'étage infralittoral jusqu'à 50 m. De la mer du Nord à l'Atlantique. **N.B.** Piquants (1,5 cm) courts et forts, souvent pourpres au bout. Organes sexuels comestibles.

**Œuf de grisard** Echinodermes *Echinocardium cordatum.* Test : 9 cm. **Habitat :** dans le sable, de l'étage infralittoral à 200 m. De la mer du Nord à la Méditerranée. **N.B.** 5 rangées de tubes ambulacraires ; l'antérieure, dans un sillon, atteint presque la bouche. Piquants généralement courts.

# Invertébrés terrestres et d'eau douce

Souvent moins visibles que les vertébrés, en raison de leur taille réduite, les invertébrés sont, en fait, beaucoup plus nombreux, aussi bien en ce qui concerne les espèces que les individus. Leur identification précise est souvent l'affaire de spécialistes équipés de loupes binoculaires, mais, dans la nature, on pourra reconnaître les principales familles auxquelles ils appartiennent. Nous n'avons pas représenté des spécimens de tous les groupes, mais les plus communs et les plus facilement reconnaissables sont illustrés. Il s'agit de cnidaires, de plathelminthes, d'annélides, de mollusques et d'arthropodes. Ces derniers sont les plus répandus et, parmi eux, les insectes, les araignées et les mille-pattes (sur terre), les crustacés (dans l'eau) sont indubitablement les plus abondants.

## Cnidaires

Ce sont des animaux aquatiques au corps mou, creux, en forme de sac, dont la bouche est entourée d'une couronne de tentacules servant à capturer les proies. La plupart des cnidaires sont marins (ex. : méduses, coraux, anémones de mer), mais quelques-uns, telles les hydres, vivent en eau douce.

**Les hydres vivent dans l'eau, fixées aux pierres ou aux plantes. Elles allongent leurs tentacules pour capturer leurs proies mais se rétractent si on les dérange.**

**A droite : ces photos montrent l'envol gracieux d'une Chrysope. La faculté de voler est l'une des principales caractéristiques des insectes. Ces animaux occupent avec succès presque tous les milieux terrestres.**

## Plathelminthes

Ce sont des vers plats non segmentés. Certains vivent en parasites dans le corps d'autres animaux, mais beaucoup sont aquatiques. Quelques-uns, tels ceux du genre *Polycelis,* habitent près du fond des étangs et rivières ; ils se nourrissent d'autres invertébrés plus petits qu'ils aspirent à l'aide d'un tube (pharynx) situé sur leur face inférieure.

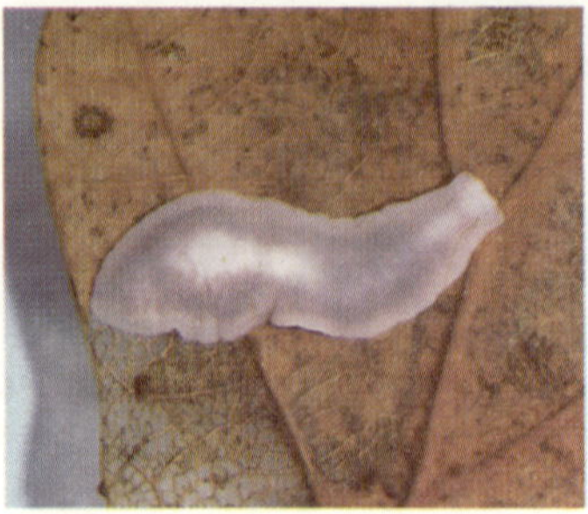

**Ce ver aquatique (Plathelminthe) mange des détritus au fond d'un étang, mais d'autres consomment des œufs de poisson et des mollusques ; enfin, il en est qui vivent en parasites dans le corps des grands animaux.**

## Annélides

Les annélides sont des vers typiques, au corps segmenté, et les vers de terre (genre *Lumbricus* par exemple) en sont des représentants caractéristiques appartenant au groupe des oligochètes. Leur taille varie de quelques millimètres à plusieurs décimètres. Ils ont une peau humide, visqueuse, souvent rouge. En général ils vivent dans la terre, sous les feuilles mortes, sous les pierres ou dans l'eau douce peu profonde. La plupart mangent des substances organiques ou des micro-organismes. Les sangsues sont, elles aussi, des annélides. Elles fréquentent les eaux douces, sont souvent un peu aplaties et se nourrissent du sang et de liquides corporels d'autres animaux.

## Mollusques

Les mollusques sont des invertébrés au corps mou. Ils possèdent un pied musculeux mais leur tête est souvent indiscernable. La plupart ont une coquille dont la forme et la coloration représentent les seuls critères d'identification utilisables dans la nature.

Chez les escargots (mollusques gastéropodes), cette coquille est spiralée et seuls la tête (généralement pourvue de tentacules portant les yeux) et le pied en sortent. Les limaces, qui leur sont étroitement apparentées, n'ont pas de coquille externe. Les escargots sont terrestres ou aquatiques; les limaces sont exclusivement terrestres.

Les « moules » d'eau douce (bivalves) ont une coquille formée de deux valves aplaties, reliées par une charnière. Elles se fixent au fond des étangs et rivières, et filtrent les micro-organismes en aspirant l'eau avec leurs siphons, tubes frangés sortant à l'une des extrémités de la coquille.

**Les mollusques d'eau douce sont herbivores et l'on en compte plusieurs dizaines d'espèces en Europe occidentale. Environ la moitié appartiennent au groupe des gastéropodes, comme cette planorbe, et les autres à celui des bivalves.**

## Crustacés

A l'exception des cloportes, animaux terrestres, tous les autres crustacés sont aquatiques et vivent dans les eaux douces ou salées. Tous ont un corps segmenté divisé en 3 parties (tête, thorax, abdomen). Tête et thorax peuvent être soudés en un céphalothorax. La tête porte 2 paires d'antennes, le thorax et l'abdomen plusieurs paires de pattes, dont certaines ou toutes servent à la locomotion.

**Ces cloportes sont des Crustacés apparentés aux daphnies (puces d'eau) et à l'écrevisse. Le nombre des crustacés aquatiques est élevé.**

Les crustacés ont un exosquelette rigide (carapace) calcifié chez les grandes espèces (écrevisse, crevettes) mais souvent mince et transparent chez les petites, tels les copépodes, les daphnies, de sorte que les organes internes sont visibles. La majorité des crustacés d'eau douce mesurent seulement quelques millimètres de long, mais souvent ils pullulent: une mare peut ainsi héberger des millions de daphnies. Ces dernières nagent en remuant leurs antennes plumeuses, mais les minuscules copépodes, tels les cyclops ou les crevettes *(Gammarus)* se déplacent au-dessus du fond en agitant leurs nombreuses pattes.

**L'écrevisse est une proche parente du homard. Elle fréquente les ruisseaux et rivières propres.**

## Insectes

Les crustacés sont les plus nombreux des arthropodes dans l'élément liquide et les insectes — au moins au stade adulte — occupent une position comparable sur la terre ferme. Leur corps (tête, thorax, abdomen) est revêtu d'un exosquelette corné, rigide. La tête porte une paire d'antennes, le thorax 3 paires de pattes et souvent une ou deux paires d'ailes.

Bien que les insectes aquatiques soient peu nombreux, les larves de nombreuses espèces se développent dans l'eau (ex. : libellules, éphémères, phryganes, moustiques et divers coléoptères). Le nombre des insectes est extrêmement élevé, c'est pourquoi on n'a pu illustrer qu'un petit choix d'espèces communes ou remarquables.

**Les papillons (de jour et de nuit) ont des métamorphoses complètes. Les chenilles représentent le stade consommateur et les insectes adultes le stade reproducteur. Ci-dessus, jeunes chenilles de sphinx du troène.**

## Arachnides

Il s'agit des araignées, scorpions, acariens, tiques et opilions (faucheux), qui diffèrent des insectes par leur corps divisé en deux parties seulement, le céphalothorax (tête + corps) et l'abdomen, à l'exception des acariens, chez lesquels les trois éléments sont soudés. Le céphalothorax porte 4 paires de pattes. Il n'y a pas d'ailes.

Beaucoup d'araignées tissent une toile ou produisent des fils de soie pour capturer leurs proies, mais certaines chassent activement. Toutes les tiques et de nombreux acariens parasitent d'autres animaux. Les arachnides sont terrestres, à quelques exceptions près, notamment celle des « mites d'eau », communes dans les eaux douces et dont les adultes mangent de petits crustacés alors que les larves parasitent des insectes aquatiques et des mollusques.

**Cette épeire diadème attend une proie sur sa toile. Toutes les araignées sont carnivores, mais certaines ne font pas de toile et trouvent leurs victimes en se déplaçant dans la végétation.**

## Myriapodes

Ce sont les mille-pattes et les iules, au corps extrêmement long, étroit, divisé en nombreux segments portant souvent des dizaines de pattes. Ils ont besoin d'humidité et vivent dans le sol, les feuilles mortes ou sous les pierres.

**Les iules (ci-dessus) se déplacent lentement et mangent des débris végétaux tandis que les mille-pattes (scolopendres) chassent activement petits insectes et acariens.**

**Lombric, Ver de terre** Annélides Lumbricidae *Lumbricus terrestris.* Atteint 30 cm de long. **Habitat :** surtout dans les sols lourds des prairies, bois, champs et jardins. Actif toute l'année. S'enfonce jusqu'à 2,50 m de profondeur en hiver. **N.B.** Extrémité postérieure nettement aplatie. Possède 110-160 segments.

**Escargot de Bourgogne** Mollusques Helicidae *Helix pomatia.* Atteint 67 mm de diamètre. **Habitat :** vignobles, prairies, bois, fossés, haies, en terrain calcaire. Actif du printemps à l'automne. Hiberne et, par temps sec, se retire dans sa coquille. **N.B.** Comestible recherché.

**Petit Gris** Mollusques Helicidae *Helix aspersa.* Atteint 40 mm. **Habitat :** commun dans les haies, jardins, terrains vagues et bois ; hiberne dans les crevasses des murs et sous les pierres. **N.B.** Nuisible dans les jardins.

***Discus rotundatus*** Mollusques Endodontidae. **Habitat :** bois, haies, terrains vagues, parmi les rochers, les détritus des jardins. Jusqu'à 2 700 m. Reconnaissable aux bandes brunes régulières et à la dépression située sur la face inférieure.

**Escargot des bois** Mollusques Helicidae *Cepaea nemoralis.* Atteint 25 mm. Coloration très variable (bandes souvent absentes). **N.B.** Mangé par les Grives.

***Cepaea hortensis.*** Très semblable. Lèvre (bord) de l'ouverture généralement blanche.

**Limnée** Mollusques Limnaeidae *Limnaea palustris.* Atteint 38 mm de long. **Habitat :** étangs, mares, fossés. Rampe sur le fond et sur les plantes submergées, se nourrit d'algues. Coloration variable. Jusqu'à 1 500 m en montagne. Commune.

**Anodonte** Mollusques Unionidae *Anodonta cygnaea.* Atteint 22 cm de long. **Habitat :** rivières, fleuves, grands étangs, canaux. Sur les fonds boueux où elle s'enfouit à moitié. Jusqu'à 1 400 m en montagne. **N.B.** Charnière des deux valves dépourvue de dents.

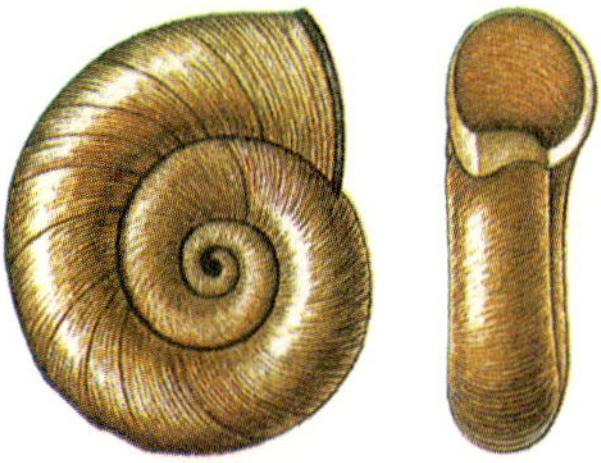

**Planorbe** Mollusques Planorbidae *Planorbis corneus.* Atteint 35 mm de diamètre. **Habitat :** eaux dormantes (mares, étangs, canaux, rivières lentes) riches en plantes aquatiques. Herbivore. Très commune sauf en montagne, où elle manque.

**Limace des jardins** Mollusques Arionidae *Arion hortensis.* Atteint 3 cm. **Habitat :** presque partout : bois, prairies, haies, jardins. Très commune dans les terrains cultivés. Jusqu'à 2 000 m. **N.B.** Dessous du corps orangé. Nuisible.

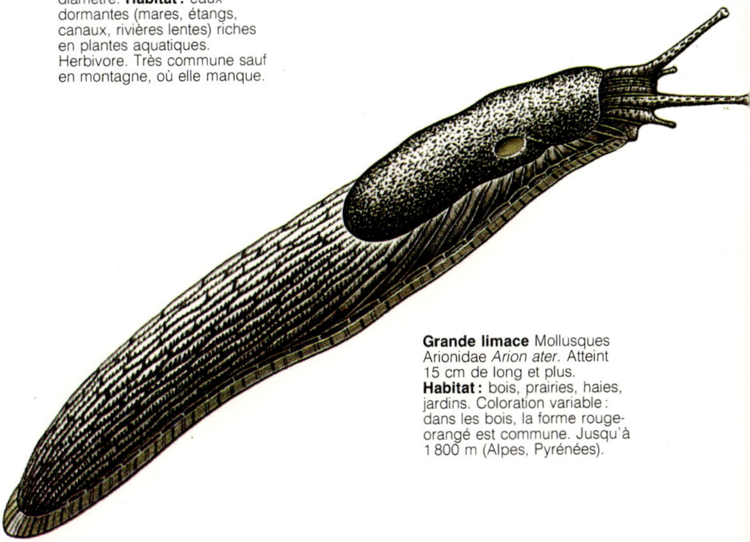

**Grande limace** Mollusques Arionidae *Arion ater.* Atteint 15 cm de long et plus. **Habitat :** bois, prairies, haies, jardins. Coloration variable : dans les bois, la forme rouge-orangé est commune. Jusqu'à 1 800 m (Alpes, Pyrénées).

**Machaon** Papilionidae *Papilio machaon*. E. : 75 mm. **Habitat :** friches, prairies, champs, jardins. **Période de vol :** mai-juin, parfois août-septembre. 2 générations. **Plante-hôte :** carotte sauvage (ombellifères).

**Piéride du navet** Pieridae *Artogeia napi*. E. : 43 mm. **Habitat :** prairies, jardins. Commune. **Période de vol :** mai-juin et juillet-septembre. 2 générations. La chrysalide passe l'hiver. **Plantes-hôtes :** navet, alliaire, cardamine, sanve. **N.B.** Le mâle a une seule tache noire sur l'aile antérieure.

**Piéride de la rave** Pieridae *Artogeia rapae*. E. : 45 mm. **Habitat :** commune presque partout. **Période de vol :** mars-mai, juin-septembre. 2 générations. La chrysalide passe l'hiver. **Plantes-hôtes :** chou, colza, rave.

**Piéride de la moutarde** Pieridae *Leptidea sinapis*. E. : 38 mm. **Habitat :** bois, prairies, friches. **Période de vol :** mai-juin et juillet-août. Généralement 2 générations. **Plantes-hôtes :** vesce, lotier et autres papilionacées.

**Aurore** Pieridae *Anthocharis cardamines*. E. : 43 mm. **Habitat :** haies, jardins, allées forestières. Jusqu'à 2 000 m. **Période de vol :** mai-juin. La chrysalide passe l'hiver. **Plantes-hôtes :** vélar, alliaire, cardamine. Seul le mâle possède une tache orange sur les ailes antérieures.

**Piéride du chou** Pieridae *Pieris brassicae*. E. : 65 mm. **Habitat :** prairies, champs, jardins. Très commune. Population sédentaire parfois accrue par des migrateurs. **Période de vol :** avril-juin et juillet-septembre. 2 générations. La chrysalide passe l'hiver. **Plantes-hôtes :** choux, cresson, autres crucifères.

**Soufré** Pieridae *Colias hyale*. E. : 45 mm. **Habitat :** champs de luzerne, trèfle, prairies, friches. **Période de vol :** mai-juin et août-septembre. 2 générations. **Plantes-hôtes :** trèfle, luzerne et autres papilionacées. **N.B.** Mâle jaune pâle, femelle presque blanche.

**Souci** Pieridae *Colias crocea*. E. : 48 mm. **Habitat :** prairies en terrain calcaire, friches, bords des routes, jardins, surtout s'il y a du trèfle. **Période de vol :** août-septembre. La chenille passe l'hiver. **Plantes-hôtes :** trèfle, mélilot, luzerne, sainfoin.

**Citron** Pieridae *Gonepteryx rhamni*. E. : 56-60 mm. **Habitat :** lisières, allées forestières, haies, jardins. **Période de vol :** août-octobre et, après hibernation, mars-juin. L'adulte passe l'hiver. **Plantes-hôtes :** bourdaine, nerprun. **N.B.** Femelle vert pâle.

***Colias australis*** Pieridae. E. : 45 mm. **Habitat :** prairies en terrain calcaire, champs de trèfle. **Période de vol :** août-septembre. La chenille passe l'hiver. **Plante-hôte :** fer-à-cheval.

**Grand Mars changeant**
Nymphalidae *Apatura iris*. E. : 64 mm. **Habitat :** allées forestières, parcs. **Période de vol :** juillet-août. La chenille passe l'hiver. **Plante-hôte :** saule marsault.

**Sylvain** Nymphalidae *Limenitis camilla*. E. : 50 mm. **Habitat :** allées forestières, taillis. **Période de vol :** juin-août. La chenille passe l'hiver. **Plante-hôte :** chèvrefeuille.

**Grand Sylvain** Nymphalidae *Limenitis populi*. E. 70 mm. Semblable au sylvain mais plus grand. Taches orange et blanches sur les ailes. **Habitat :** bois. Manque en Grande-Bretagne.

**Morio** Nymphalidae *Nymphalis antiopa*. E. : 70-80 mm. **Habitat :** prairies, bois, bords des cours d'eau. **Période de vol :** juillet-septembre. Le papillon passe l'hiver. **Plantes-hôtes :** saules, peupliers.

**Gamma, Robert-le-Diable**
Nymphalidae *Polygonia c-album*. E. : 35-50 mm. **Habitat :** haies, allées forestières, jardins. **Période de vol :** mars-avril et juin-août. 2 générations. Le papillon passe l'hiver. **Plantes-hôtes :** houblon, orme, prunellier, groseillier.

**Grande tortue** Nymphalidae *Nymphalis polychloros.* E. : 58 mm. **Habitat :** lisières des bois, jardins, parcs. **Période de vol :** juillet-octobre et, après hibernation, mars-mai. Le papillon passe l'hiver. **Plantes-hôtes :** orme, peupliers, tremble, saules.

**Petite tortue** Nymphalidae *Aglais urticae.* E. : 47 mm. **Habitat :** prairies, jardins, champs. Très commune. **Période de vol :** mars-novembre. 2 générations et plus. Le papillon passe l'hiver. **Plante-hôte :** ortie.

**Paon de jour** Nymphalidae *Inachis io.* E. : 58 mm. **Habitat :** jardins, champs. Commun. **Période de vol :** mars-novembre. 2 générations. Le papillon passe l'hiver. **Plante-hôte :** ortie.

**Vulcain** Nymphalidae *Vanessa atalanta.* E. : 55 mm. **Habitat :** prairies, bois, jardins, parcs. Migrateur. **Période de vol :** mars-novembre. Le papillon passe l'hiver. **Plante-hôte :** ortie.

**Belle-Dame** Nymphalidae *Cynthia cardui*. E. : 55 mm. **Habitat :** prairies. Migratrice. Repeuplement annuel par des migrateurs sauf dans le Sud. **Période de vol :** mai-octobre. **Plante-hôte :** chardon.

**Tabac d'Espagne** Nymphalidae *Argynnis paphia*. E. : 65 mm. **Habitat :** allées forestières, haies, prairies. **Période de vol :** juin-août. La chenille passe l'hiver. **Plante-hôte :** violette.

**Grand nacré** Nymphalidae *Mesoacidalia aglaja*. E. : 58 mm. **Habitat :** prairies en terrain calcaire, clairières. Jusqu'à 3 000 m. **Période de vol :** juillet-août. La chenille passe l'hiver. **Plante-hôte :** violette.

**Jason** Nymphalidae *Charaxes jasius*. E. : 75 mm. **Habitat :** région méditerranéenne. Bois, broussailles. **Période de vol :** 2 générations annuelles (mai et septembre). **Plante-hôte :** la chenille mange les feuilles de l'arbousier (arbuste méridional).

**Petit nacré** Nymphalidae *Issoria lathonia*. E. : 35 mm. **Habitat :** prairies, champs, bois. **Période de vol :** mai-octobre. **Plantes-hôtes :** violette, sauge, pensée.

**Grand collier argenté** Nymphalidae *Clossiana euphrosyne*. E. : 43 mm. **Habitat :** allées forestières, taillis, prairies, lisières. **Période de vol :** mai-juin. La chenille passe l'hiver. **Plante-hôte :** violette.

**Déesse à ceinturons** Nymphalidae *Melitaea cinxia*. E. : 35 mm. **Habitat :** prairies, bois. **Période de vol :** mai-juin. La chenille passe l'hiver. **Plantes-hôtes :** plantains, piloselle, centaurée-jacée.

***Clossiana selene*** Nymphalidae. E. : 38 mm. **Habitat :** allées forestières, taillis, bois secs. **Période de vol :** juin-juillet. La chenille passe l'hiver. **Plante-hôte :** violette.

**Artémis** Nymphalidae *Eurodryas aurinia*. E. : 35 mm. **Habitat :** prairies humides, en montagne. **Période de vol :** mai-juin. La chenille passe l'hiver en groupes. **Plante-hôte :** mors-du-diable.

***Melitaea athalia*** Nymphalidae. E. : 38 mm. **Habitat :** allées forestières, taillis, prairies. **Période de vol :** juin-juillet. La chenille passe l'hiver. **Plantes-hôtes :** plantains, mélampyre.

***Hamearis lucina*** Riodinidae. E. : 27 mm. **Habitat :** bois, surtout en terrain calcaire. **Période de vol :** mai-juin. La chrysalide passe l'hiver. **Plantes-hôtes :** primevères.

**Thécla du chêne** Lycaenidae *Quercusia quercus*. E.: 34 mm. **Habitat :** forêts de chênes, parcs. **Période de vol :** juillet-août. Les œufs passent l'hiver. **Plantes-hôtes :** chênes.

***Strymonidia w-album*** Lycaenidae. E.: 33 mm. **Habitat :** allées forestières, lisières, routes bordées d'arbres, parcs. **Période de vol :** juillet-août. Les œufs passent l'hiver. **Plantes-hôtes :** ormes.

♂

♀

***Celastrina argiolus*** Lycaenidae. **Habitat :** jardins, bois clairs. **Période de vol :** avril-mai et juillet-septembre. 2 générations. La chrysalide passe l'hiver. **Plantes-hôtes :** fleurs, bourgeons et baies de houx, lierre et symphorine.

**Thécla du bouleau** Lycaenidae *Thecla betulae*. E.: 38 mm. **Habitat :** allées forestières, haies, lisières. **Période de vol :** août-octobre. Les œufs passent l'hiver. **Plante-hôte :** prunellier.

**Argus vert** Lycaenidae *Callophrys rubi*. E: 28 mm. **Habitat :** prairies en terrain calcaire, landes, haies, bois clairs. **Période de vol :** avril-juillet. La chrysalide passe l'hiver. **Plantes-hôtes :** ajonc, genêts, hélianthèmes.

***Cupido minimus*** Lycaenidae. E.: 21 mm. **Habitat :** prairies en terrain calcaire, dunes, friches, bois secs. **Période de vol :** mai-juin. La chenille passe l'hiver. **Plantes-hôtes :** anthyllide et autres papilionacées.

***Lycaena phlaeas*** Lycaenidae. E.: 28 mm. **Habitat :** prairies, haies et jardins. **Période de vol :** avril-mai et juillet-août, parfois septembre-octobre. La chenille passe l'hiver. **Plantes-hôtes :** oseille, patience.

♂ ♀

**Argus** Lycaenidae *Plebejus argus*. E. : 25 mm. **Habitat :** landes, bois, lieux secs. **Période de vol :** juin à août. Les œufs passent l'hiver. **Plantes-hôtes :** callune, lotier, ajonc. Généralement mange leurs fleurs.

♂

♀

***Lysandra coridon*** Lycaenidae. E. : 34 mm. **Habitat :** prairies en terrain calcaire, friches, bois clairs. **Période de vol :** juillet à septembre. Les œufs passent l'hiver. **Plantes-hôtes :** fer-à-cheval et autres papilionacées.

***Cyaniris semiargus*** Lycaenidae. E. : 22 mm. **Habitat :** prairies, clairières et coteaux de l'Europe occidentale (disparu en Grande-Bretagne). **Période de vol :** juin-août. **Plantes-hôtes :** trèfles, vesces, arméria.

***Aricia agestis*** Lycaenidae. E. : 28 mm. **Habitat :** prairies, surtout en terrain calcaire. **Période de vol :** mai-juin et juillet-septembre. La chenille passe l'hiver. **Plantes-hôtes :** hélianthèmes, bec-de-grue.

♂

♀

**Bel argus** Lycaenidae *Lysandra bellargus*. E. : 32 mm. **Habitat :** prairies en terrain calcaire et sec, clairières, jusqu'à 1 300 m. **Période de vol :** mai-juin et août-septembre. Les chenilles passent l'hiver. **Plante-hôte :** fer-à-cheval.

♂

♀

**Argus bleu** Lycaenidae *Polyommatus icarus*. E. : 32 mm. **Habitat :** prairies, surtout en terrain calcaire. **Période de vol :** mai-juillet et août-septembre. La chenille passe l'hiver. **Plantes-hôtes :** fraisier, lotier et autres papilionacées.

**Demi-deuil** Satyridae *Melanargia galathea*. E. : 47 mm. **Habitat :** prairies, bois clairs. **Période de vol :** juin-août. La chenille passe l'hiver. **Plantes-hôtes :** graminées, par exemple fléole, dactyle.

**Agreste** Satyridae *Hipparchia semele*. E. 48 mm. **Habitat :** landes et dunes, friches, éboulis, bois secs. **Période de vol :** juillet-septembre. La chenille passe l'hiver. **Plantes-hôtes :** graminées.

***Erebia epiphron*** Satyridae. E. : 34 mm. **Habitat :** prairies de montagne. **Période de vol :** fin juin-juillet. La chenille passe l'hiver. **Plantes-hôtes :** graminées, comme le nard.

**Nègre** Satyridae *Erebia aethiops*. E. : 44 mm. **Habitat :** prairies de montagne et bois de conifères jusqu'à 2 000 m. **Période de vol :** fin juillet-août. La chenille passe l'hiver. **Plantes-hôtes :** graminées comme la seslérie.

**Myrtil** Satyridae *Maniola jurtina*. E. : 45 mm. **Habitat :** prairies. **Période de vol :** juin-juillet, août-septembre. 2 générations. La chenille passe l'hiver. **Plantes-hôtes :** graminées.

**Tristan** Satyridae *Aphantopus hyperantus*. E. : 42 mm. **Habitat :** haies, allées forestières, bois frais. **Période de vol :** mai-août. La chenille passe l'hiver. **Plantes-hôtes :** graminées comme le millet des bois, les pâturins.

***Pyronia tithonus*** Satyridae. E. : 37 mm. **Habitat :** haies, allées forestières, bois. **Période de vol :** juillet-septembre. La chenille passe l'hiver. **Plantes-hôtes :** graminées.

**Procris** Satyridae *Coenonympha pamphilus*. E. : 29 mm. **Habitat :** prairies. **Période de vol :** mai-septembre. Probablement 2 générations. La chenille passe l'hiver. **Plantes-hôtes :** graminées.

**Ariane** Satyridae *Lasiommata maera*. E. : 45 mm. **Habitat :** broussailles, lieux rocailleux. Europe occidentale (manque en Grande-Bretagne). **Période de vol :** juin-juillet. **Plantes-hôtes :** graminées.

**Céphale** Satyridae *Coenonympha arcania*. E. : 34 mm. **Habitat :** bois clairs, haies, prairies. Europe occidentale, parfois Grande-Bretagne. **Période de vol :** juin-juillet. **Plantes-hôtes :** graminées, surtout les méliques.

**Tircis** Satyridae *Pararge aegeria*. E. : 40 mm. **Habitat :** bois, haies, jardins. **Période de vol :** avril-mai et juillet-septembre. 2 générations. La chrysalide passe l'hiver. **Plantes-hôtes :** graminées comme les pâturins, le brachypode.

**Mégère** Satyridae *Lasiommata megera*. E. : 40 mm. **Habitat :** prairies, friches rocailleuses. **Période de vol :** mai-juin et juillet-août. 2 générations. La chenille passe l'hiver. **Plantes-hôtes :** dactyle, fétuques, bromes et autres graminées.

# Invertébrés terrestres

**Plain-chant** Hesperiidae *Pyrgus malvae*. E. : 23 mm. **Habitat :** prairies en terrain calcaire, décombres, bords des routes, lieux herbeux. **Période de vol :** fin avril-juin. La chrysalide passe l'hiver. **Plantes-hôtes :** ronce, framboisier.

**Point de Hongrie** Hesperiidae *Erynnis tages*. E. : 26 mm. **Habitat :** prairies, friches, bois clairs. **Période de vol :** avril-juin. La chenille passe l'hiver. **Plantes-hôtes :** coronille, lotier.

***Thymelicus lineola*** Hesperiidae. E. 26 mm. **Habitat :** prairies, bois secs. **Période de vol :** L'œuf passe l'hiver. **Plantes-hôtes :** graminées.

***Ochlodes venatus*** Hesperiidae. **Habitat :** prairies. **Période de vol :** juin-août. La chenille passe l'hiver. **Plantes-hôtes :** graminées.

***Thymelicus flavus*** Hesperiidae. **Habitat :** prairies. **Période de vol :** juin-août. La chenille passe l'hiver. **Plantes-hôtes :** graminées.

***Hesperia comma*** Hesperiidae. E. : 30 mm. **Habitat :** prairies en terrain calcaire, bois secs. Fortement raréfié en Grande-Bretagne. **Période de vol :** juillet-août. L'œuf passe l'hiver. **Plantes-hôtes :** fétuque ovine, papilionacées.

# Papillons nocturnes

**Hépiale du houblon** Hepialidae *Hepialus humuli*. E. : 50-60 mm. **Habitat :** prairies. **Période de vol :** juin-juillet. La chenille passe l'hiver. **Plantes-hôtes :** racines des graminées, houblon, bardane, oseille, pissenlit, ortie. **N.B.** Mâle blanc, femelle jaune.

**Coquette** Cossidae *Zeuzera pyrina*. E. :50-70 mm. **Habitat :** bois, haies, jardins. **Période de vol :** juin-juillet. La chenille passe l'hiver. **Plantes-hôtes :** bois de l'orme, du pommier, du bouleau et d'autres arbres.

***Adela reaumurella***
Incurvariidae. **Habitat :** bois de feuillus. **Période de vol :** mai-juin. La chenille passe l'hiver. **Plante-hôte :** litière de feuilles mortes. **N.B.** Le mâle a de très longues antennes.

**Tordeuse verte du chêne**
Tortricidae *Tortrix viridana*. E. : 18-23 mm. **Habitat :** partout où il y a des chênes. **Période de vol :** juin-août. **Plantes-hôtes :** chênes. **N.B.** Les chenilles enroulent les feuilles de chêne pour s'y abriter. Inquiétées, elles descendent à terre avec un fil de soie. Pullulent souvent.

**Sésie** Sesiidae *Synanthedon salmachus*. **Habitat :** jardins, vergers. **Période de vol :** fin mai-juillet. La chenille passe l'hiver. **Plante-hôte :** cassis (tiges). La vie larvaire dure peut-être 2 ans.

**Zygène de la filipendule**
Zygaenidae *Zygaena filipendula*. E. : 28 mm. **Habitat :** prairies, surtout en terrain calcaire. **Période de vol :** mi-juin-août. La chenille passe l'hiver. **Plante-hôte :** lotier.

***Adscita statices*** Zygaenidae. **Habitat :** prairies en terrain calcaire. **Période de vol :** fin mai - début juillet. La chenille passe l'hiver. **Plante-hôte :** oseille.

***Yponomeuta padella***
Yponomeutidae. **Habitat :** haies, vergers. **Période de vol :** juin-août. **Plantes-hôtes :** aubépines et prunellier, arbres fruitiers. **N.B.** Chenilles (gris verdâtre, pointillées de noir) se nourrissant en colonies incluses dans de grands cocons soyeux. Ceux-ci couvrent parfois des haies entières.

***Pyrausta purpuralis***
Pyralidae. E. : 21 mm. **Habitat :** broussailles, prairies, surtout dans les terrains riches en calcaire. **Période de vol :** mai-août. 2 générations. Vole jour et nuit. **Plantes-hôtes :** menthe, thym et autres labiées.

***Nymphula nymphaeata***
Pyralidae. **Habitat :** adultes en terrain humide, chenilles dans les étangs. **Période de vol :** juin-août. La chenille passe l'hiver. **Plantes-hôtes :** potamot, rubanier, morène.

***Agriphila tristellus*** Pyralidae. **Habitat :** prairies. **Période de vol :** juillet-août. La chenille passe l'hiver. **Plantes-hôtes :** graminées.

***Pterophorus pentadactyla***
Pterophoridae. **Habitat :** jardins, haies. **Période de vol :** juin-juillet. La chenille passe l'hiver. **Plante-hôte :** liseron.

**Feuille morte du chêne**
Lasiocampidae *Gastropacha quercifolia* E. : 50-80 mm. **Habitat :** bois de feuillus, haies, vergers, en terrain calcaire. **Période de vol :** juin. La chenille passe l'hiver. **Plantes-hôtes :** aubépine, prunellier, saule marsault, chênes.

**Bombyx de la ronce**
Lasiocampidae *Macrothylacia rubi*. **Habitat :** prairies, lisières, friches. **Période de vol :** mai-juillet. La chenille passe l'hiver. **Plantes-hôtes :** ronce, fraisier, potentille, callune, graminées. **N.B.** Mâle brun foncé, femelle plus grise.

**Minime à bandes**
Lasiocampidae *Lasiocampa quercus callunae*. E. : 70 mm. **Habitat :** bois, friches. **Période de vol :** fin mai-juin. La chenille passe le premier hiver et la chrysalide le second (cycle vital : 2 ans). **Plantes-hôtes :** callune, chênes, bouleau, saules et plantes herbacées.

**Buveuse** Lasiocampidae *Philudoria potatoria*. E. : 50 mm. **Habitat :** prairies, bords des routes, lisières, surtout en terrain humide. Jusqu'à 1 500 m. **Période de vol :** juillet-août. La chenille passe l'hiver. **Plantes-hôtes :** graminées, carex.

**Bombyx du peuplier**
Lasiocampidae *Poecilocampa populi*. **Habitat :** bois de feuillus, haies, vergers. Jusqu'à 1 200 m. **Période de vol :** fin septembre-janvier. L'œuf passe l'hiver. **Plantes-hôtes :** chênes, bouleau, peuplier.

**Petit paon de nuit** Saturnidae *Saturnia pavonia.* E. : 80-100 mm. **Habitat :** landes, lisières des bois, friches sèches. **Période de vol :** mars-juillet. La chrysalide passe l'hiver. **Plantes-hôtes :** prunellier, ronce, callune, saule.

**Faucille** Drepanidae *Drepana falcataria.* E. : 33 mm. **Habitat :** bois de feuillus. **Période de vol :** mai-août. 2 générations. **Plantes-hôtes :** bouleau, chênes, saule.

***Thyatira batis*** Thyatiridae. **Habitat :** jardins, haies. **Période de vol :** juin-juillet, parfois août-septembre (2e génération). La chrysalide passe l'hiver. **Plante-hôte :** ronce.

**Zérène du groseillier** Geometridae *Abraxas grossulariata.* E. : 32-38 mm. **Habitat :** jardins, haies. **Période de vol :** juillet-août. La chenille passe l'hiver. **Plantes-hôtes :** prunellier, aubépine, prunier, groseilliers (qu'elle endommage parfois gravement). **Habitat :** jardins, haies.

**Géomètre du bouleau** Geometridae *Biston betularia.* E. : 40 mm. **Habitat :** bois, parcs, jardins. Forme mélanique *(carbonaria)* surtout dans les régions industrielles. **Période de vol :** mai-juillet. La chrysalide passe l'hiver. **Plantes-hôtes :** chêne, bouleau, orme, hêtre, saule.

***Alsophila aescularia*** Geometridae. E. : 32 mm. **Habitat :** jardins, haies, bois clairs. **Période de vol :** mars-mai. La chrysalide passe l'hiver. **Plantes-hôtes :** nombreux arbres et arbrisseaux (lilas, frêne, rosier, chêne, charme...). **N.B.** Femelle sans ailes.

*Campaea margaritata*
Geometridae. E.: 45 mm.
**Habitat :** bois de feuillus.
**Période de vol :** juin-juillet. La chenille passe l'hiver. **Plantes-hôtes :** chêne, bouleau, hêtre, noisetier.

*Ematurga atomaria*
Geometridae. **Habitat :** landes.
**Période de vol :** mai-juin et juillet-août. 2 générations. La chrysalide passe l'hiver.
**Plantes-hôtes :** callune, trèfles.

**Hibernie défeuillante**
Geometridae *Erannis defoliaria*. E.: 40 mm.
**Habitat :** bois de feuillus.
**Période de vol :** octobre-décembre. L'œuf passe l'hiver. **Plantes-hôtes :** bouleau, chêne, autres arbres. Les chenilles peuvent détruire le feuillage si leur densité est forte.

**Cheimatobie hiémale** Geometridae *Operophtera brumata*. E.: 23-25 mm. **Habitat :** jardins, vergers, haies. **Période de vol :** octobre-février. **Plantes-hôtes :** nombreux arbres et arbrisseaux. **N.B.** Femelle sans ailes. Fait des dégâts dans les vergers.

*Colostygia pectinaria*
Geometridae. E : 26 mm.
**Habitat :** prairies, bois, broussailles. **Période de vol :** juin-juillet. La chenille passe l'hiver. **Plantes-hôtes :** gaillets.

*Ennomos alniaria*
Geometridae. **Habitat :** bois de feuillus. **Période de vol :** juin-octobre. L'œuf passe l'hiver. **Plantes-hôtes :** bouleau, aulne, saule, tilleul.

*Eupithecia nanata*
Geometridae. E.: 18 mm.
**Habitat :** landes. **Période de vol :** avril-juin et juillet-septembre. 2 générations.
**Plante-hôte :** callune.

**Géomètre papilionaire**
Geometridae *Geometra papilionaria*. E.: 40-55 mm.
**Habitat :** bois de feuillus.
**Période de vol :** juin-juillet. La chenille passe l'hiver. **Plantes-hôtes :** bouleau, noisetier, hêtre.

***Opisthograptis luteolata***
Geometridae. E. : 25 mm.
**Habitat :** bois de feuillus.
**Période de vol :** avril-août ; octobre. 2 générations. La chrysalide (de la $1^{re}$) et la chenille (de la $2^{e}$) passent l'hiver. **Plantes-hôtes :** aubépine, sorbier.

**Géomètre du sureau**
Geometridae *Ourapteryx sambucaria*. E. : 50 mm.
**Habitat :** jardins, haies, bois.
**Période de vol :** juillet-août. La chenille passe l'hiver.
**Plantes-hôtes :** aubépine, prunellier, sureau.

***Pseudoterpna pruinata***
Geometridae. E. : 33 mm.
**Habitat :** landes. **Période de vol :** juin-juillet. La chenille passe l'hiver. **Plantes-hôtes :** ajonc, genêts.

***Perizoma didymata***
Geometridae. **Habitat :** bois, prairies. **Période de vol :** juillet-août. La chenille passe l'hiver. **Plantes-hôtes :** primevères, compagnon rouge, myrtille.

**Sphinx à tête de mort**
Sphingidae *Acherontia atropos*. E. : atteint 130 mm.
**Habitat :** campagne cultivée, haies. Migrateur venant d'Afrique. **Période de vol :** mai-septembre. **Plantes-hôtes :** pomme de terre, douce-amère, belladone.

***Semiothisa clathrata***
Geometridae. **Habitat :** prairies. **Période de vol :** avril-mai et juillet-août.
2 générations. La chrysalide passe l'hiver. **Plantes-hôtes :** trèfles.

***Xanthorhoe fluctuata***
Geometridae. E. : 25 mm. **Habitat :** jardins, vergers, haies. **Période de vol :** avril-juin, août-septembre. 2 générations. La chrysalide passe l'hiver. **Plantes-hôtes :** nombreuses espèces herbacées, groseillier.

**Sphinx de la vigne**
Sphingidae *Deilephila elpenor*. E. : 60 mm. **Habitat :** prairies, jardins. Jusqu'à 1 500 m. **Période de vol :** mai-juillet et août-octobre. 2 générations. La chrysalide passe l'hiver. **Plantes-hôtes :** épilobe, gaillets, vigne, impatiente.

**Moro-sphinx** Sphingidae *Macroglossum stellatarum*. E. : 45 mm. **Habitat :** prairies, jardins. **Période de vol :** toute l'année sauf en hiver. L'adulte passe l'hiver localement. **Plantes-hôtes :** gaillets, garance, stellaire. Commun. **N.B.** Diurne. Effectifs très variables.

**Sphinx gazé** Sphingidae *Hemaris fuciformis*. E. : 40 mm. **Habitat :** prairies, allées forestières, jardins. Jusqu'à 2 000 m. **Période de vol :** avril-juin et juillet-août. La chrysalide passe l'hiver. **Plantes-hôtes :** gaillets, chèvrefeuille.

**Sphinx du troène** Sphingidae *Sphinx ligustri*. E. : dépasse 100 mm. **Habitat :** campagne cultivée, jardins. **Période de vol :** mai-août. 2 générations dans le sud. La chrysalide passe l'hiver. **Plantes-hôtes :** troène, lilas, frêne, viorne, spirée.

**Sphinx du liseron**
Sphingidae *Agrius convolvuli.* E. : atteint 110 mm. **Habitat :** prairies, jardins. **Période de vol :** mai-juin et août-septembre. **Plantes-hôtes :** liseron, oseille. **N.B.** Crépusculaire. Migrateur.

**Sphinx du peuplier**
Sphingidae *Laothoe populi.* E. : 75 mm. **Habitat :** voisinage des peupliers. Jusqu'à près de 2 000 m. **Période de vol :** mai et septembre (2 générations). La chrysalide passe l'hiver. **Plantes-hôtes :** peuplier, saule, bouleau.

**Sphinx du tilleul** Sphingidae *Mimas tiliae.* E. : 60 mm. **Habitat :** jardins, allées d'arbres. **Période de vol :** avril-septembre (1 ou 2 générations). La chrysalide passe l'hiver. **Plantes-hôtes :** tilleul, ormes, aulne.

**Sphinx du pin** Sphingidae *Hyloicus pinastri.* E. : 80 mm. **Habitat :** forêts de pins jusqu'à 2 000 m. **Période de vol :** avril-juillet et août. 2 générations. La chrysalide passe l'hiver. **Plantes-hôtes :** pin sylvestre, épicéa.

**Sphinx demi-paon** Sphingidae *Smerinthus ocellata*. E. : 80 mm. **Habitat :** jardins, vergers, plantations de peupliers. Jusqu'à 2 000 m. **Période de vol :** avril-octobre. **Plantes-hôtes :** saule, peuplier, pommier.

**Grande queue fourchue** Notodontidae *Cerura vinula*. E. : 65-80 mm. **Habitat :** bois, haies, jardins. Jusqu'à 2 500 m. **Période de vol :** avril-août. La chrysalide passe l'hiver. **Plantes-hôtes :** saule, peuplier. **N.B.** Ailes postérieures blanches chez le mâle, grises chez la femelle.

**Petite queue fourchue** Notodontidae *Furcula bifida*. **Habitat :** bois de feuillus. **Période de vol :** avril-septembre. La chrysalide passe l'hiver. **Plantes-hôtes :** peuplier, tremble.

**Bucéphale** Notodontidae *Phalera bucephala*. E. : 60 mm. **Habitat :** bois et jardins. Jusqu'à 2 000 m. **Période de vol :** mai-juin et juillet-août. La chrysalide passe l'hiver. **Plantes-hôtes :** nombreux arbres à feuilles caduques.

**Porcelaine** Notodontidae *Pheosia tremula*. E. : 43 mm. **Habitat :** bois de feuillus. Jusqu'à 2 000 m. **Période de vol :** avril-septembre. 2 générations. La chrysalide passe l'hiver. **Plantes-hôtes :** peuplier, tremble, saule.

**Museau** Notodontidae *Pterostoma palpina*. E. : 40 mm. **Habitat :** forêts, chênaies, hêtraies. Jusqu'à 1 500 m. **Période de vol :** avril-septembre. Généralement, 2 générations. La chrysalide passe l'hiver. **Plantes-hôtes :** hêtre, chênes, bouleau, noisetier.

**Crête de coq** Notodontidae *Ptilodon capucina.* **Habitat :** bois de feuillus. **Période de vol :** avril-septembre. 2 générations. La chrysalide passe l'hiver. **Plantes-hôtes :** bouleau, peuplier, noisetier, saule.

**Ecureuil** Notodontidae *Stauropus fagi.* E. : atteint 60 mm. **Habitat :** forêts, chênaies et hêtraies. Jusqu'à 1 500 m. **Période de vol :** mai-août. La chrysalide passe l'hiver. **Plantes-hôtes :** hêtre, chênes, bouleau, noisetier.

**Orgyie pudibonde** Lymantriidae *Dasychira pudibunda.* E. : 40-50 mm. **Habitat :** bois, jardins, vergers, haies. **Période de vol :** mai-juin. La chrysalide passe l'hiver. **Plantes-hôtes :** nombreux arbres à feuilles caduques, houblon.

***Euproctis similis*** Lymantriidae. E. : 30-35 mm. **Habitat :** jardins, bois, haies. **Période de vol :** juillet-août. La chenille passe l'hiver. **Plantes-hôtes :** aubépine, prunellier, chênes, bouleau.

**Etoilée** Lymantriidae *Orgyia antiqua.* E. : 26-30 mm. **Habitat :** bois, parcs, haies, jardins. **Période de vol :** juillet-août. 2 générations (une dans le nord). L'œuf passe l'hiver. **Plantes-hôtes :** la plupart des arbres et arbrisseaux à feuilles caduques.

**Nonne** Lymantriidae *Lymantria monacha.* E. : 35-60 mm. **Habitat :** bois de conifères et de feuillus. **Période de vol :** août. L'œuf passe l'hiver. **Plantes-hôtes :** pin, épicéa, hêtre, chêne.

**Ecaille martre** Arctiidae *Arctia caja.* E. : 60 mm. **Habitat :** jardins, haies, bois. **Période de vol :** juin-août. La chenille passe l'hiver. **Plantes-hôtes :** plantes herbacées.

**_Lithosia quadra_** Arctiidae. **Habitat :** bois de feuillus. **Période de vol :** août-septembre. La chenille passe l'hiver. **Plantes-hôtes :** lichens. **N.B.** La femelle a 2 taches foncées sur les ailes antérieures ; le mâle, plus petit, en est dépourvu.

**Ecaille-lièvre** Arctiidae *Spilosoma lubricipeda*. **Habitat :** jardins, haies, terrains vagues. **Période de vol :** fin mai-juillet. La chrysalide passe l'hiver. **Plantes-hôtes :** plantes herbacées (pissenlit, ortie, caille-lait...).

**Goutte de sang** Arctiidae *Tyria jacobaeae*. E. : 40 mm. **Habitat :** jardins, prairies. **Période de vol :** fin mai-juillet. La chrysalide passe l'hiver. **Plante-hôte :** séneçon. Commun. **N.B.** A distinguer des zygènes (p. 193).

**Brèche** Noctuidae *Cucullia verbasci*. E. : 45 mm. **Habitat :** prairies. **Période de vol :** fin avril-mai. La chrysalide passe l'hiver. **Plantes-hôtes :** bouillon blanc, scrophulaire.

**Ecaille cramoisie** Arctiidae *Phragmatobia fuliginosa*. E. : 32 mm. **Habitat :** prairies, landes. **Période de vol :** avril-mai, août-septembre. 2 générations. **Plantes-hôtes :** oseille, pissenlit, verge d'or.

**_Spilosoma lutea_** Arctiidae. **Habitat :** jardins, haies, terrains vagues. **Période de vol :** fin mai-juillet. La chrysalide passe l'hiver. **Plantes-hôtes :** pissenlit, oseille.

**Gamma** Noctuidae *Autographa gamma*. **Habitat :** allées forestières, jardins. **Période de vol :** du début du printemps à la fin de l'automne. N'hiverne sans doute pas en Grande-Bretagne. **Plantes-hôtes :** nombreuses plantes herbacées. Commun. **N.B.** Immigrant en Grande-Bretagne.

**_Agrotis segetum_** Noctuidae. E. : 40 mm. **Habitat :** jardins et champs. Commun. **Période de vol :** mai-juin et août-octobre (2 générations). La chenille passe l'hiver. **Plantes-hôtes :** racines de navet, betterave, rutabaga, carotte.

**Mariée, Likenée rouge** Noctuidae *Catocala nupta*. E. : 75 mm. **Habitat :** bois humides, haies. **Période de vol :** août-septembre. L'œuf passe l'hiver. **Plantes-hôtes :** saule, peuplier.

***Diachrysia chrysitis*** Noctuidae. **Habitat :** jardins, haies, terrains vagues. **Période de vol :** juin-septembre. La chenille passe l'hiver. **Plante-hôte :** ortie.

***Dichonia aprilina*** Noctuidae. E. : 48 mm. **Habitat :** bois de feuillus. **Période de vol :** septembre-octobre. L'œuf passe l'hiver. **Plantes-hôtes :** chênes.

**Fiancée** Noctuidae *Noctua pronuba*. E. : 42 mm. **Habitat :** jardins, haies. Commune. **Période de vol :** juin-septembre. La chenille passe l'hiver. **Plantes-hôtes :** nombreuses plantes herbacées y compris des graminées.

***Pseudoips fagana*** Noctuidae. **Habitat :** bois de feuillus. **Période de vol :** juin-juillet. La chrysalide passe l'hiver. **Plantes-hôtes :** chênes, bouleau, hêtre, noisetier.

**Noctuelle du pin** Noctuidae *Panolis flammea*. E. : 30-35 mm. **Habitat :** forêts de pins. **Période de vol :** mars-mai. La chrysalide passe l'hiver. **Plantes-hôtes :** pins. **N.B.** Importants dégâts en forêt.

***Polychrisia moneta*** Noctuidae. **Habitat :** jardins, parcs. **Période de vol :** juin-juillet ; parfois août-septembre (2e génération). La chenille passe l'hiver. **Plantes-hôtes :** aconits, pied d'alouette.

# Invertébrés terrestres

**Lépisme, Poisson d'argent** Insectes Thysanoures Lepismatidae *Lepisma saccharina*. L. : 10 mm. **Habitat :** lieux humides, maisons. **N.B.** Actif toute l'année. Mange farine et autres substances riches en amidon, débris divers.

**Ephémère** Ephemeridae *Ephemera danica*. L. : 24 mm. **Habitat :** lacs, rivières à fond sableux. **Période de vol :** mai-septembre. Les adultes vivent seulement quelques heures.

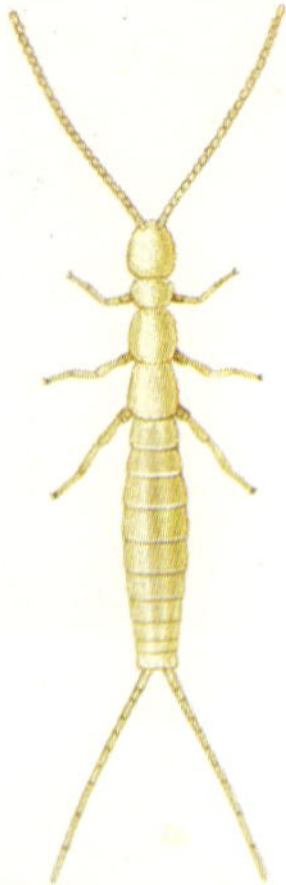

***Campodea* sp.** Insectes Diploures Campodeidae. L. : 4 mm. **Habitat :** terre, feuilles mortes des bois (litière), tas de compost. **N.B.** Actif toute l'année.

**Perle** Perlodidae *Perlodes mortoni*. **Habitat :** rivières à fond caillouteux. **Période de vol :** mars-juillet.

***Podura aquatica*** Insectes Collemboles Poduridae. L. : 1-1,4 mm. **Habitat :** surface des étangs, mares couvertes de végétation. **N.B.** A l'extrémité postérieure, « fourche » utilisée pour sauter en cas de dérangement.

**Agrion** Agriidae *Agrion splendens*. L. : 4 cm. **Habitat :** cours d'eau lents, étangs, lacs propres. Manque en Ecosse. **Période de vol :** mai-août. **N.B.** La femelle a les ailes brunes et le corps vert.

**Leste fiancé** Lestidae *Lestes sponsa*. L. : 3,3 cm. **Habitat :** canaux et étangs envahis par la végétation. **Période de vol :** été. **N.B.** Femelle sans taches bleues.

***Coenagrion puella***
Coenagriidae. E. : 45 mm. **Habitat :** lacs, canaux, rivières lentes. **Période de vol :** été. **N.B.** La femelle a le corps plus noir.

**Agrion couleur de minium**
Coenagriidae *Pyrrhosoma nymphula*. L. : 25-29 mm. **Habitat :** étangs, marais, cours d'eau lents. **Période de vol :** été. **N.B.** La femelle a le corps plus noir.

**Sympètre** Libellulidae *Sympetrum striolatum*. L. : 25-29 mm. **Habitat :** bords des eaux douces. **Période de vol :** été. **N.B.** Vol saccadé. Femelle plus brune.

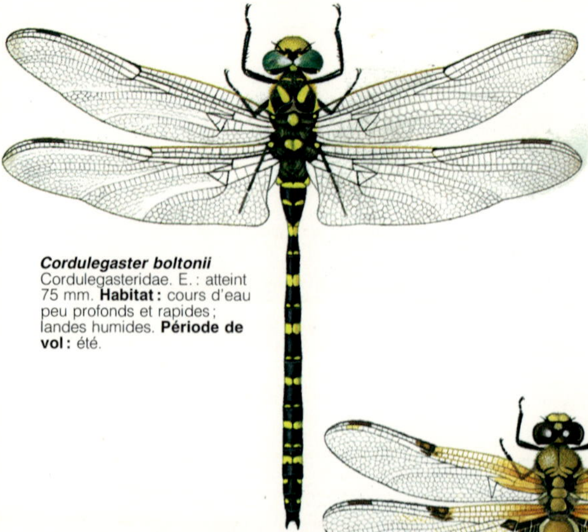

***Cordulegaster boltonii***
Cordulegasteridae. E. : atteint 75 mm. **Habitat :** cours d'eau peu profonds et rapides ; landes humides. **Période de vol :** été.

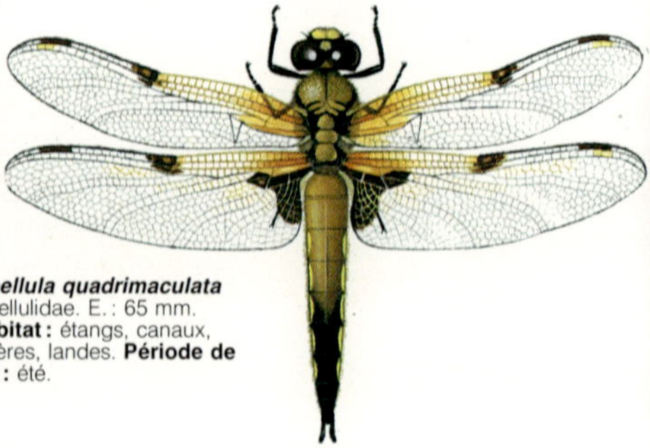

***Libellula quadrimaculata***
Libellulidae. E. : 65 mm. **Habitat :** étangs, canaux, rivières, landes. **Période de vol :** été.

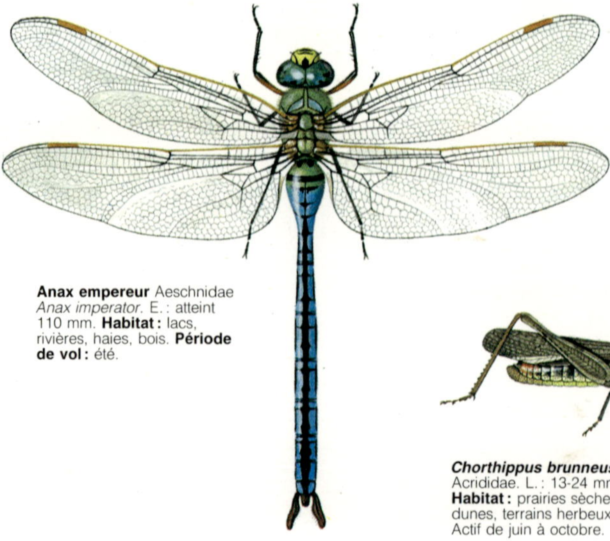

**Anax empereur** Aeschnidae *Anax imperator*. E. : atteint 110 mm. **Habitat :** lacs, rivières, haies, bois. **Période de vol :** été.

***Chorthippus brunneus***
Acrididae. L. : 13-24 mm. **Habitat :** prairies sèches, dunes, terrains herbeux. **N.B.** Actif de juin à octobre.

**Taupe-grillon, Courtilière**
Gryllotalpidae *Gryllotalpa gryllotalpa*. L. : atteint 50 mm. **Habitat :** jardins, terrains sablonneux et légers, champs, plantations forestières. **N.B.** Active d'avril à août. Vit surtout dans un terrier mais peut voler le soir par temps chaud. Emet un ronronnement quand elle se tient à l'entrée de son abri.

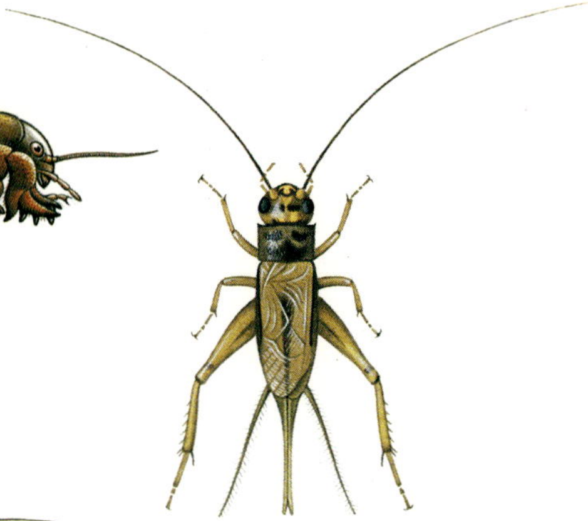

**Grillon domestique** Gryllidae *Acheta domesticus*. L. : 15-20 mm. **Habitat :** maisons, boulangeries, tas de décombres (surtout en été). **N.B.** Dans les maisons, actif toute l'année. Surtout nocturne. La femelle a un organe de ponte fin.

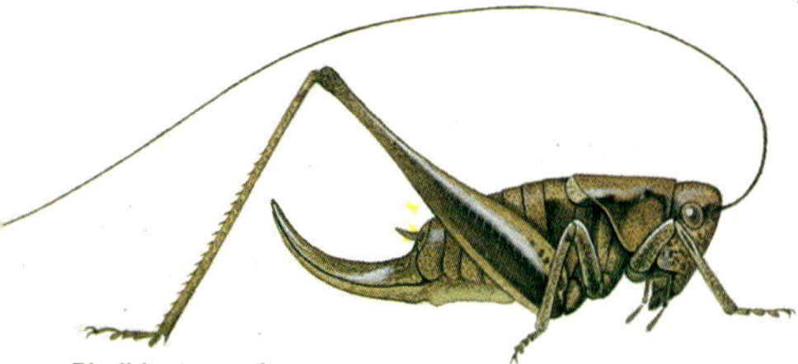

***Pholidoptera griseoaptera***
Tettigoniidae. L. : 13-18 mm. **Habitat :** haies, jardins, lisières des bois, clairières, broussailles, fossés. **N.B.** Actif de juillet à novembre (ou premières gelées). Le mâle a des élytres courts en forme de selle. Plus rare dans le sud.

**Grande sauterelle verte**
Tettigoniidae *Tettigonia viridissima*. L. : 28-46 mm. **Habitat :** haies, jardins, dunes côtières, friches, clairières, prairies avec buissons. **N.B.** Active de juillet à octobre.

***Omocestus viridulus***
Acrididae. L. : 13-24 mm. **Habitat :** prairies, allées forestières, bords des routes, lieux secs. **N.B.** Actif de juin à octobre.

***Chorthippus parallelus***
Acrididae. L. : 14-23 mm. **Habitat :** prairies, landes humides. **N.B.** Ne peut voler. Actif de juin à octobre. Le mâle a des ailes plus longues.

# Invertébrés terrestres

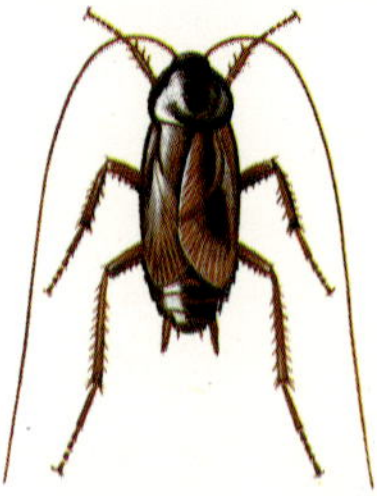

**Blatte orientale** Blattidae *Blatta orientalis*. L. : 19-28 mm. **Habitat :** maisons, entrepôts, tas de décombres (en été). **N.B.** Ne peut voler. Active toute l'année dans les bâtiments. La femelle a des ailes atrophiées.

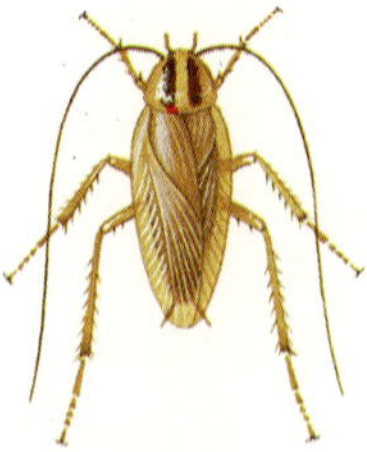

**Blatte germanique** Pseudomopidae *Blatella germanica*. L. : 11-14 mm. **Habitat :** maisons (cuisines), tas de décombres (en été). Commune. **N.B.** Active toute l'année dans les bâtiments.

**Perce-oreille, Forficule** Forficulidae *Forficula auricularia*. L. : 10-16 mm. Inoffensif. **Habitat :** jardins, haies, pépinières, bâtiments. **N.B.** Actif du printemps à l'automne. Passe l'hiver dans la terre. La femelle a des appendices abdominaux plus droits et plus fins.

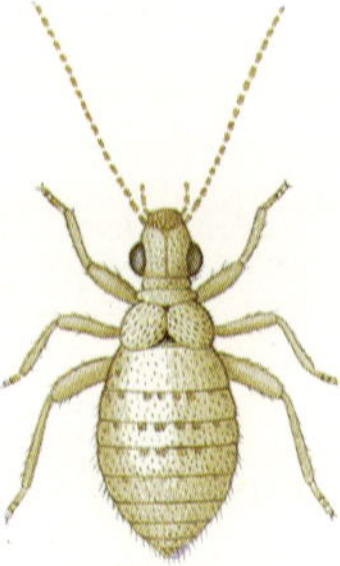

**Pou des livres, Psoque** Trogiidae *Trogium pulsatorium*. L. : 1-2 mm. Mange les champignons microscopiques sur les livres, mais aussi la farine. **Habitat :** stocks d'aliments, maisons (pièces humides, caves). **N.B.** Actif presque toute l'année.

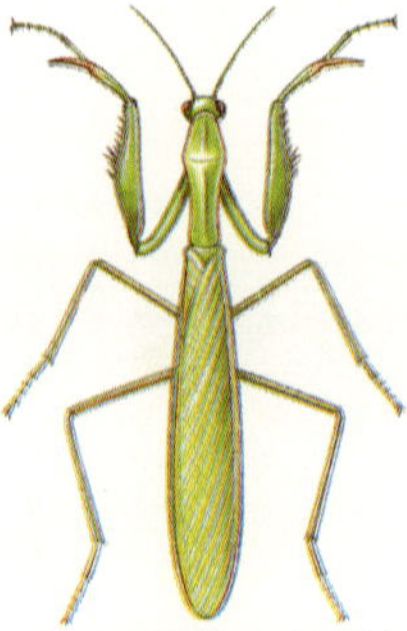

**Mante religieuse** Mantidae *Mantis religiosa*. L. : atteint 75 mm (femelle). Coloration variant du vert au brun et au jaune. **Habitat :** prairies sèches, friches, buissons. Surtout dans le sud.

**Pou de corps et de tête** Pediculidae *Pediculus humanus*. L. : 2-4,5 mm. Toujours associé à l'homme qu'il parasite. Aspire le sang après avoir percé la peau sur la tête ou le corps. **N.B.** Actif toute l'année.

***Piezodorus lituratus*** Pentatomidae. L. : 10-12 mm. **Habitat :** landes, bois, terrains vagues. Sur les ajoncs, genêts et autres papilionacées. **N.B.** Rose et vert en automne. Active toute l'année mais se cache dans les feuilles mortes s'il fait très froid.

***Pentatoma rufipes*** Pentatomidae. L. : 12-16 mm. Active de mai à octobre. **Habitat :** bois, haies, jardins.

***Elasmostethus interstinctus*** Acanthosomidae. L. : 9-11 mm. **Habitat :** bois (avec bouleaux). **N.B.** Active du printemps à la fin de l'automne. Passe l'hiver dans la couche de feuilles mortes.

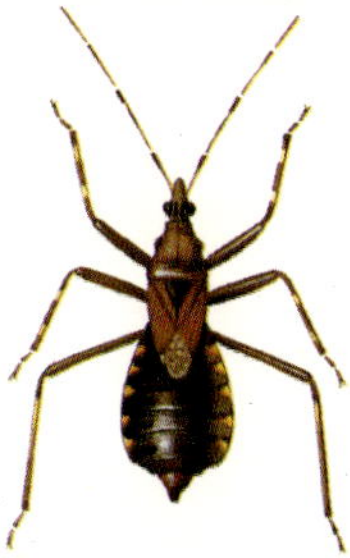

***Himacerus apterus*** Nabiidae. L. : 9-11 mm. **Habitat :** bois, haies, buissons. **N.B.** Actif de juillet à octobre. Certains individus ont de longues ailes.

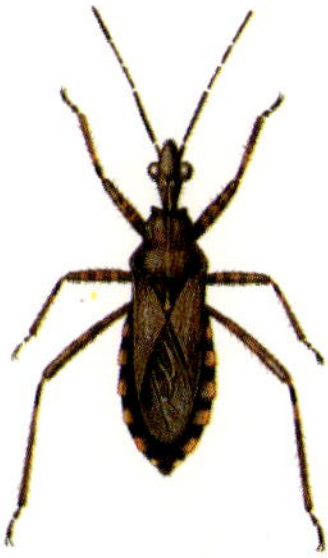

**Réduve** Reduviidae *Coranus subapterus*. L. : 9-12 mm. **Habitat :** landes, dunes. **N.B.** Active de juillet à octobre. Certains individus ont de longues ailes.

***Anthocoris nemorum*** Cimicidae. **Habitat :** haies, bois, terrains vagues, jardins. **N.B.** Active de mars à novembre. Passe l'hiver dans les feuilles mortes.

***Lygus pratensis*** Miridae. L. : 5-6 mm. **Habitat :** haies, bois, landes, jardins. **N.B.** Active de mars à octobre.

**Cicadelle écumeuse** Cercopidae *Philaenus spumarius*. L. : 7-9 mm. **Habitat :** prairies, lieux herbeux, talus. **N.B.** Active de juin à octobre. Larve cachée dans une masse écumeuse fixée sur la tige ou une feuille de plante herbacée.

**Cercope** Cercopidae *Cercopis vulnerata*. L. : 9,5-11 mm. **Habitat :** haies, bois, jardins. **N.B.** Active d'avril à juillet. Larves sur les racines de plantes, entourées d'écume durcie. Vivent surtout en groupes.

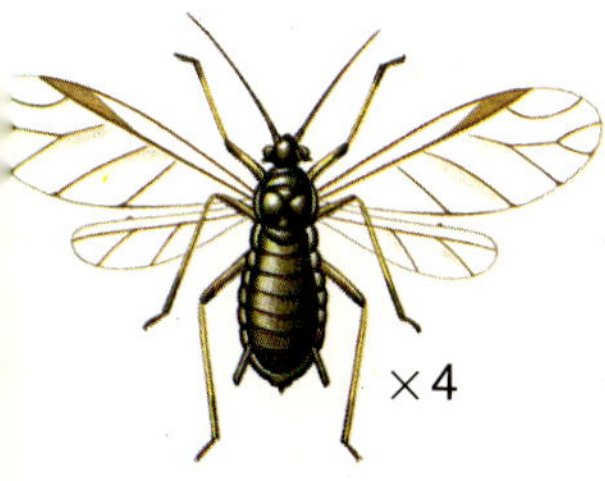

×4

**Puceron de la betterave** Aphididae *Aphis fabae*. L. : 1,5-2 mm. Parasite surtout les betteraves, haricots et oseilles en été, les buissons en hiver. En été tous les individus sont des femelles, ailées ou non ; les mâles apparaissent seulement en automne. **Habitat :** prairies, champs, haies. **N.B.** Actif à la belle saison, voire toute l'année.

***Aleyrodes proletella*** Aleyrodidae. L. : 1,3-1,5 mm. Fait des dégâts dans les cultures. **Habitat :** sur les choux et autres crucifères (généralement sur la face inférieure des feuilles). **N.B.** Actif en été.

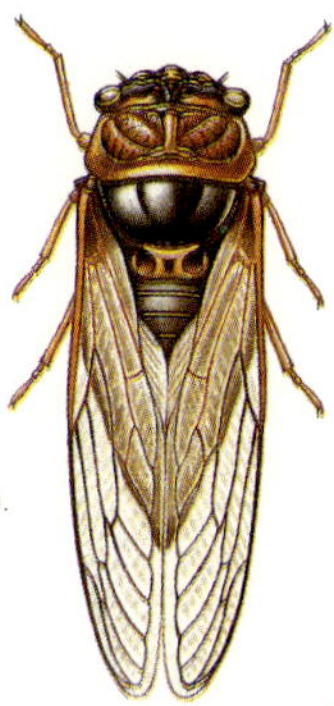

**Cigale** Cicadidae *Cicada plebeja (= Lyristes plebejus)*. L. : 30-37 mm. E. : 85-100 mm. Les adultes ont une vie brève (quelques semaines), les larves vivent 4 ans sous terre. Chant puissant. **Habitat :** région méditerranéenne ; pinèdes, bosquets.

**Sialis de la vase** Sialidae *Sialis lutaria*. E. : 26 mm. **Habitat :** végétation, pierres et murs au bord des étangs, canaux, rivières lentes à fond vaseux. **N.B.** Actif de mai à juillet.

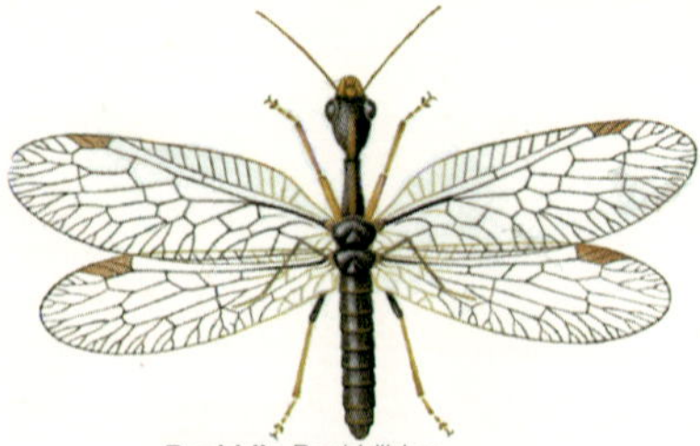

**Raphidie** Raphidiidae *Raphidia notata*. E. : 28 mm. **Habitat :** lisières des bois, surtout de chênes et de pins, vergers, buissons. **Période de vol :** mai-août. **N.B.** La femelle a un organe de ponte long et fin.

**Chrysope** Chrysopidae *Chrysopa* sp. E. : 28 mm environ. **Habitat :** jardins, parcs, champs, prairies. **Période de vol :** été et automne. **N.B.** Hiverne souvent dans les maisons.

**Phrygane** Limnephilidae *Halesus radiatus*. E. : 50 mm. **Habitat :** eaux courantes. **Période de vol :** automne. **N.B.** Les adultes sont attirés par la lumière, la nuit.

**Tipule** Tipulidae *Tipula maxima*. E. : 50 mm. Gros « moustique » inoffensif. **Habitat :** prairies humides, lieux ombragés. **Période de vol :** été. **N.B.** Vient souvent dans les maisons.

**Panorpe** Panorpidae *Panorpa communis*. E. : 30 mm. **Habitat :** bois, massifs d'orties, haies, jardins, zones de végétation luxuriante. **Période de vol :** mai-août. **N.B.** La femelle a l'abdomen pointu et non replié.

**Moustique** Culicidae *Theobaldia annulata*. L. : 6-10 mm. La femelle pique, le mâle mange du nectar. Les femelles hivernent souvent dans les maisons. **Habitat :** proximité des eaux, citernes, bassins, tonneaux ouverts. Commun. **N.B.** Presque toute l'année, sauf par temps très froid.

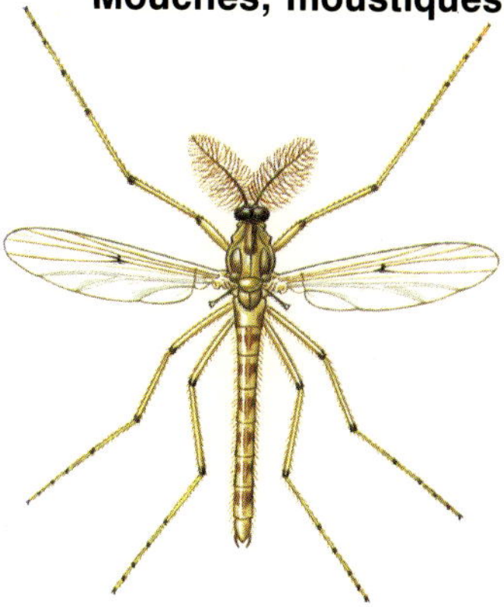

**Chironome** Chironomidae *Chironomus annularius*. L. : 15 mm. Souvent confondu avec les moustiques, mais ne pique pas. Larves : vers de vase, rouges, dans les eaux stagnantes. Actif toute l'année, mais surtout en hiver et au printemps. Commun. **Habitat :** clairières, prairies, buissons.

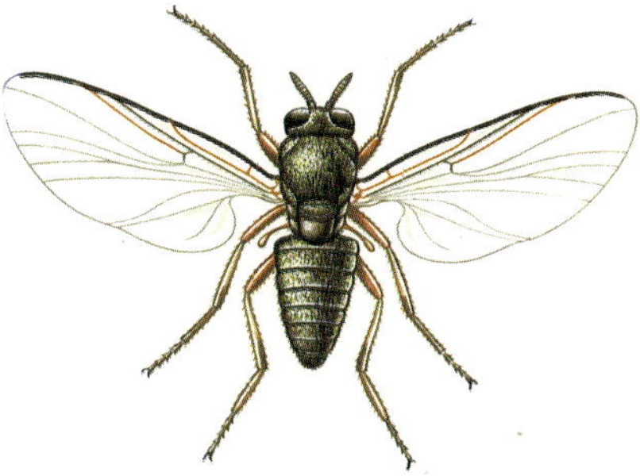

**Simulie** Simuliidae *Simulium* sp. L. : 1-4 mm. Les femelles piquent l'homme et de nombreux animaux. Larves dans l'eau courante. Actives du printemps à l'automne. **Habitat :** au bord des eaux courantes, souvent en très grand nombre. **N.B.** Forme des « nuages » autour du bétail.

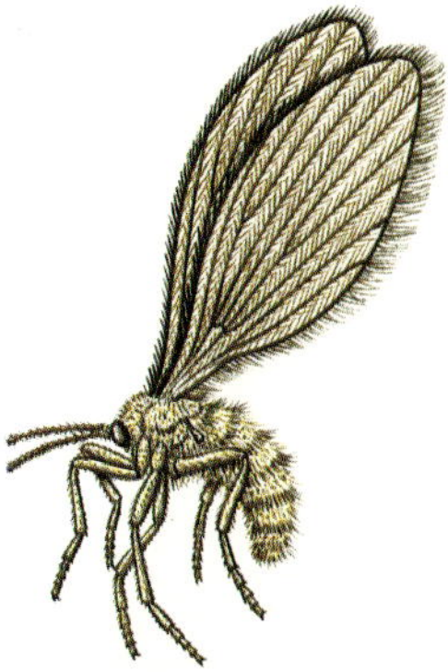

***Psychoda* sp.** Psychodidae. L. : 2,5-4,5 mm. Ailes velues. Larves dans l'eau, les détritus pourrissants (compost, etc.). Actif toute l'année, surtout commun au printemps et en automne. **Habitat :** salles de bains, toilettes. **N.B.** Souvent attiré par les lumières, la nuit.

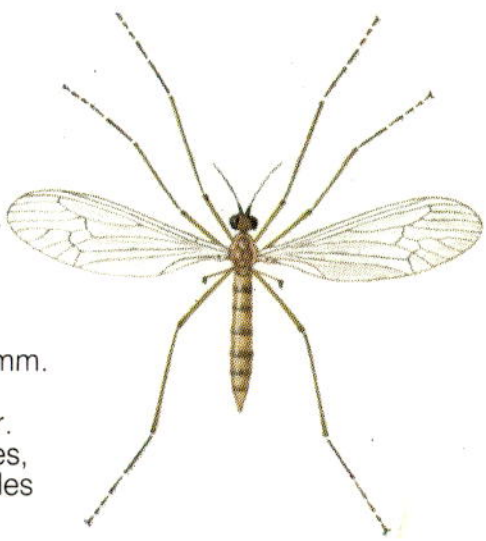

***Trichocera annulata*** Trichoceridae. L. : 4-5 mm. **Période de vol :** toute l'année, même en hiver. **Habitat :** jardins, prairies, maisons. **N.B.** Forme des « nuages » l'après-midi.

# Invertébrés terrestres

***Thrips* sp.** Thysanopterae. L. : 1-5 mm. Insectes très petits, souvent très abondants en été. La femelle a 4 ailes plumeuses, le mâle est aptère. La femelle hiberne souvent dans les maisons, sous les papiers muraux décollés, les encadrements. **Habitat :** sur diverses plantes (céréales, arbres fruitiers et champignons).

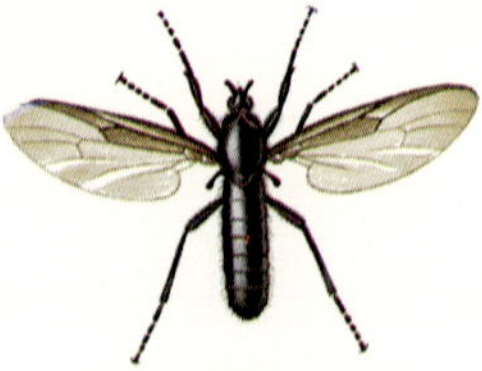

**Bibion** Bibionidae *Bibio marci*. L. : 6-9,5 mm. **Habitat :** haies, prairies, jardins, champs. **Période de vol :** printemps. Souvent en « nuages ».

**Taon des pluies** Tabanidae *Haematopota pluvialis*. L. : 11-13 mm. Pique les mammifères (y compris l'homme) pour sucer leur sang. **Habitat :** bois, prairies, marais. **Période de vol :** mai-septembre. Commun, surtout par temps orageux.

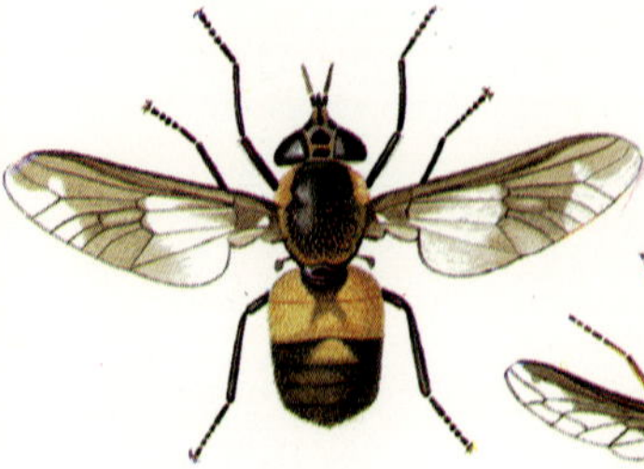

**Taon** Tabanidae *Tabanus bromius*. Pique les mammifères pour sucer leur sang. **Habitat :** bois, prairies, bords des rivières. **Période de vol :** mai-septembre.

**Bombyle** Bombyliidae *Bombylius major*. L. : 12-16 mm. **Habitat :** haies, clairières, terrains vagues, jardins. **Période de vol :** du début du printemps à juin. Visite les fleurs.

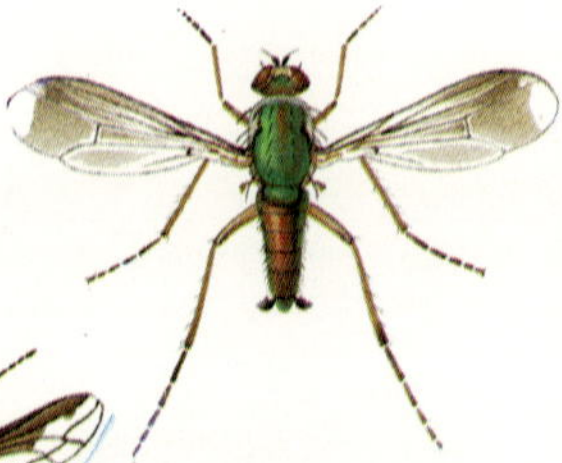

***Poecilobothrus nobilitatus*** Dolichopodidae. L. : 4-6 mm. **Habitat :** lieux humides, bassins. Très commun. **Période de vol :** du printemps à l'automne. **N.B.** Femelle sans taches alaires foncées ; organes génitaux invisibles.

**Asilide** Asilidae *Asilus crabroniformis*. L. : 25 mm. **Habitat :** landes sèches, clairières (surtout celles des pinèdes), prairies calcaires, dunes. **Période de vol :** été. **N.B.** Chasse d'autres mouches.

***Chloromyia formosa*** Stratiomyidae. L. : 11 mm. **Habitat :** lieux humides, bois, haies, jardins. **Période de vol :** mai-juillet. **N.B.** Le mâle a l'abdomen doré.

***Empis tessellata*** Empididae. **Habitat :** bois, surtout s'il y a de l'aubépine. **Période de vol :** printemps et début de l'été. **N.B.** Chasse d'autres petites mouches.

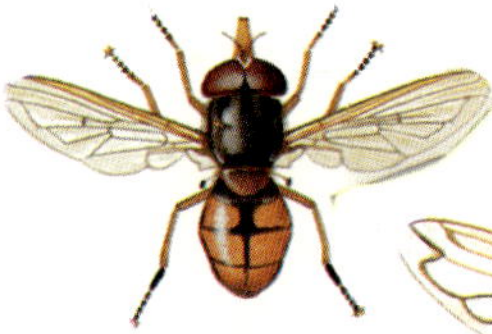

**Syrphe** Syrphidae *Rhingia campestris*. **Période de vol :** été. **N.B.** Larves se développant dans le fumier.

**Volucelle-bourdon** Syrphidae *Volucella bombylans*. L. : 14 mm. **Habitat :** plantes fleuries dans la campagne cultivée, bois. **Période de vol :** avril-juin.

**Mouche du groseillier** Syrphidae *Syrphus ribesii*. L. : 10-12 mm. **Habitat :** bois, jardins, prairies, plantes fleuries (surtout ombellifères). **Période de vol :** été. **N.B.** Les larves mangent des pucerons.

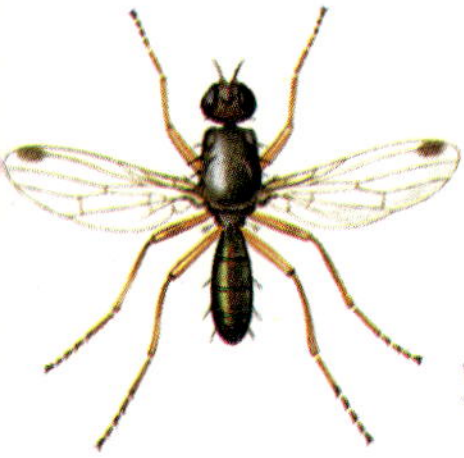

***Sepsis punctum*** Sepsidae. **Habitat :** haies, bois, tas d'ordures, fermes. **Période de vol :** printemps-automne. **N.B.** Des espèces voisines se posent en grand nombre sur la végétation. Larves dans le fumier, les charognes.

**Eristale** Syrphidae *Eristalis tenax*. L. : 14 mm. **Habitat :** bois, jardins, haies, surtout près de l'eau. **Période de vol :** toute l'année, sauf par grands froids. **N.B.** Très commune sur les fleurs au printemps. Larves dans l'eau vaseuse, les fosses à purin, les mares polluées.

**Mouche du vinaigre** Drosophilidae *Drosophila* sp. L. : 2-4 mm. **Habitat :** maisons, vergers, partout où il y a des fruits mûrs. **Période de vol :** toute l'année dans les maisons.

**Mouche verte** Calliphoridae *Lucilia caesar*. L. : 10 mm. **Habitat :** maisons, fermes, voisinage des animaux, cadavres, excréments. **Période de vol :** toute l'année, sauf par temps très froid.

**Mouche bleue** Calliphoridae *Calliphora vomitoria*. L. : 10-14 mm. **Habitat :** maisons, jardins, campagne. **Période de vol :** du printemps à l'automne. Commune. **N.B.** Vecteur de maladies. Recherche les cadavres, la viande.

***Pollenia rudis*** Calliphoridae. L. : 6-10 mm. **Habitat :** maisons, caves, plantes fleuries. **Période de vol :** du début du printemps à la fin de l'automne. **N.B.** Hiverne dans les bâtiments, les caves. Larves parasites des lombrics ou prédatrices dans la terre.

**Tenthrède** Hyménoptères Tenthredinidae *Nematus ribesii*. L. : 7-8 mm. **Habitat :** jardins, vergers, lisières des bois, broussailles. **Période de vol :** avril-septembre. **N.B.** Femelle plus large, corps orange. Les larves mangent les feuilles des groseilliers.

**Mouche grise** Calliphoridae *Sarcophaga carnaria*. L. : 15 mm. **Habitat :** proximité des maisons. Recherche les cadavres, la viande, les excréments. **Période de vol :** une grande partie de l'année.

**Mouche domestique** Muscidae *Musca domestica*. L. : 7-8 mm. **Habitat :** partout, maisons, tas d'ordures, fumiers, cadavres. Très commune. **Période de vol :** une grande partie de l'année.

***Torymus* sp.** Torymidae Chalcidiens Hyménoptères. L. : 3-7 mm. **Habitat :** partout où il y a des chênes. **Période de vol :** printemps, été, selon l'espèce. Les larves parasitent celles qui se trouvent dans les galles des chênes. **N.B.** Le sujet illustré est une femelle.

**Sirex** Siricidae Hyménoptères *Sirex gigas*. L. : 15-40 mm. **Habitat :** conifères (épicéa, sapin), aussi peuplier, frêne. **Période de vol :** été. Larves dans le bois. **N.B.** Mâle sans organe de ponte, abdomen rougeâtre au centre.

**Guêpe dorée** Chrysididae *Chrysis ignita*. L. : 5-10 mm. **Habitat :** partout au voisinage des arbres. **Période de vol :** printemps, été. **N.B.** Les larves parasitent les abeilles solitaires.

***Tenthredo atra***
Tenthredinidae. L. : 4,5-5 mm
**Habitat :** haies, bois, jardins.
**Période de vol :** mai-août.

**Mouche du fumier** Scathophagidae *Scathophaga stercoraria*. L. : 10 mm. **Habitat :** prairies, bois, campagne cultivée. **Période de vol :** du printemps à l'automne. Commune. **N.B.** Carnivore. Larves dans les excréments. Mâles adultes en « nuages » sur les bouses de vaches, le fumier.

**Rhysse** Ichneumonidae Hyménoptères *Rhyssa persuasoria*. L. : 80 mm avec la tarière. **Habitat :** bois de conifères en plaine et en montagne. **Période de vol :** été. **N.B.** Les larves parasitent celles du sirex. La femelle a un long organe de ponte qu'elle enfonce dans le bois jusqu'aux œufs de sirex.

**Galles. Ces excroissances se développent sur diverses parties des plantes en réaction à la présence d'insectes (larves) ou d'autres organismes (champignons, acariens) dans les tissus végétaux. Ceux-ci prolifèrent et entourent le parasite tout en lui procurant des aliments. Les plantes ne semblent pas souffrir de la présence des galles.**

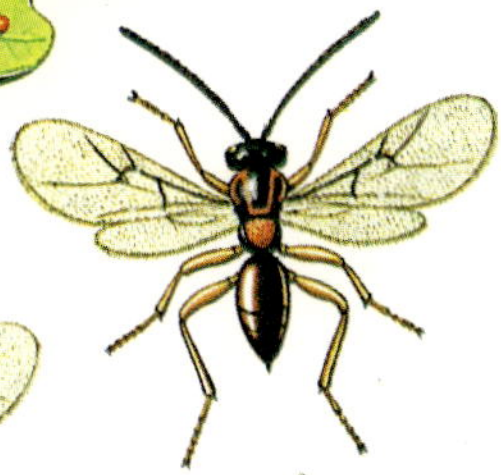

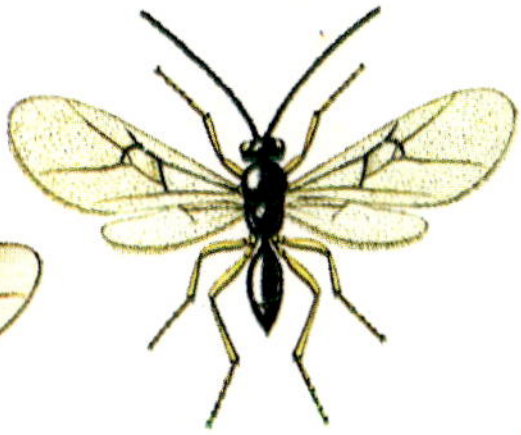

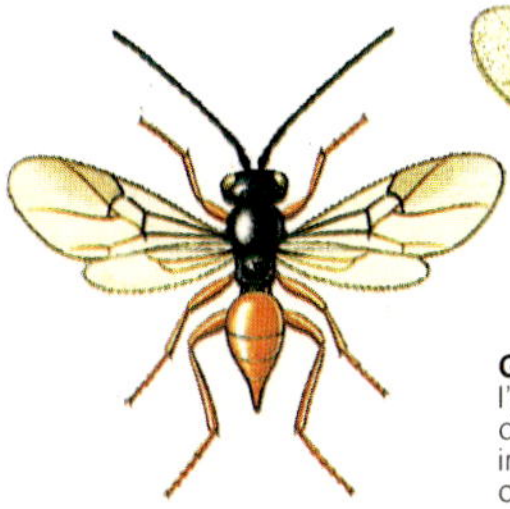

**Galle foliaire.** Longueur de ▲ l'adulte : 2-2,5 mm. Elle se développe sur la face inférieure des feuilles de chêne, souvent en grand nombre. Ell est due à la larve d'une guêpe cynipide, *Neuroterus quercus-baccarum.* Les œufs sont pondus en mai-juillet et les galles formées en août. Elles tombent avec les feuilles et s'en détachent. Les femelles adultes, ailées, sortent des galles en février-mars, pondent sur les bourgeons des chênes, et une nouvelle génération se développe sur les jeunes feuilles et les chatons en avril-juin. Les galles, en forme de lentilles, sont couvertes de poils gris-brun. D'abord vertes, elles deviennent roussâtres ensuite. Les guêpes mâles et femelles en sortent et, après accouplement, les femelles pondent. A l'éclosion, les larves engendrent de nouvelles galles.

**Bédégar.** Longueur de la femelle : 4 mm. Cette galle, très facilement reconnaissable, se développe sur les églantiers et est provoquée par une guêpe cynipide *Diplolepis rosae.* Elle se forme au début de l'été ; d'abord rouge, elle brunit et se dessèche. Les larves y passent tout l'hiver. Les adultes sortent au printemps et pondent dans les bourgeons foliaires.

**Galle du bourgeon.** Longueur de l'insecte adulte : 4-5 mm. Cette galle apparaît sur les chênes dans le courant de l'été. Elle est spongieuse et renferme des larves de la guêpe cynipide *Biorhiza pallida.* Les adultes ailés sortent en juillet et les femelles pondent sur les racines des chênes. De petite galles globuleuses se forment et les larves grandissent à l'intérieur. A la fin du 2e hiver (18 mois plus tard) il en sort des femelles sans ailes, qui grimpent en haut des arbres pour pondre sur les bourgeons, où se développe une nouvelle génération.

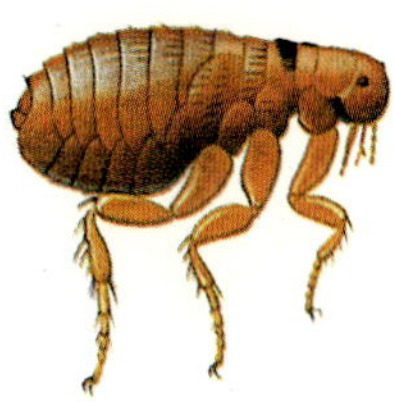

**Puce du lapin** Pulicidae *Spilopsyllus cuniculi.* L. : 1,4-2 mm. Active toute l'année. Parasite des lapins de garenne et domestiques. Transmet la myxomatose.

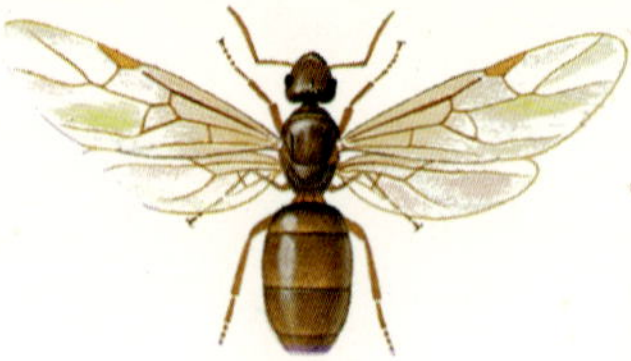

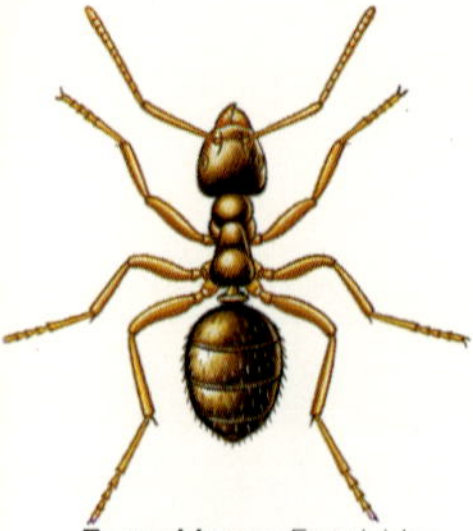

**Fourmi brune** Formicidae *Lasius niger*. L. : 2-4 mm (ouvrière). **Habitat :** jardins, maisons, bois, friches ; pénètre souvent dans les maisons. Jusqu'à 2 400 m. Nid généralement sous les pierres, le ciment, dans les bois, sous les monticules de terre. Très commune. **N.B.** Active, sauf en hiver. Vol nuptial en août.

**Fourmi jaune** Formicidae *Lasius flavus*. L. : 1,7-4 mm (ouvrière). **Habitat :** prairies, jardins, terrains humides. Jusqu'à 2 200 m. Vit sous terre ; construit des dômes dépourvus d'herbe mais où pousse le thym.

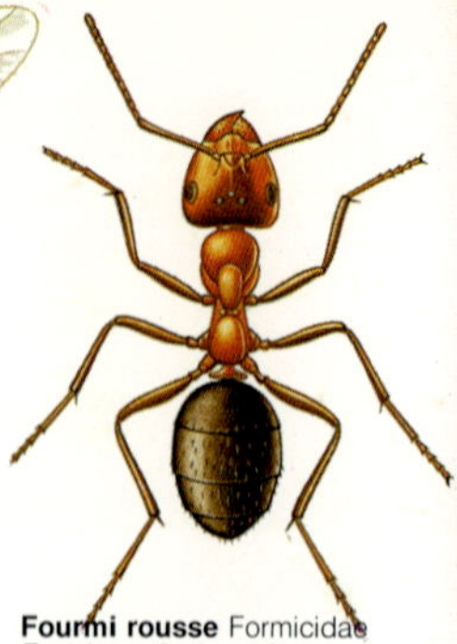

**Fourmi rousse** Formicidae *Formica rufa*. L. : 4-9 mm (ouvrière). **Habitat :** forêts de conifères et de chênes ; jusqu'à 2 600 m (Pyrénées). Active, sauf en hiver. Construit un dôme imposant avec des débris végétaux (feuilles, brindilles). **N.B.** Vol nuptial en juillet-septembre.

**Eumène** Eumenidae *Eumenes coarctata*. L. : 11-12 mm. **Habitat :** friches, landes, garrigues. **Période de vol :** été. **N.B.** Fabrique un nid de boue en forme de vase.

**Ammophile des sables** Sphecidae *Ammophila sabulosa*. L. : 16-28 mm. **Habitat :** talus, lieux secs, sablonneux, dunes, landes. **Période de vol :** été.

***Ectemnius quadricinctus*** Sphecidae. **Habitat :** haies, jardins, bois, landes. **N.B.** Nid dans le bois mort. **Période de vol :** été.

**Guêpe commune** Vespidae *Paravespula vulgaris*. L. : 10-14 mm (ouvrière). **Habitat :** voisinage des maisons, jardins, parcs, bois. Très commune. **Période de vol :** du printemps à la fin de l'automne. Sociable. Seules quelques reines passent l'hiver. **N.B.** Nid souterrain ou dans les greniers, sous les plafonds.

**Pompile** Pompilidae *Anoplius fuscus*. **Habitat :** landes sablonneuses, terrains vagues, dunes, carrières. **Période de vol :** été.

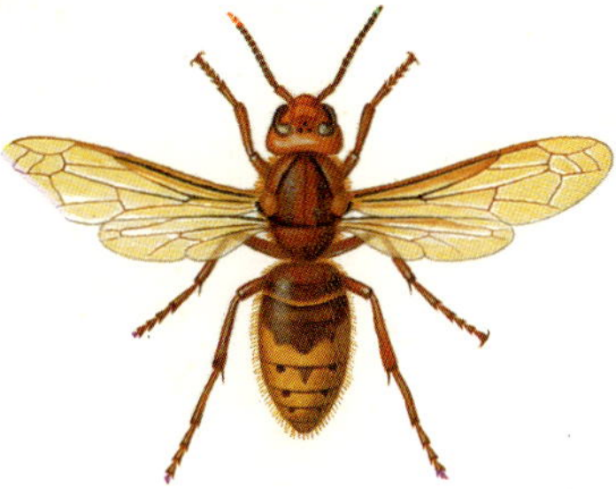

**Frelon** Vespidae *Vespa crabro.* L. : 19-23 mm (ouvrière). **Habitat :** bois, haies, jardins. Niche dans les arbres creux, sous les toits, dans les cabanes. Sociable. Seules les jeunes reines passent l'hiver. **N.B.** Actif à la belle saison (été-automne).

**Bourdon terrestre** Apidae *Bombus terrestris.* L. : atteint 28 mm. **Habitat :** prairies, jardins, parcs. Partout. **Période de vol :** printemps-été. **N.B.** Sociable. Nid souterrain.

**Bourdon des pierres** Apidae *Bombus lapidarius.* L. : atteint 25 mm. **Habitat :** prairies, jardins, haies. **Période de vol :** avril-septembre. **N.B.** Le mâle, visible seulement de juillet à septembre, a un collier jaune.

**Abeille domestique, Abeille mellifère** Apidae *Apis mellifera.* L. : 15 mm (ouvrière), 15-17 mm (faux-bourdon = mâle), 20 mm (reine). **Habitat :** ruches. A l'état sauvage, dans les friches boisées, les forêts (arbres creux). **Période de vol :** du printemps à l'automne. Sociable. Les ouvrières butinent, cherchant pollen et nectar. **N.B.** Abdomen de couleur variable selon la race.

**Abeille des sables** Andrenidae *Nomada flava.* L. : environ 10 mm. **Habitat :** terrains sablonneux. **Période de vol :** été. **N.B.** Pond dans le nid d'autres abeilles solitaires.

**Andrène** Andrenidae *Andrena armata.* L. : environ 11 mm. Abeille solitaire. **Habitat :** chemins, bois, jardins. **Période de vol :** printemps. Nid souterrain dans un sol léger. **N.B.** Aime les fleurs de groseilliers. Mâle plus foncé, bien moins velu.

**Rhagie** Cerambycidae *Rhagium bifasciatum*. L. : 12-23 mm. **Habitat :** forêts, bois. **Période de vol :** mai-août. **N.B.** Larves dans les pins, les épicéas.

**Staphylin odorant** Staphylinidae *Ocypus olens*. L. : 20-30 mm. **Habitat :** forêts, jardins, haies, prairies, bâtiments. **N.B.** Actif presque toute l'année. Nocturne. **N.B.** Mange d'autres invertébrés.

***Aphodius rufipes*** Scarabeidae. L. : 11-13 mm. **Habitat :** prairies, bois. **N.B.** Actif en été. Se nourrit et pond dans les excréments des grands mammifères herbivores. Commun.

**Anthrène** Dermestidae *Anthrenus verbasci*. L. : 3-4 mm. **Habitat :** maisons et nids d'oiseaux pour les larves ; fleurs pour les adultes. Les larves rongent la laine, les fourrures, les collections. **N.B.** Actif au printemps et en été.

**Cicindèle** Carabidae *Cicindela campestris*. L. : 12-15 mm. **Habitat :** clairières, chemins, lieux sablonneux, landes, dunes. **N.B.** Active au printemps et en été.

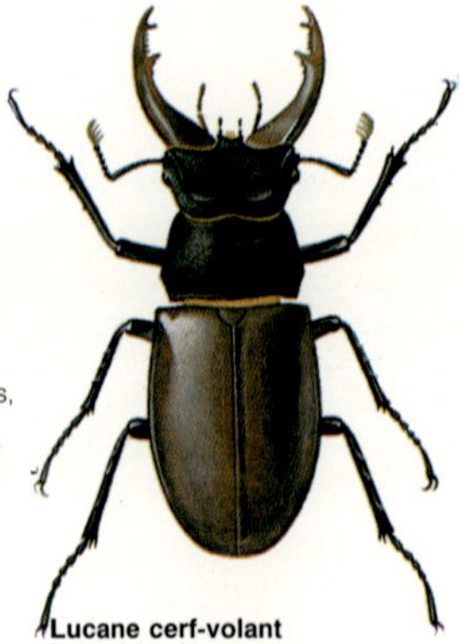

**Lucane cerf-volant** Lucanidae *Lucanus cervus*. L. : 25-80 mm. Larves dans le bois des vieux arbres. **Habitat :** bois, parcs avec chênes, châtaigniers. Apparaît en juin-juillet. La femelle n'a pas de « cornes ».

**Hanneton** Scarabeidae *Melolontha melolontha*. L. : 20-30 mm. **Habitat :** jardins, bois, haies, vergers, parcs, champs. **Période de vol :** mai-juin. Attiré la nuit par les lumières. Les larves (vers blancs) font des dégâts dans les jardins. Elles vivent 3 ans sous terre. **N.B.** En diminution.

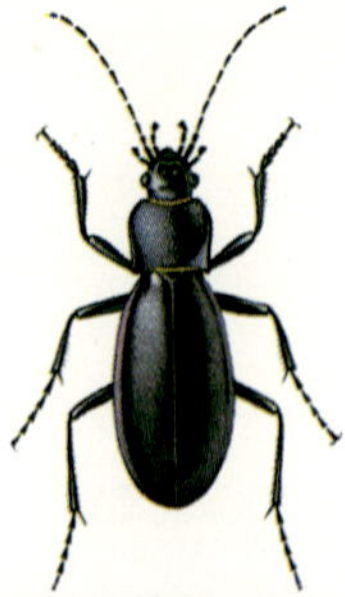

**Carabe violet** Carabidae *Carabus violaceus*. L. : 25-35 mm. **Habitat :** bois, prairies, haies, jardins ; plaine et montagne ; en hiver dans la mousse. **N.B.** Nocturne.

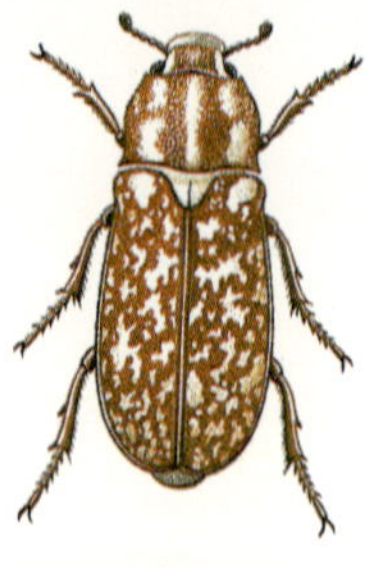

**Hanneton foulon** Scarabeidae *Polyphylla fullo*. L. : atteint 38 mm. **Habitat :** adulte sur les pins, tamaris, chênes des régions côtières sablonneuses et jusque dans le nord de la France ; larve dans les souches de graminées.

***Philonthus laminatus*** Staphylinidae. L. : 10-20 mm. **Habitat :** prairies, bois. **N.B.** Actif en été. Mange le fumier et les autres insectes coprophages.

**Cantharide** Cantharidae *Cantharis rustica*. L. : 10-15 mm. **Habitat :** presque partout, sur les fleurs. **Période de vol :** été. **N.B.** Carnivore, mais souvent sur les fleurs.

***Thea 22-punctata*** Coccinellidae. L. : 3,5-4,5 mm. **Habitat :** prairies, jardins, massifs d'orties. **N.B.** Active du printemps à l'automne. Se nourrit de pucerons.

**Coccinelle à 7 points** Coccinellidae *Coccinella 7-punctata*. L. : 5-8 mm. **Habitat :** presque partout, dans les lieux couverts de végétation. Active du printemps à l'automne. Commune. **N.B.** Mange des pucerons.

**Nécrophore** Silphidae *Necrophorus vespillo*. L. : 15-22 mm. **Habitat :** prairies, bois, lisières, haies. Sur les cadavres de petits vertébrés. **N.B.** Actif en été.

**Scolyte** Scolytidae *Scolytus scolytus*. L. : 4-6 mm. **Habitat :** vit sur les ormes (parcs, allées, campagne). **Période de vol :** fin mai et fin août. Les adultes disséminent le champignon responsable de la mort des ormes. Les larves creusent l'écorce.

**Attagène** Dermestidae *Attagenus pellio*. L. : 4-4,5 mm. **Habitat :** larves : maisons, nids ; adultes : fleurs. **N.B.** Actif au printemps. Les larves mangent poils, plumes, peaux, fourrures, collections.

***Anatis ocellata*** Coccinellidae. L : 8-9 mm. **Habitat :** forêts de conifères. **N.B.** Active en été. Mange des pucerons.

**Clyte** Cerambycidae *Clytus arietis*. L. : 8-14 mm. Adulte visible en mai-juin. **Habitat :** bois, haies, jardins, larves dans le bois de diverses espèces d'arbres.

**Bousier** Geotrupidae *Geotrupes stercorarius*. L. : 18-25 mm. **Habitat :** forêts. **N.B.** Mange des excréments. **N.B.** Commun. Actif d'avril à octobre.

**Staphylin bourdon** Staphylinidae *Emus hirtus*. L. : 18-28 mm. **Habitat :** prairies, proximité des fermes et des vaches. **N.B.** Actif en été. Se nourrit de bouses de vaches.

**Doryphore** Chrysomelidae *Leptinotarsa decemlineata*. L. : 10 mm. Larves rose vif. **Habitat :** champs de pomme de terre où il fait d'importants dégâts. Originaire d'Amérique du Nord. Manque en Grande-Bretagne, commun sur le continent. **N.B.** 2 générations du printemps à l'automne. Les adultes passent l'hiver. Les adultes vivent sur la pomme de terre et d'autres solanacées.

**Ver luisant** Lampyridae *Lampyris noctiluca*. **Habitat :** prairies, haies, jardins, bois clairs, en terrain calcaire. **N.B.** Actif en juillet-août. La femelle aptère attire le mâle avec un organe lumineux, vert, situé au bout de son abdomen. Femelle à d., mâle à g.

***Pyrochroa serraticornis*** Pyrochroidae. L. : 10-13 mm. **Habitat :** bois, haies, sur les souches ; localisé. **N.B.** Actif en été. Larves sous l'écorce, adultes souvent sur les fleurs.

**Vrillette** Anobiidae *Anobium punctatum*. L. : 3-4 mm. Les larves creusent des galeries, dans le bois (vieux meubles, poutres). Commune. **Habitat :** maisons, haies, bois. Dans le bois mort. **N.B.** Active surtout au début de l'été.

***Apion miniatum*** Apionidae. L. : 3-4 mm. **Habitat :** terrains vagues, haies, lieux humides, bords des eaux. **N.B.** Actif de mai à juillet. Mange les feuilles d'oseille.

***Otiorhynchus clavipes*** Curculionidae. **Habitat :** haies, bois. **N.B.** Actif en été.

***Cassida viridis*** Chrysomelidae. **Habitat :** haies, marais, bois humides. **N.B.** Actif en juillet-août. Se montre surtout sur les menthes.

***Chrysolina (= Chrysomela) polita*** Chrysomelidae. L. : 6,5-8 mm. **Habitat :** lieux humides, bords des ruisseaux. **N.B.** Actif en été. Se nourrit sur les menthes.

**Cloporte** Crustacés Porcellionidae *Porcellio scaber*. L. : atteint 18 mm. **Habitat :** sous les débris végétaux pourrissants, dans les bois, haies, landes, jardins, prairies, dunes. **N.B.** Actif sauf en hiver. Grimpe souvent sur les murs et dans les fentes d'arbres pour brouter les algues, la nuit, par temps humide.

**Faux-scorpion** Arachnides Neobisiidae *Neobisium muscorum*. L. : 1,7-3 mm. **Habitat :** dans la mousse, les feuilles mortes des bois, haies ; aussi berges des rivières, jardins.

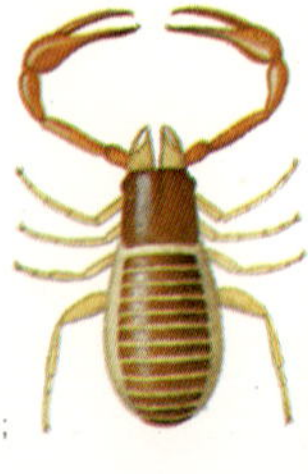

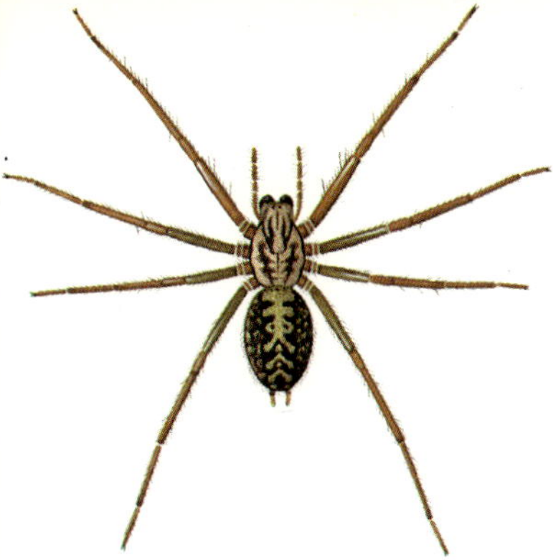

**Tégénaire** Agelenidae *Tegenaria saeva*. L. : 14 mm. **Habitat :** dans les maisons, sur les rochers, les murs. **N.B.** Active toute l'année dans les bâtiments. Toile placée dans une encoignure.

**Epeire diadème** Argiopidae *Araneus diadematus*. L. : la femelle atteint 17 mm. **Habitat :** jardins, lisières, haies, parcs. Fréquente. **N.B.** Active en été et en automne. Toile fixée entre des végétaux, pieux, etc.

**Argiope** Argiopidae *Argiope bruennichi*. L. : la femelle atteint 25 mm. **Habitat :** garrigue méditerranéenne. Visible en été et en automne. **N.B.** Toile avec 2 larges rubans de soie en zigzag. Le mâle diffère de la femelle entre autres par sa taille inférieure.

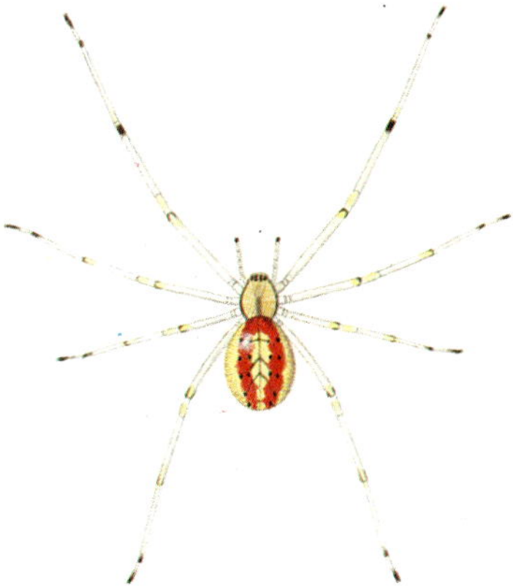

***Enoplognatha ovata*** Theridiidae. **Habitat :** plantes basses. Espèce commune. **N.B.** Active en juin-juillet. Abdomen marqué de rouge ou non. Capture ses proies dans une toile.

***Linyphia triangularis*** Linyphiidae. L. : environ 11 mm. **Habitat :** plantes basses, buissons, bois. **N.B.** Active en été et en automne. Fait une toile en forme ◄ de hamac ou de dôme.

***Amaurobius fenestralis*** Amaurobiidae. L. : 10-14 mm. **Habitat :** murs, maisons, caves. Commune. **N.B.** Active toute l'année. Construit une toile.

**Lycose** Lycosidae *Trochosa ruricola*. **Habitat :** sous les pierres, les arbres morts et renversés. **N.B.** Active toute l'année. Chasse de nuit.

**Thomise** Thomisidae *Misumena vatia*. L. : 6 mm. **Habitat :** fleurs. La couleur des femelles varie du blanc au jaune suivant celle des fleurs. Mâle bien plus petit. **N.B.** Active de mai à août. Guette des insectes sur les fleurs.

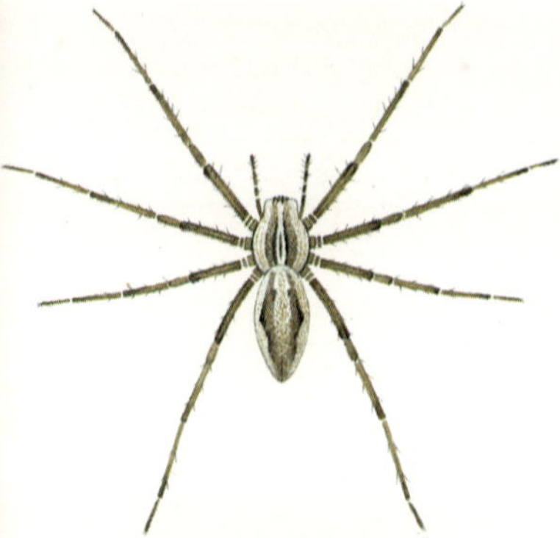

***Pisaura mirabilis*** Pisauridae. L. : 10-15 mm. **Habitat :** végétation des bois, prairies, landes, au bord des routes. **N.B.** Active de mai à juillet. Chasse activement.

***Pholcus phalangioides*** Pholcidae. L. : atteint 10 mm. **Habitat :** maisons, greniers. **N.B.** Actif toute l'année sauf parfois en hiver. Capture ses proies avec une toile.

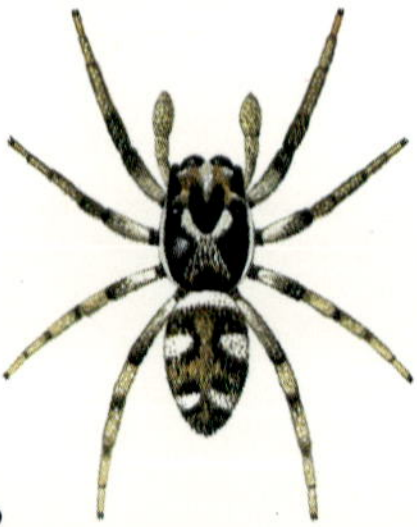

**Salticide** Salticidae *Salticus scenicus*. L. : 4-5 mm. **Habitat :** murs, rochers, troncs d'arbres exposés à la lumière. **N.B.** Active de mai à septembre. Chasse activement en sautant sur ses proies.

**Scorpion languedocien**
Buthidae *Buthus occitanus*. L. : atteint 80 mm. **Habitat :** sous les pierres des garrigues méditerranéennes. Italie, France, Péninsule Ibérique. **N.B.** Piqûre douloureuse, parfois dangereuse.

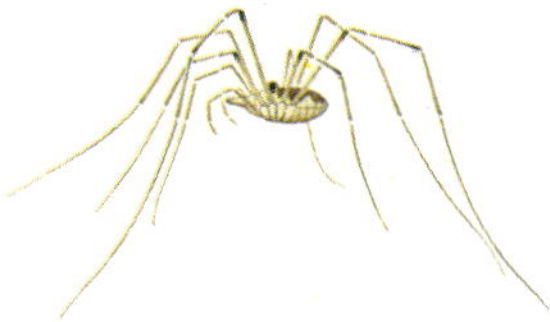

**Faucheux** Arachnides Phalangiidae *Phalangium opilio*. L. : 3,5-9 mm. **Habitat :** prairies, champs, jardins. **N.B.** Actif de juin à novembre.

**Tique** Arachnides Ixodidae *Ixodes ricinus*. L. : la femelle atteint 11 mm. Parasite les mammifères. **Habitat :** lisières et chemins des bois, prairies. Commune. **N.B.** Active au printemps et en été. Suce le sang. S'attaque aussi à l'homme.

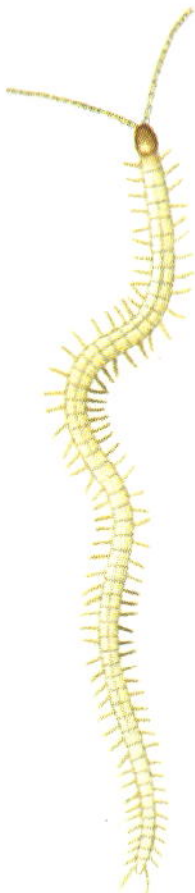

**Mille-pattes** Myriapodes Geophilidae *Geophilus* sp. L. : 20-50 mm. **Habitat :** dans la terre, sous les feuilles mortes des bois, prairies, jardins. **N.B.** Actif toute l'année sauf par grand froid.

**Iule** Iulidae *Cylindroiulus* sp. L. : 10-45 mm. **Habitat :** substances végétales en décomposition. **N.B.** Actif toute l'année sauf par temps très froid.

# Invertébrés d'eau douce

**Planaire** Planariidae (vers plats = Plathelminthes) *Polycelis nigra*. L. : 10-12 mm. Coloration variant du crème au noir ou brun foncé. Généralement 3 petits lobes antérieurs ; nombreux yeux sur les bords. **Habitat :** mares, fossés, ruisseaux. **N.B.** Active toute l'année. Glisse sur les pierres, les plantes, la face inférieure tournée (ou non) vers la surface de l'eau.

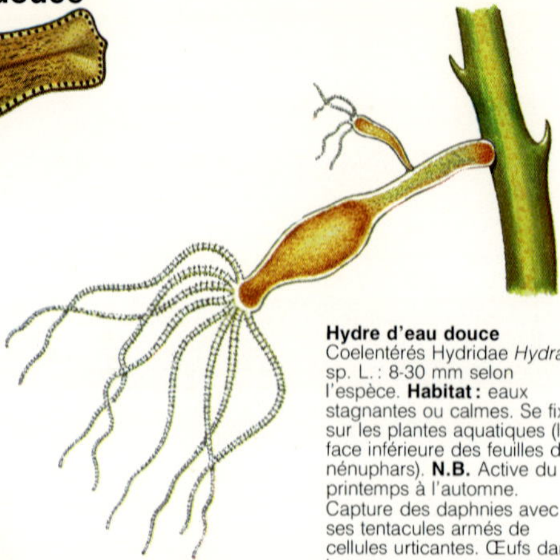

**Hydre d'eau douce** Coelentérés Hydridae *Hydra* sp. L. : 8-30 mm selon l'espèce. **Habitat :** eaux stagnantes ou calmes. Se fixe sur les plantes aquatiques (la face inférieure des feuilles de nénuphars). **N.B.** Active du printemps à l'automne. Capture des daphnies avec ses tentacules armés de cellules urticantes. Œufs dans la vase.

**Ver de vase** Annélides Tubificidae *Tubifex tubifex*. L. : 30-40 mm. **Habitat :** vase du fond des étangs, rivières, fossés ; eaux propres ou polluées. Construit un petit tube de vase et vit dedans, la tête en bas, la queue ondulant dans l'eau. **N.B.** En colonies.

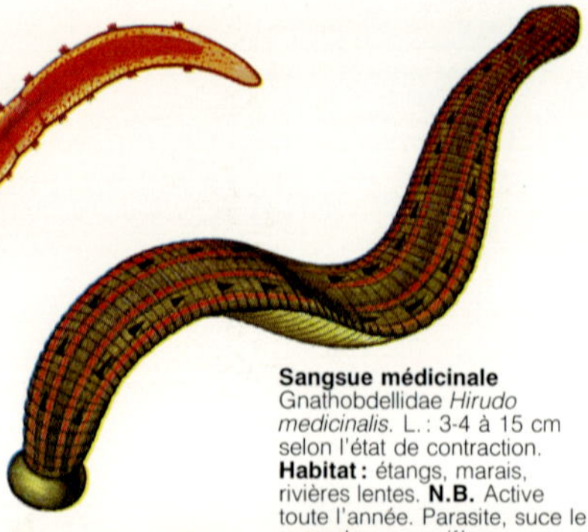

**Sangsue médicinale** Gnathobdellidae *Hirudo medicinalis*. L. : 3-4 à 15 cm selon l'état de contraction. **Habitat :** étangs, marais, rivières lentes. **N.B.** Active toute l'année. Parasite, suce le sang des mammifères (l'homme compris). Jadis utilisée pour les saignées. Les jeunes mangent des poissons, tritons et autres petits animaux.

**Limnée** Mollusques Limnaeidae *Limnaea stagnalis*. Atteint 5 cm de haut. L'un des plus grands escargots aquatiques. **Habitat :** canaux, mares, fossés, marais, étangs, rivières lentes. **N.B.** Active toute l'année. Herbivore.

**Mulette des peintres**
Unionidae *Unio pictorum*. L. : atteint 15 cm. **Habitat :** fond des rivières au cours lent et des étangs. **N.B.** Doit son nom au fait que jadis les peintres s'en servaient à titre de palette.

**Hydromètre** Hydrometridae *Hydrometra stagnorum*. L. : 9-13 mm. **Habitat :** surface des étangs et bords des rivières riches en végétation. **N.B.** Actif presque toute l'année.

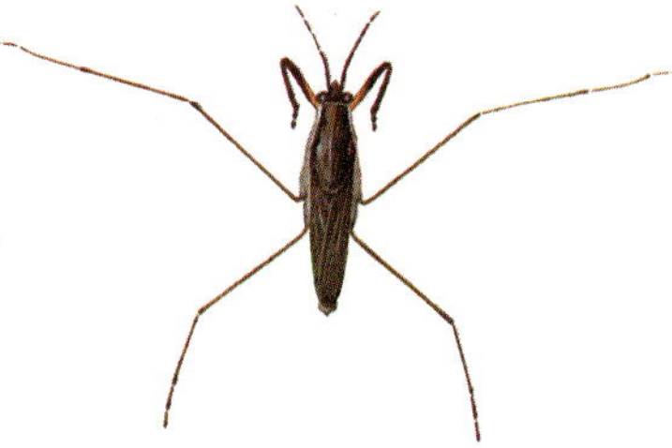

**Gerris** Gerridae *Gerris odontogaster*. **Habitat :** surface des étangs, canaux et rivières lentes. **N.B.** Actif du printemps à l'automne.

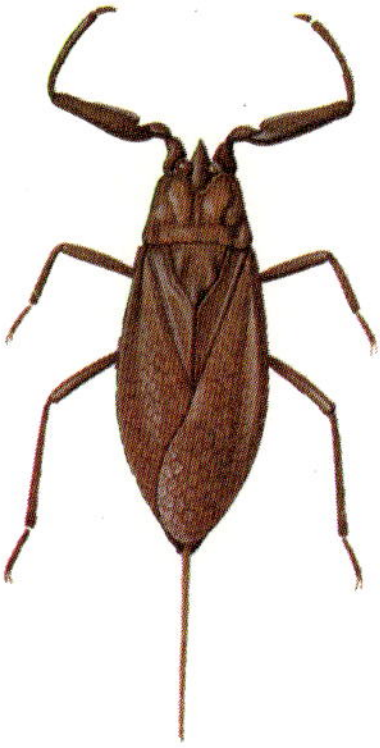

**Scorpion d'eau, Nèpe,**
Nepidae *Nepa cinerea*. L. : 16-23 mm. **Habitat :** étangs, lacs à fond vaseux. Se cache dans la vase quand il fait très froid. **N.B.** Active toute l'année. Mange des œufs, des alevins.

**Naucore** Naucoridae *Ilyocoris cimicoides*. L. : 10-16 mm. **Habitat :** étangs riches en végétation, marais, rivières lentes. **N.B.** Actif sauf par temps très froid. Vient à terre la nuit.

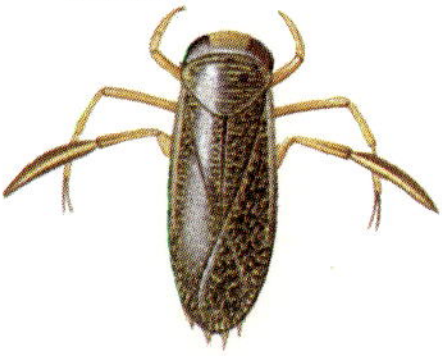

**Corise** Corixidae *Corixa punctata*. L. : 12-15 mm. **Habitat :** étangs riches en végétation, rivières lentes. **N.B.** Active de juillet à mars. Peut voler.

**Notonecte** Notonectidae *Notonecta glauca*. L. : 14-16 mm. **Habitat :** étangs, canaux, marais. **N.B.** Active sauf par temps très froid. Peut voler d'un étang à l'autre.

# Invertébrés d'eau douce

**Tourniquet, Gyrin** Gyrinidae *Gyrinus marinus.* L. : environ 5 mm. **Habitat :** lacs, étangs, canaux. **N.B.** Actif du printemps à l'automne. Tourne à la surface de l'eau en décrivant des cercles, des spirales.

**Dytique bordé** Dytiscidae *Dytiscus marginalis.* L. : 30-35 mm. **Habitat :** étangs, mares, canaux. Se cache dans la vase quand il fait très froid. **N.B.** La femelle a des élytres plus striés, des pattes antérieures sans renflements.

**Hygrobie** Hygrobiidae *Hygrobia hermanni.* L. : 8-10 mm. **Habitat :** marais, étangs, localisé. **N.B.** Actif du printemps à l'automne.

**Hydrophile** Hydrophilidae *Hydrophilus piceus.* L. : 40-47 mm. **Habitat :** étangs riches en végétation, rivières lentes. Se cache dans la vase par temps froid. **N.B.** pattes antérieures de la femelle sans lobes triangulaires.

**« Mite » aquatique** Arachnides Hygrobatidae *Arrhenurus buccinator.* L. : environ 1 mm. Fait partie d'un groupe d'acariens verts ou bruns où mâles et femelles diffèrent nettement. Les femelles sont arrondies, les mâles ovales ou piriformes avec une « queue ». Nagent toute l'année.

**Argyronète** Arachnides Agelenidae *Argyroneta aquatica.* L. : 8-15 mm. **Habitat :** étangs, marais. Se construit une cloche à plongeur avec des feuilles et de la soie et la remplit de bulles d'air. **N.B.** La seule araignée réellement aquatique.

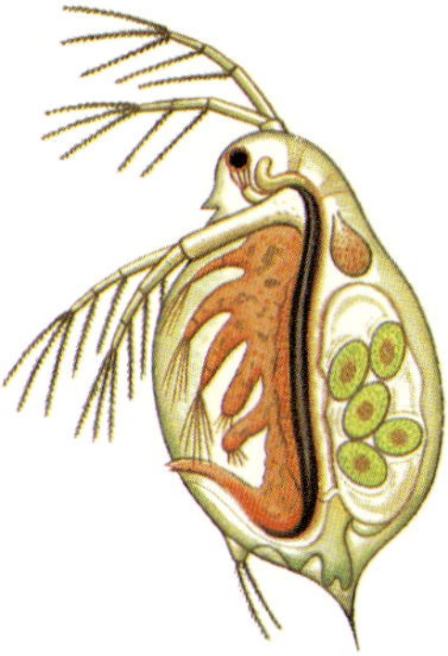

**Puce d'eau, Daphnie** Crustacés Daphniidae *Daphnia pulex*. L. : mâle 1-1,5 mm ; femelle 3-4 mm. **Habitat :** étangs, lacs. Parfois en si grand nombre l'été que l'eau est colorée en brun. **N.B.** Actif toute l'année mais se raréfie en automne où les femelles portent des œufs qui passent l'hiver. En été, surtout des femelles, les mâles apparaissent en automne. Nage de façon saccadée en position verticale et en agitant ses antennes ramifiées.

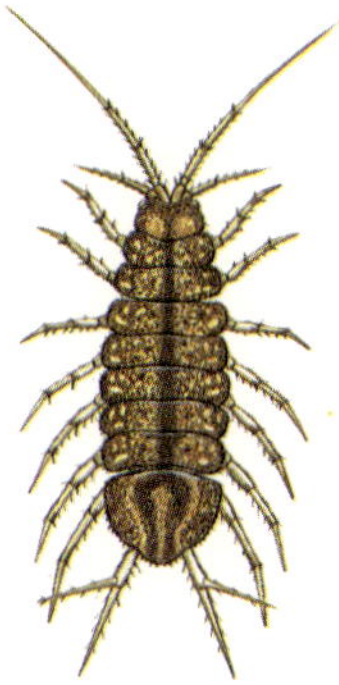

**Aselle** Crustacés Asellidae *Asellus aquaticus*. L. : mâle 12-15 mm ; femelle 8 mm. **Habitat :** étangs et rivières riches en végétation, fossés, mares. Marche sur la vase et la végétation. **N.B.** Actif toute l'année.

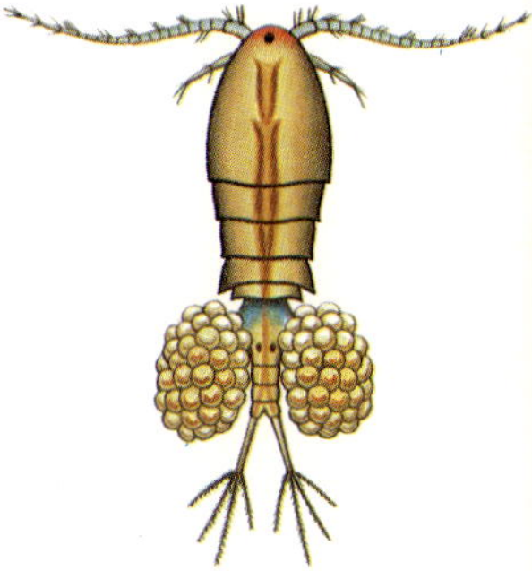

**Cyclops** Crustacés Cyclopidae *Cyclops strenuus*. L. : mâle 1,5-2 mm ; femelle 2,5-3 mm. Femelle reconnaissable aux 2 sacs ovigères. **Habitat :** étangs, mares, fossés. **N.B.** Actif toute l'année mais surtout abondant en été. Nage de façon saccadée.

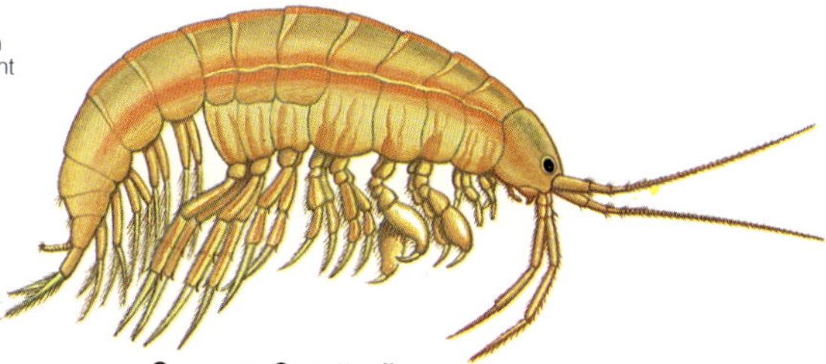

**Gammare, Crevette d'eau douce** Crustacés Gammaridae *Gammarus pulex*. L. : 12-20 mm. **Habitat :** rivières peu profondes aux eaux oxygénées, lacs. Surtout sous les pierres, les débris végétaux. **N.B.** Actif toute l'année. Plusieurs espèces voisines. Nage bien si on le dérange.

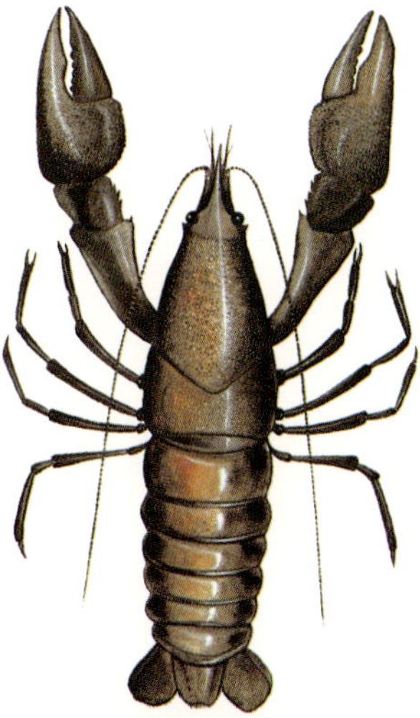

**Ecrevisse** Crustacés Potamobiidae *Potamobius pallipes*. L. : atteint 13,5 cm. **Habitat :** ruisseaux et rivières peu profonds aux eaux riches en oxygène, à fond dur et à végétation pas trop dense. Dans les régions calcaires. Très raréfiée. Creuse un terrier dans le fond ou sur les rives et s'y tient le jour. Chasse de petits animaux la nuit (poissons compris). **N.B.** Léthargique en hiver.

# Poissons

Il existe plus de 150 espèces de poissons dans les eaux douces de l'Europe et un nombre encore plus élevé fréquente les côtes des mers et océans qui baignent ce continent. Seules les plus fréquentes dans nos régions ont été décrites ci-après. En effet, beaucoup de poissons d'eau douce ont une aire de répartition limitée et, parmi les poissons de mer, nombreux sont ceux qui vivent au large. Toutefois, il arrive que l'on en trouve certains échoués sur les plages ou sur les rives. Dans ce cas, il convient de les mesurer et, si possible, de compter le nombre d'écailles présentes le long de la ligne latérale (voir schéma ci-dessous) et du ventre à la nageoire dorsale, ce qui facilitera l'identification.

**Aspect**
Après la mort, les poissons perdent rapidement leurs couleurs et paraissent gris ou blancs ; seuls les sujets vivants ont une coloration correspondant à celle des illustrations. Chez certaines espèces (p. ex. l'épinoche, le vairon), les mâles acquièrent une livrée très vive à la saison de reproduction, puis deviennent ternes aussitôt après. Dans quelques cas, pour une identification précise, on comptera le nombre de rayons (os) des nageoires ou celui des écailles le long et en travers du corps. Une nageoire est adipeuse quand aucun os ne la soutient. La ligne latérale est souvent visible et correspond à une série d'écailles spéciales associées à des organes sensoriels.

**Habitat**
La plupart des poissons vivent soit dans les eaux douces (rivières, ruisseaux, lacs, étangs, torrents) soit en mer ; cependant, certains tels le saumon, l'anguille, migrent

**Epinoche en livrée nuptiale au printemps. Le mâle — qui a 3 épines dorsales — bâtit un nid avec des fibres végétales et incite une ou plusieurs femelles à y pondre.**

entre ces deux milieux et peuvent changer d'aspect à cette occasion, tandis que d'autres (flet, épinochette) habitent les estuaires et peuvent pénétrer dans les eaux douces ou salées. Les poissons de mer illustrés ci-après sont ceux que l'on voit sur les côtes dans les mares rocheuses, échoués sur les plages, ou que l'on pêche facilement du bord de l'eau.

Les poissons vivant dans les torrents et au voisinage des sources où le courant est rapide sont exposés à des conditions très différentes de celles que connaissent les espèces du cours inférieur où les eaux plus lentes se chargent de limon. Les caractéristiques physiques des lacs et des rivières dépendent, pour partie, de la structure géologique régionale : les lacs profonds et les torrents existent surtout en montagne ; en revanche, les étangs et les rivières lentes caractérisent les plaines argileuses et sablonneuses. Ces particularités ont beaucoup d'importance pour les poissons, car la vitesse du courant, la turbidité et l'oxygénation de l'eau déterminent la diversité des espèces présentes et en excluent un certain nombre.

Tous les milieux aquatiques (rivières, fleuves, lacs, etc.) sont extrêmement sensibles à la pollution qui a des effets pernicieux, réduisant le nombre et la diversité des espèces. Les poissons qui exigent des eaux riches en oxygène et pures sont ceux qui en souffrent le plus. A l'opposé, quelques espèces capables de supporter une faible oxygénation (carpe, tanche) réussissent à subsister dans des eaux troubles.

## Détails utiles pour l'identification

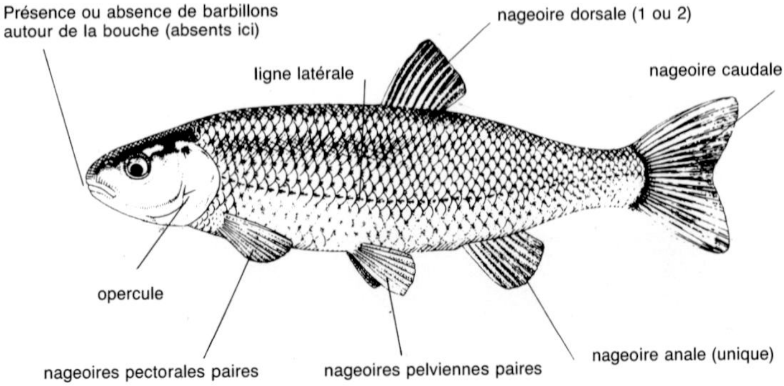


Le nombre des rayons (os) des principales nageoires est souvent important.

# Poissons

**Requin pèlerin** Cetorhinidae *Cetorhinus maximus*. L. : atteint 15 m. Poisson cartilagineux. Solitaire ou en petits groupes. **Habitat :** pleine mer (golfe de Gascogne, Méditerranée). **N.B.** Très grande gueule. Très longues fentes branchiales (se rejoignant presque sur le haut du cou) avec lesquelles il filtre le plancton dont il se nourrit. Yeux petits ; pas de dents.

**Requin bleu, peau bleue** Carcharhinidae *Prionace glauca*. L. : atteint 4 et 6 m. Poisson cartilagineux. **Habitat :** pleine mer. Atlantique et Méditerranée. **N.B.** Petit rétrécissement transversal à la base de la queue ; dents aiguës, chacune avec une pointe et les bords dentelés.

**Petite roussette** Scyliorhinidae *Scyliorhinus canicula*. L. : atteint 1 m. Poisson cartilagineux. **Habitat :** eaux côtières, au-dessus des bancs de sable, à partir de 18-25 m de profondeur. Atlantique, Méditerranée. **N.B.** Dos, flancs et nageoires tachetés. Museau obtus. Dents très petites.

**Raie bouclée** Rajidae *Raja clavata*. L. : atteint 1,20 m. Poisson cartilagineux. **Habitat :** eaux côtières, sur les fonds de vase à partir de 20-100 m. De la Mer du Nord à la Méditerranée. Commune. **N.B.** Dos avec nombreux piquants dont la plaque basale est lisse.

**Pocheteau gris** Rajidae *Raja batis*. L. : atteint 2,50 m. Poisson cartilagineux. **Habitat :** eaux côtières entre 100 et 600 m. Atlantique et Méditerranée. **N.B.** Long museau ; petits piquants autour des yeux et en rangées sur la queue.

**Pastenague** Dasyatidae *Dasyatis pastinaca*. L. : atteint 2,50 m. Poisson cartilagineux. **Habitat :** eaux côtières, souvent cachée dans le sable. Atlantique, Méditerranée. **N.B.** Longue queue en forme de fouet sans nageoires mais avec un aiguillon relié à une glande à venin.

**Sprat** Clupeidae *Sprattus sprattus*. L. : 15-20 cm. Vit en bancs. **Habitat :** eaux côtières et pleine mer. Mer du Nord, Manche, Atlantique, plus rare en Méditerranée. **N.B.** Ligne latérale invisible ; origine des pelviennes avant ou sous la dorsale ; les écailles situées entre les pelviennes et l'anale ont un angle aigu.

**Hareng** Clupeidae *Clupea harengus*. L. : atteint 40 cm. **Habitat :** pélagique ; près des côtes pour la reproduction. Manque en Méditerranée. Commun. **N.B.** Ligne latérale invisible ; origine des pelviennes en arrière de l'origine de la dorsale ; mâchoire inférieure saillante ; museau pointu.

**Orphie** Belonidae *Belone belone*. L. : atteint 90 cm. Forme de grands bancs. **Habitat :** pleine mer, près de la surface ; en été, se rapproche des côtes : Atlantique et Méditerranée. **N.B.** Bec pointu, très long, dentelé ; dorsale et anale très en arrière ; pas de petites nageoires entre celles-ci et la caudale.

**Lieu jaune** Gadidae *Pollachius pollachius*. L. : atteint 1,30 m. **Habitat :** pleine mer et côtes jusqu'à 200 m ; près du fond. De la mer du Nord à l'Atlantique. **N.B.** Mâchoire inférieure saillante, sans barbillon ; ligne latérale très incurvée au-dessus des pectorales ; anus au-dessous du milieu de la 1re dorsale.

**Morue** Gadidae *Gadus morrhua*. L. : atteint 1,80 m. **Habitat :** pleine mer et eaux côtières près du fond, jusqu'à 600 m. De la mer du Nord à l'Atlantique. **N.B.** Mâchoire supérieure saillante, l'inférieure avec un barbillon ; ligne latérale claire. Coloration variable.

**Merlan** Clupeidae *Merlangius merlangus*. L. : 20-70 cm. **Habitat :** pleine mer et eaux côtières, de la zone des herbiers jusqu'à 200 m. Mer du Nord, Manche, Atlantique, rare en Méditerranée. **N.B.** Mâchoire supérieure saillante ; pas de barbillon. Tache noire à la base de chaque pectorale.

**Hippocampe** Syngnathidae *Hippocampus* sp. L. : atteint 16 cm. Carapace osseuse ; corps rigide ; pas de caudale. S'accroche aux algues avec l'abdomen enroulé. **Habitat :** eaux côtières peu profondes, parmi les algues et les posidonies ; Atlantique et Méditerranée. **N.B.** Tête à angle droit avec le corps ; museau tubulaire ; dorsale en éventail.

**Grande aiguille de mer** Syngnathidae *Syngnathus acus*. L. : atteint 50 cm. Egalement appelée vipère de mer. Très allongée, long museau, carapace osseuse. **Habitat :** eaux peu profondes, zone des algues. De la mer du Nord à la Méditerranée. **N.B.** 18-19 anneaux osseux entre la tête et la dorsale.

**Mulet à grosses lèvres** Mugilidae *Crenimugil labrosus*. L. : atteint 60 cm. **Habitat :** pleine mer, eaux côtières peu profondes, sur fonds mous, estuaires, eaux polluées. De la mer du Nord à la Méditerranée. **N.B.** Première dorsale à 4 rayons épineux ; deuxième courte également ; ligne latérale invisible ; lèvre supérieure épaisse.

**Bar commun** Serranidae *Dicentrarchus labrax*. L. : atteint 80 cm. **Habitat :** pleine mer, côtes rocheuses, estuaires. De la mer du Nord à la Méditerranée. **N.B.** 2 dorsales de même longueur, la première très épineuse ; grande bouche ; tache noire en haut des opercules.

**Maquereau** Scombridae *Scomber scombrus*. L. : atteint 50 cm. Vit en grands bancs. **Habitat :** pleine mer et eaux côtières (près de la surface) en été et en automne. **N.B.** 2 dorsales largement séparées ; 4-6 petites nageoires (pinnules) entre la 2e et la queue, pas de taches au-dessous de la ligne latérale ; flancs zébrés.

**Rouget de roche, Surmulet** Mullidae *Mullus surmuletus*. L. : atteint 40 cm. **Habitat :** fonds rocheux ou sableux dans les eaux côtières. Atlantique et Méditerranée ; jusqu'à 100 m. **N.B.** 2 longs barbillons ; première dorsale épineuse. Coloration vive, changeante.

**Dragonnet** Callionymidae *Callionymus lyra*. L. : atteint 30 cm. **Habitat :** pleine mer et eaux côtières, sur les fonds sableux ; jusqu'à 400 m. De la mer du Nord à la Méditerranée. **N.B.** Couleurs vives ; tête large ; yeux situés sur le dessus ; petite bouche ; ouvertures branchiales réduites.

**Vieille** Labridae *Labrus bergylta*. L. : atteint 60 cm. **Habitat :** eaux côtières peu profondes, rochers, algues. De la mer du Nord à la Méditerranée. **N.B.** Grande dorsale avec parties épineuse et molle contiguës ; 40-50 grandes écailles sur la ligne latérale.

**Crénilabre mélops** Labridae *Crenilabrus melops*. L. : 15-20 cm. Mâle surtout vert, femelle brune. **Habitat :** eaux côtières peu profondes, rochers, algues. De la mer du Nord à la Méditerranée. **N.B.** Grande dorsale avec parties épineuse et molle contiguës ; tache foncée en arrière de l'œil et à la base de la queue.

**Lançon, Equille** Ammodytidae *Ammodytes tobianus*. L. : atteint 20 cm. Silhouette allongée. **Habitat :** eaux côtières, jusqu'à 30 m ; le jour, enfoui dans le sable ; forme des bancs la nuit. **N.B.** Arrière des pectorales dépassant l'origine de la dorsale ; bouche extensible.

**Gonelle, Papillon de mer** Pholidae *Pholis gunnellus*. L. : 15-25 cm. Corps aplati latéralement. **Habitat :** eaux côtières peu profondes, rochers, zone des algues, jusqu'à 30 m et plus, Manche et mer du Nord. Commun. **N.B.** 9-13 taches foncées le long de la dorsale.

**Blennie vivipare, Loquette** Zoarcidae *Zoarces viviparus*. L. : atteint 50 cm. Silhouette allongée. Coloration variable. **Habitat :** eaux côtières peu profondes, zone des algues et jusqu'à 40 m ; côtes rocheuses. Mer du Nord, Manche, Atlantique nord.

**Blennie pholis** Blenniidae *Blennius pholis*. L. : atteint 18 cm. **Habitat :** eaux côtières peu profondes, côtes rocheuses, mares ; parmi les algues. Mer du Nord, Manche, Atlantique. **N.B.** Dorsale épineuse, échancrée au milieu ; tête sans tentacules.

# Poissons

**Trigle, Grondin** Triglidae *Trigla* sp. L. : 15-75 cm selon l'espèce. Grosse tête cuirassée. **Habitat :** près des fonds mous du plateau continental et des eaux côtières jusqu'à 10-15 m. Atlantique et Méditerranée. **N.B.** Pectorales avec 3 rayons séparés, libres, en forme de doigts, qui servent à la marche et d'organes tactiles.

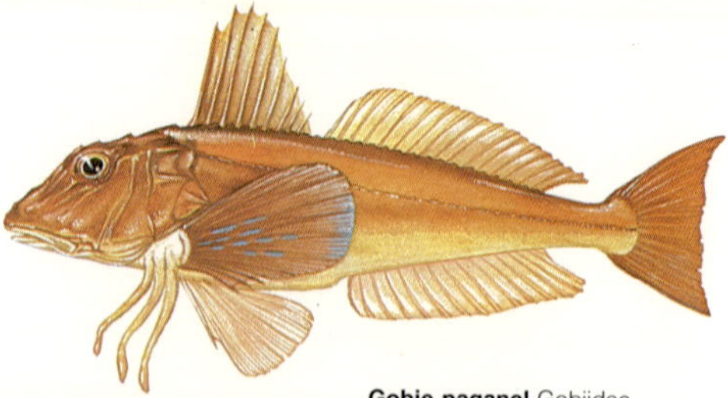

**Gobie paganel** Gobiidae *Gobius paganellus*. L. : atteint 15 cm. Silhouette massive, pédoncule caudal bref ; grosse tête, yeux haut placés. **Habitat :** eaux côtières peu profondes, zone des algues sur les côtes rocheuses. Atlantique et Méditerranée. **N.B.** Dorsales liserées de blanc.

**Souris de mer** Agonidae *Agonus cataphractus*. L. : atteint 20 cm. Tête et corps revêtus de plaques osseuses carénées, silhouette de têtard. **Habitat :** eaux côtières ; sur les fonds mous, jusqu'à 300 m. De la mer du Nord à l'Atlantique. **N.B.** Courts appendices sur la face inférieure de la tête.

**Lompe** Cyclopteridae *Cyclopterus lumpus*. L. : atteint 60 cm. Peau sans écailles. **Habitat :** eaux côtières peu profondes, zone intertidale, près du fond ou dessus ; les plus grands vivent jusqu'à 300 m. De la mer du Nord à l'Atlantique. **N.B.** Pelviennes transformées en ventouse : 2^e^ dorsale proche de la queue ; 1^re^ transformée en crête charnue ; épines sur les flancs.

**Petit liparis** Liparidae *Liparis montagui*. L. : atteint 12 cm. Silhouette de têtard ; peau molle, gluante, sans écailles. **Habitat :** eaux côtières peu profondes, zone des algues sur les côtes rocheuses. De la mer du Nord à l'Atlantique. **N.B.** Pectorales arrondies atteignant la gorge ; ventouse abdominale.

**Baudroie commune** Lophiidae *Lophius piscatorius*. L. : atteint 2 m. Grosse tête aplatie, grande bouche avec dents proéminentes. **Habitat :** eaux peu profondes et jusqu'à 500-1 000 m ; sur les fonds mous. De la mer du Nord à la Méditerranée. **N.B.** Peau nue, molle avec petits appendices.

**Plie, Carrelet** Pleuronectidae *Pleuronectes platessa.* L. : atteint 95 cm. Poisson plat ayant les yeux du côté droit. Se croise avec le flet. **Habitat :** eaux côtières peu profondes, sur fonds mixtes et sableux, de 10 à 120 m-350 m. De la mer du Nord à la Méditerranée. **N.B.** Série de 4-7 boutons osseux entre les yeux ; tachetée d'orange ; écailles lisses, petites.

**Limande** Pleuronectidae *Limanda limanda.* L. : atteint 40 cm. Yeux du côté droit. **Habitat :** eaux côtières, sur les fonds sableux, jusqu'à 150 m. De la mer du Nord à l'Atlantique. **N.B.** Ecailles rugueuses du côté droit ; ligne latérale arquée au-dessus de la pectorale.

**Flet** Pleuronectidae *Platichthys flesus.* L. : atteint 50 cm. Yeux généralement du côté droit. Hybrides : peau plus lisse, tachetée d'orange. **Habitat :** eaux côtières, sur les fonds sableux ou mixtes, de 5 à 25 m. De la mer du Nord à la Méditerranée. **N.B.** Tubercules osseux le long de la ligne latérale et à la base des nageoires dorsale et anale. Souvent dans les fleuves.

**Flétan** Pleuronectidae *Hippoglossus hippoglossus.* L. : atteint 3 à 4 m. Yeux du côté droit. Grande bouche, dents proéminentes. **Habitat :** eaux côtières ; fonds rocheux ou mixtes entre 50 et 200 m. Mer du Nord, Manche, Atlantique nord. **N.B.** Ligne latérale incurvée au-dessus de la pectorale.

**Sole** Soleidae *Solea solea.* L. : atteint 60 cm. Yeux du côté droit. **Habitat :** eaux côtières ; fonds sableux ou vaseux, de 10 à 60 m et plus. De la mer du Nord à la Méditerranée. **N.B.** Ligne latérale presque droite ; les deux pectorales sont bien développées.

**Turbot** Scophthalmidae *Scophthalmus maximus.* L. : atteint 1 m. Yeux du côté gauche, qui est sans écailles mais pourvu de tubercules osseux. **Habitat :** eaux côtières, fonds caillouteux ou sableux, de 20 à 70 m et plus. De la mer du Nord à la Méditerranée. **N.B.** Corps presque circulaire.

**Barbue** Scophthalmidae *Scophthalmus rhombus.* L. : atteint 70 cm. Yeux du côté gauche. **Habitat :** eaux côtières peu profondes sur fonds sableux et mixtes, de 5 à 50 m. De la mer du Nord à la Méditerranée. **N.B.** Peau dépourvue de tubercules mais couverte de petites écailles lisses.

**Targeur** Scophthalmidae *Zeugopterus punctatus.* L. : atteint 40 cm. Yeux du côté gauche. **Habitat :** eaux côtières peu profondes sur fonds rocheux, dans la zone des algues. Mer du Nord, Manche, Atlantique. **N.B.** Les écailles ont 5 pointes qui donnent un aspect de fourrure à l'ensemble du revêtement cutané.

**Phrynorhombe** Bothidae *Phrynorhombus norvegicus.* L. : atteint 12 cm. Yeux du côté gauche. **Habitat :** eaux côtières peu profondes, sur fonds rocheux dans la zone des algues ; jusqu'à 170 m. De la mer du Nord à l'Atlantique. **N.B.** Ecailles rugueuses du côté droit ; origine de la dorsale au-dessus de l'œil droit ; barres irrégulières fréquentes sur le flanc.

**Lamproie de rivière** Petromyzonidae *Lampetra fluviatilis.* L. : atteint 50 cm. N'est pas un poisson mais un agnathe. Ventouse buccale, pas de mâchoires ; 7 orifices branchiaux ; très visqueuse ; pas de nageoires paires ; unique narine sur la tête. Migratrice : vit en mer mais pond dans les eaux douces au printemps. **Habitat :** pleine mer, estuaires, lacs, fleuves. De la mer du Nord à la Méditerranée. **N.B.** Les larves restent 3 à 5 ans en eau douce puis se métamorphosent et vont en mer.

**Alose finte** Clupeidae *Alosa fallax.* L. : atteint 60 cm. Vit en mer mais pond en eau douce en mai-juin. **Habitat :** côtes, cours inférieur des fleuves, rivières, ruisseaux. De la mer du Nord à la Méditerranée. **N.B.** Les jeunes vont en mer à l'automne ou plus tard. Mâchoire supérieure échancrée ; moins de 70 écailles latérales (la grande alose, semblable, en a plus de 70).

**Saumon** Salmonidae *Salmo salar.* L. : atteint 1,50 m. **Habitat :** pleine mer et rivières, torrents à fond de gravier. Manque en Méditerranée. Migrateur **N.B.** 4 phases de développement : en eau douce les alevins deviennent des « parrs » à 18 mois (leurs flancs ont des bandes gris-bleu) ; à 3-4 ans ces marques disparaissent ; devenus des « smolts » ils vont en mer ; 1 à 4 ans après ils sont adultes et reviennent dans les fleuves où ils sont éclos.

**Truite arc-en-ciel** Salmonidae *Salmo gairdneri.* L. : atteint 1,20 m. Populations sauvages peu importantes ; surtout élevée en pisciculture. **Habitat :** cours d'eau rapides et propres, lacs. **N.B.** Dorsale et caudale tachetées ; irisations violettes sur une zone latérale ; la nageoire adipeuse (après la dorsale) n'est pas rouge.

**Truite de rivière** Salmonidae *Salmo trutta fario.* L. : atteint 1,20 m. Sous-espèce sédentaire passant toute sa vie en eau douce. **Habitat :** cours d'eau rapides et propres (surtout ruisseaux et torrents). Commune. **N.B.** Nageoire adipeuse souvent rouge ; liseré blanc autour des taches de couleur chez les adultes et les « parrs » ; de 14 à 19 écailles en rangée oblique vers l'avant entre la nageoire adipeuse et la ligne latérale.

## Poissons

**Truite de mer** Salmonidae *Salmo trutta trutta*. L. : atteint 1,40 m. Entre 1 et 5 ans, va en mer et y reste de 6 mois à 5 ans ; les adultes reviennent en eau douce à l'automne. **Habitat :** eaux côtières, lochs écossais, rivières à fond rocheux, estuaires ; jusqu'au nord de l'Espagne. **N.B.** Femelle gris acier, mâle brunâtre ; coloration des parrs et nombre d'écailles comme chez la sous-espèce de rivière.

**Omble** Salmonidae *Salvelinus alpinus*. L. : atteint 95 cm. Plusieurs sous-espèces. En octobre les mâles reproducteurs ont l'abdomen rouge. **Habitat :** lacs froids des Iles Britanniques et des Alpes. **N.B.** Bord antérieur des pelviennes blanc. Taches claires.

**Vendace** Coregonidae *Coregonus albula*. L. : atteint 25 cm, parfois plus (Europe orientale). Espèce grégaire vivant en surface. **Habitat :** lacs froids et profonds en Angleterre, Ecosse. **N.B.** Mâchoire inférieure saillante.

**Lavaret** Coregonidae *Coregonus lavaretus*. L. : 15-70 cm. Migre dans les rivières pour pondre. **Habitat :** lacs de Grande-Bretagne et des Alpes. **N.B.** Petite bouche sans dents.

**Ombre** Thymallidae *Thymallus thymallus*. L. : atteint 60 cm. Petite nageoire adipeuse. **Habitat :** rivières rapides aux eaux fraîches, oxygénées ; France (Centre, Est), Belgique, Suisse, Grande-Bretagne (sauf nord de l'Ecosse). Manque dans la péninsule Ibérique. **N.B.** Très grande dorsale à 17-24 rayons.

**Brochet** Esocidae *Esox lucius*. L. : atteint 1,50 m et plus. Museau pointu, aplati. **Habitat :** rivières lentes ou assez rapides, canaux, lacs, étangs. Manque dans la péninsule Ibérique mais introduit en Espagne. **N.B.** Sillons en avant des yeux ; dents tournées vers l'arrière, dorsale très postérieure, au-dessus de l'anale.

**Gardon commun** Cyprinidae *Rutilus rutilus.* L. : atteint 45 cm. **Habitat :** rivières lentes, canaux, lacs. Manque dans la péninsule Ibérique. **N.B.** Grandes écailles argentées ; iris rouge ; pectorales et pelviennes orangées ; origine de la dorsale au-dessus des pelviennes.

**Vandoise** Cyprinidae *Leuciscus leuciscus.* L. : atteint 30 cm et plus. Silhouette élancée ; bouche petite ; écailles argentées. **Habitat :** cours d'eau rapides. Manque dans la péninsule Ibérique. **N.B.** Bord postérieur de la nageoire anale concave.

**Chevaine** Cyprinidae *Leuciscus cephalus.* L. : atteint 60 cm. Vit en bancs près de la surface, sauf en hiver. **Habitat :** cours d'eau rapides, plus rarement dans les lacs. **N.B.** Grande bouche ; bord postérieur de la nageoire anale convexe.

**Ide mélanote** Cyprinidae *Leuciscus idus.* L. : atteint 60 cm. Poisson migrateur à dos voûté ; espèce d'Europe centrale et orientale introduite à l'Ouest. **Habitat :** cours d'eau et lacs, eaux saumâtres. **N.B.** Variété jaune ornementale.

**Vairon** Cyprinidae *Phoxinus phoxinus.* L. : atteint 12 cm. En juin-juillet les mâles reproducteurs ont le ventre rouge. **Habitat :** ruisseaux, rivières rapides à fond de gravier ; lacs. Manque dans le sud de la péninsule Ibérique. Très commun. **N.B.** Petit, mince ; souvent des rayures foncées.

**Rotengle** Cyprinidae *Scardinius erythrophthalmus.* L. : atteint 45 cm. **Habitat :** cours d'eau lents, lacs peu profonds, canaux. Manque dans la péninsule Ibérique. **N.B.** Grandes écailles argentées ; iris doré ; pectorales et pelviennes rouges ; origine de la dorsale postérieure à celle des pelviennes.

# Poissons

**Tanche** Cyprinidae *Tinca tinca*. L. : atteint 70 cm. Il existe une variété ornementale dorée. **Habitat :** rivières lentes, étangs et lacs riches en végétation, canaux, marais. **N.B.** Queue arrondie, à pédoncule épais ; une paire de barbillons.

**Goujon** Cyprinidae *Gobio gobio*. L. : atteint 20 cm. Tête allongée, en coin. **Habitat :** cours d'eau rapides à fond de gravier ; lacs clairs. Manque dans la péninsule Ibérique. **N.B.** Bouche avec 2 barbillons ; 38-44 écailles sur la ligne latérale.

**Barbeau** Cyprinidae *Barbus barbus*. L. : atteint 90 cm. Bouche entourée de 4 barbillons. **Habitat :** cours d'eau rapides riches en végétation et à fond de gravier. Manque : sud de la France et péninsule Ibérique. **N.B.** 55-65 écailles sur la ligne latérale.

**Ablette** Cyprinidae *Alburnus alburnus*. L. : atteint 20 cm. Poisson élancé. **Habitat :** rivières lentes, lacs propres. Manque dans la péninsule Ibérique. **N.B.** Grandes écailles argentées ; nageoire anale longue, concave, avec 16-20 rayons rameux.

**Brème bordelière** Cyprinidae *Blicca bjoerkna*. L. : atteint 35 cm. **Habitat :** cours d'eau lents, lacs chauds et riches en végétation. Manque dans le sud de la France, péninsule Ibérique. **N.B.** 44-48 écailles sur la ligne latérale ; longue anale à 21-23 rayons rameux.

**Brème** Cyprinidae *Abramis brama*. L. : atteint 80 cm. Corps haut, argenté ; nageoires foncées. **Habitat :** cours d'eau lents, canaux, lacs. Manque dans une grande partie de la France et de la péninsule Ibérique. **N.B.** 51-60 écailles sur la ligne latérale ; longue anale avec 24-30 rayons rameux.

# Poissons d'eau douce

**Bouvière** Cyprinidae *Rhodeus amarus*. L. : atteint 9 cm. En avril-mai la femelle acquiert un long organe de ponte, le mâle devient violacé avec le ventre et les nageoires rouges. **Habitat :** cours d'eau lents, étangs, lacs à fond sableux. Manque dans la péninsule Ibérique. **N.B.** La ligne latérale paraît incomplète ; rayure bleue sur les flancs.

**Carassin** Cyprinidae *Carassius carassius*. L. : atteint 50 cm. Pas de barbillons. Anale convexe. **Habitat :** rivières lentes envahies par la végétation, lacs, étangs marécageux. **N.B.** Dorsale à 15-19 rayons rameux ; 28-33 écailles sur la ligne latérale.

**Poisson rouge, Cyprin doré** Cyprinidae *Carassius auratus*. L. : atteint 45 cm. Coloration variable : crème, rouge et blanc, rouge, blanc et noir, etc. ; anale concave. Pas de barbillons. **Habitat :** cours d'eau lents, étangs riches en végétation, pièces d'eau. Introduit. **N.B.** 1er rayon de la dorsale fortement denté, cette nageoire est longue et concave.

**Carpe** Cyprinidae *Cyprinus carpio*. L. : atteint 1,40 m. Barbillons. Variétés partiellement nues (carpes-miroir). **Habitat :** étangs, lacs, cours d'eau lents à végétation riche. **N.B.** 17-22 rayons dorsaux rameux ; 35-40 écailles sur la ligne latérale.

**Loche franche** Cobitidae *Noemacheilus barbatulus*. L. : atteint 15 cm. Allongée, aplatie ventralement. 6 longs barbillons. **Habitat :** rivières, ruisseaux aux eaux claires à fond caillouteux. Manque dans le sud de la péninsule Ibérique. **N.B.** Brun fauve avec taches brunes irrégulières.

**Loche de rivière** Cobitidae *Cobitis taenia*. L. : atteint 12 cm. Allongée, aplatie latéralement. Epine rétractable dans un sillon au-dessous de l'œil. **Habitat :** cours d'eau propres, rapides ; lacs. Manque au Portugal. **N.B.** 6 barbillons courts. Jaunâtre avec taches foncées sur les flancs.

**Silure glane** Siluridae *Silurus glanis*. L. : 3 à 5 m. Tête aplatie. Espèce d'Europe centrale et orientale, aussi Pays-Bas et à partir du Rhin vers l'est. **Habitat :** lacs, grands cours d'eau. **N.B.** 2 longs barbillons sur la mâchoire supérieure, 4 plus courts sur l'inférieure ; dorsale minuscule ; longue anale.

**Anguille** Anguillidae *Anguilla anguilla*. L. : atteint 1,50 m. Très allongée, cylindrique, sans pelviennes. **Habitat :** eaux douces (lacs, étangs, rivières) et Atlantique. Au printemps ou en hiver les jeunes remontent les fleuves ; ils sont jaunes jusqu'à la maturité sexuelle (4, 10, 20 ans selon les individus) ; les adultes (flancs argentés, gros yeux) gagnent la mer pour se reproduire. **N.B.** Migratrice.

**Lotte** Gadidae *Lota lota*. L. : atteint 1 m. Allongée ; tête plate. Un seul barbillon mentonnier, 2 barbillons plus courts sur les narines. **Habitat :** lacs, cours d'eau, estuaires. Manque dans la péninsule Ibérique. **N.B.** Anale et dorsale postérieure très longues.

**Epinoche** Gasterosteidae *Gasterosteus aculeatus*. L. : atteint 11 cm. En mai-juin les mâles reproducteurs ont la gorge et le ventre rouges, des yeux bleu pâle, très gros. **Habitat :** cours d'eau, fossés, étangs, estuaires. **N.B.** 3 piquants dorsaux avant la nageoire ; long pédoncule caudal.

**Epinochette** Gasterosteidae *Pungitius pungitius*. L. : atteint 7 cm. **Habitat :** étangs, fossés, rivières, eaux saumâtres des estuaires. Manque dans la péninsule Ibérique. **N.B.** de 7 à 12 piquants dorsaux avant la nageoire (en général 9).

**Perche** Percidae *Perca fluviatilis*. L. : atteint 50 cm. **Habitat :** cours d'eau assez rapides, lacs, étangs. **N.B.** Silhouette bossue ; souvent très nettement rayée transversalement ; pelviennes rouges. Dorsale antérieure épineuse, séparée de la postérieure.

**Sandre** Percidae *Stizostedion lucioperca*. L. : atteint 1,20 m. **Habitat :** lacs, cours d'eau assez lents. Manque dans une grande partie de la France et de la péninsule Ibérique. **N.B.** 1re dorsale épineuse, séparée de la seconde. Grandes dents pointues.

**Grémille, Gouine** Percidae *Gymnocephalus cernua*. L. : atteint 25 cm. **Habitat :** cours d'eau lents, canaux, lacs. Manque dans la péninsule Ibérique. **N.B.** 1re dorsale épineuse, contiguë à la postérieure.

**Chabot** Cottidae *Cottus gobio*. L. : atteint 18 cm. Grosse tête. **Habitat :** torrents, ruisseaux à fond pierreux, lacs ; eaux claires. Manque dans la péninsule Ibérique. **N.B.** Deux dorsales.

# Amphibiens et reptiles

L'activité de ces animaux « à sang froid » (poïkilothermes) dépend de la température ambiante, c'est pourquoi ils vivent au ralenti, en hiver, et se montrent rarement. Leur croissance et le succès de leur reproduction sont également liés à la température et cela explique leur abondance et leur plus grande diversité dans les régions chaudes de l'Europe. Les espèces illustrées vivent jusque dans le nord du continent mais il y en a bien davantage dans le sud.

## Amphibiens

Les amphibiens ont une peau molle, humide, offrant une protection réduite contre les pertes d'eau, aussi évitent-ils les lieux secs. Comme ils ont également besoin d'eau pour pondre, on les observe rarement loin des étangs, mares et rivières. Leur peau renferme des cellules sécrétant un venin qu'ils ne peuvent inoculer mais qui les protège dans une certaine mesure contre certains prédateurs. Normalement, ce poison est sans danger pour l'homme.

On distingue aisément grenouilles, crapauds, salamandres et tritons, mais leurs larves aquatiques (têtards) se ressemblent souvent beaucoup. En dehors de la saison de reproduction pendant laquelle les mâles acquièrent de vives couleurs, il est difficile de reconnaître le sexe des tritons. Les amphibiens sont silencieux, à l'exception des mâles de grenouilles et de certains crapauds dont la voix est très forte.

## Reptiles

Les reptiles (lézards et serpents) ont une peau écailleuse et sèche muée plus ou moins régulièrement. La majorité pond des œufs, mais plusieurs espèces européennes sont vivipares et mettent au monde des petits, adaptation qui leur a permis de coloniser les montagnes où il fait plus froid et de s'avancer plus loin que les autres en direction du nord.

A l'instar des amphibiens adultes, les reptiles sont carnivores et avalent leurs proies sans les dépecer. Seules les vipères (5 en Europe occidentale) peuvent injecter leur venin, mais leur morsure n'est pas toujours mortelle pour l'homme. L'identification des reptiles serait facile si l'on pouvait les regarder assez longtemps pour noter leur forme et leur coloration mais, le plus souvent, ils se soustraient rapidement aux regards. A distance, l'orvet peut être confondu avec un serpent alors qu'il s'agit d'un lézard sans pattes, absolument inoffensif. Comme les autres lézards, il perd sa queue si on le manipule brusquement, mais elle repousse ensuite. A la différence des serpents, l'orvet a des paupières.

**A droite : couleuvre à collier protégeant sa ponte. Ce serpent mange des grenouilles et d'autres petits animaux. Il fréquente les endroits humides et pond ses œufs en un lieu chaud, plus ou moins sec.**

**Femelle de triton crêté, pondant sur une plante aquatique. Les têtards ressemblent fortement à ceux des grenouilles et des crapauds.**

**Triton lobé** Salamandridae *Triturus vulgaris.* L. : atteint 11 cm (avec la queue). En dehors de la période de reproduction, les mâles ressemblent aux femelles. **Habitat :** mares, étangs envahis par la végétation, en plaine. Manque dans la péninsule Ibérique, le sud de l'Italie et de la France ; jusqu'à 2 000 m localement. Commun. **N.B.** Hiberne d'octobre à mars.

**Triton crêté** Salamandridae *Triturus cristatus.* L. : atteint 18 cm. Peau verruqueuse. Longue crête dorsale dentelée à la saison de reproduction (mâle seulement). Le plus grand triton européen. **Habitat :** étangs, cours d'eau lents ; jusqu'à 2 000 m. Manque dans la péninsule Ibérique, en Irlande, Corse, Sicile, Sardaigne. **N.B.** Hiberne de septembre à mars.

**Triton palmé** Salamandridae *Triturus helveticus.* L. : atteint 9 cm. **Habitat :** mares, étangs, cours d'eau lents ; en plaine et jusqu'à 2 000 m. Manque en Irlande et dans presque toute l'Italie et le sud de la péninsule Ibérique. **N.B.** Gorge non tachetée. Pattes palmées durant la saison de reproduction.

**Salamandre tachetée** Salamandridae *Salamandra salamandra.* L. : 20 à 28 cm. Se déplace lentement. Peau nue, humide, sans écailles, noire avec des taches jaune doré. **Habitat :** bois humides, fossés, à proximité de l'eau. Manque en Grande-Bretagne. **N.B.** Peut être entièrement jaune.

**Crapaud commun** Bufonidae *Bufo bufo.* L. : atteint 15 cm (femelle plus grosse que le mâle). Peau sèche, verruqueuse. Grosses glandes à venin derrière les yeux. **Habitat :** mares, cours d'eau lents, jardins, parcs ; lieux secs ou non. Manque en Irlande, Corse, Sardaigne. **N.B.** Hiberne de mi-octobre à mi-mars. Inoffensif.

**Crapaud calamite** Bufonidae *Bufo calamita*. L. : atteint 10 cm. Rayure jaune sur le dos ; peau verruqueuse ; pattes courtes. **Habitat :** mares en terrain sablonneux ; dunes humides au bord de la mer ; jusqu'à 2 000 m. Manque en Irlande et dans presque toute l'Italie. **N.B.** Hiberne d'octobre à février.

**Crapaud vert** Bufonidae *Bufo viridis*. L. : 10 cm. Semblable au crapaud calamite mais généralement sans raie dorsale grisâtre ou crème ; grandes marques vertes. **Habitat :** prairies sèches, jardins, terres cultivées en plaine. Manque en Grande-Bretagne et dans presque toute la France. **N.B.** Mâle plus petit que la femelle.

**Pélobate brun** Pelobatidae *Pelobates fuscus*. L. : atteint 8 cm. Coloration très variable ; peau lisse ; pupille verticale. **Habitat :** terrains sablonneux, jardins, champs en Europe centrale et orientale. Manque en Grande-Bretagne, dans la péninsule Ibérique, en Corse, dans le sud de l'Italie. **N.B.** Pattes postérieures pourvues d'une petite lame cornée.

**Sonneur à ventre jaune** Discoglossidae *Bombina variegata*. L. : atteint 5 cm. Corps aplati, très verruqueux ; ventre orange vif ainsi que les cuisses et les jambes ; pupille en forme de cœur. **Habitat :** généralement dans l'eau au bord des étangs, flaques, mares, dans le sud et le centre de l'Europe. Manque dans la péninsule Ibérique, en Grande-Bretagne, en Corse. **N.B.** Nocturne.

**Grenouille rieuse** Ranidae *Rana ridibunda*. L. : atteint 15 cm. Voix très forte à la saison de reproduction. Pas de tache noire derrière l'œil. **Habitat :** étangs, lacs, cours d'eau et leur voisinage. Manque en Belgique, en Grande-Bretagne (sauf en un point), en Corse, et dans presque toute l'Italie. La grenouille verte *(R. esculenta)*, qui lui ressemble, est plus aquatique et très commune (mares, étangs).

# Amphibiens et reptiles

**Grenouille rousse** Ranidae *Rana temporaria*. L. : atteint 10 cm. Commune. Peau lisse ; tache foncée en arrière de l'œil ; coloration très variable. **Habitat :** marais, parcs, jardins, fossés, en plaine et jusqu'à 2 500 m. Manque dans le sud de la péninsule Ibérique, de l'Italie et en Corse. **N.B.** Hiberne de mi-octobre à fin février.

**Grenouille des champs** *Rana arvalis*. L. : 7 cm. Très semblable à la précédente, mais pattes postérieures plus courtes, museau plus pointu. **Habitat :** prairies humides, étangs, marais de plaine dans le nord-est de l'Europe. Manque dans presque toute la France.

**Rainette verte** Hylidae *Hyla arborea*. L. : atteint 5 cm. Peau brillante, vert clair ; souvent une ligne noire sur les flancs, ventouses au bout des doigts. **Habitat :** bois humides, buissons près de l'eau, bords des étangs, prairies, marais dans une grande partie de l'Europe ; introduite en Grande-Bretagne. **N.B.** Grimpe haut sur les arbres. Voix du mâle forte à la saison de reproduction. Nocturne.

**Lézard vivipare** Lacertidae *Lacerta vivipara*. L. : atteint 16 cm. Ventre orange chez le mâle, jaune chez la femelle. **Habitat :** landes, prairies, allées forestières, jardins, haies, dunes, rochers. Manque dans presque toute la péninsule Ibérique et le sud de l'Italie. Commun. **N.B.** Hiberne de mi-octobre à fin février.

**Lézard agile** Lacertidae *Lacerta agilis*. L. : atteint 20 cm. Grosse tête ; mâle très vert. **Habitat :** landes sèches, sablonneuses, vignobles, talus, haies, prairies, lisières. Manque en Italie, au Portugal et dans presque toute l'Espagne. **N.B.** Hiberne d'octobre à fin mars.

**Orvet** Anguidae *Anguis fragilis*. L. : atteint 50 cm. Ce n'est pas un serpent, malgré l'absence de pattes. Absolument inoffensif ; paupières présentes ; queue fragile ; brun bronzé métallique. Habitat : prairies, broussailles, landes, haies, parcs, jardins ; dépasse 2 000 m. Manque en Irlande, en Corse, en Sardaigne. **N.B.** Hiberne de mi-octobre à mars-mai.

**Couleuvre à collier**
Colubridae *Natrix natrix.* Nage bien. L : atteint (rarement) 2 m. Collier jaune, blanc ou orangé. **Habitat :** prairies, bois de feuillus, étangs, fossés, ruisseaux. Manque en Irlande et en Ecosse ; jusqu'à 2 300 m. Commune. **N.B.** Hiberne d'octobre à mars.

**Couleuvre lisse, Coronelle**
Colubridae *Coronella austriaca.* L. : atteint 60-80 cm. **Habitat :** landes, lieux secs et chauds, talus, broussailles. **N.B.** Hiberne du début d'octobre à fin mars.

**Vipère péliade** Viperidae *Vipera berus.* L. : atteint 80 cm. Dessin noir en zigzag sur le dos ; coloration variant du noir au brun cuivré. **Habitat :** landes, forêts claires ; jusqu'à 3 000 m. Manque dans le sud de l'Italie, de la France et dans presque toute la péninsule Ibérique. **N.B.** Hiberne du début d'octobre à fin février-mars.

# Oiseaux

Environ 450 espèces d'oiseaux se montrent régulièrement en Europe occidentale mais le nombre des espèces nicheuses varie selon les pays (190 en Suisse, 180 en Grande-Bretagne, environ 265 en France, etc.). En dehors des sédentaires, présents tout au long de l'année, il existe des migrateurs qui, après avoir niché au printemps, vont passer la mauvaise saison dans la région méditerranéenne ou en Afrique tropicale. En hiver, de très nombreux oiseaux venus du nord et de l'est séjournent en Europe occidentale où les conditions climatiques sont plus favorables, puis repartent dans leur pays d'origine à l'approche du printemps. Les régions les plus méridionales et les plus occidentales représentent donc les quartiers d'hiver des passereaux, petits et grands échassiers, oies et canards.

L'identification des oiseaux paraît difficile, mais avec de la pratique et l'emploi de jumelles on distinguera les espèces les plus communes en tenant compte de plusieurs éléments (taille, coloration, silhouette, voix, habitat, comportement et saison).

**Description**

Les illustrations des pages suivantes montrent l'aspect de chaque espèce, les commentaires attirent l'attention sur quelques caractères essentiels reconnaissables dans la nature, par exemple la présence de taches blanches sur les ailes. Chez de nombreuses espèces, les femelles ont une livrée plus terne que celle des mâles et, pour certaines (canards par exemple), la différence est considérable. Toutefois, en été, les canards mâles revêtent durant quelques semaines un plumage d'éclipse semblable à celui des femelles. Les goélands, sternes, fous et cygnes adultes ont un plumage blanc ou très clair, celui des jeunes étant plus brun. Enfin, quelques oiseaux changent de couleur selon la saison.

**Chouette hulotte, oiseau remarquablement adapté à la vie nocturne et à la chasse. Son ouïe très fine, ses gros yeux et son plumage moelleux lui permettent de repérer et d'approcher ses victimes sans qu'elles s'en aperçoivent.**

**Habitat**

Si certains oiseaux sont étroitement associés à un habitat particulier, beaucoup fréquentent des milieux variés, car la faculté de voler les rend plus mobiles que la plupart des autres animaux. Ainsi beaucoup de petits échassiers nichent dans la toundra arctique mais passent l'hiver sur les vasières littorales. Nombreuses sont les espèces qui deviennent grégaires à la mauvaise saison (mésanges, alouettes, pinsons, canards, etc.) alors qu'elles se reproduisent par couples isolés au printemps. En forêt, les oiseaux occupent les différents niveaux

## Caractères utiles pour l'identification

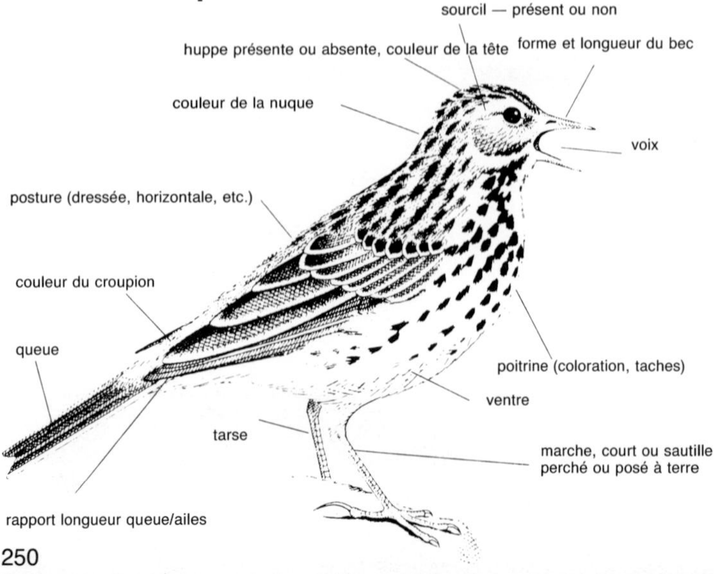

# Oiseaux

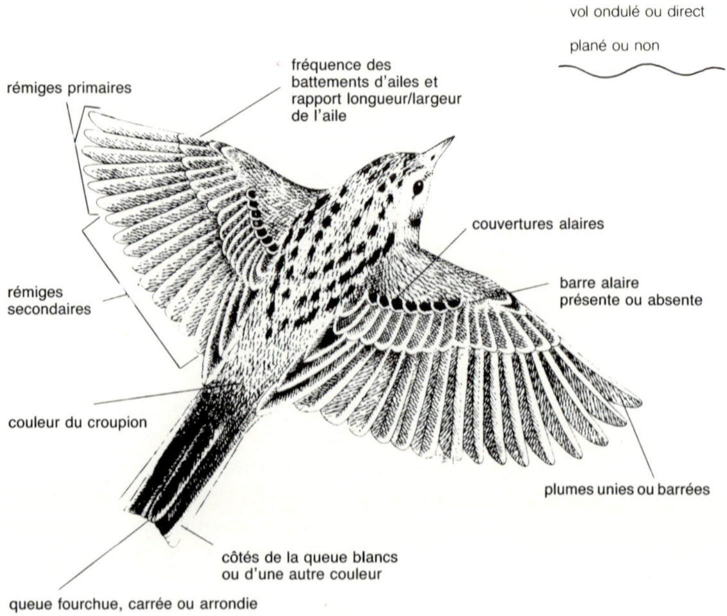

**Le Grèbe huppé est l'un des oiseaux dont les effectifs ont augmenté au cours des dernières décennies. Jadis tué pour son plumage, il profite de la multiplication des plans d'eau artificiels (réservoirs, gravières).**

de la végétation (pigeons dans les cimes, pics sur les troncs, faisan à terre) ; de même, certains canards (ex. milouin, morillon) préfèrent les eaux libres au milieu des étangs et lacs tandis que d'autres (sarcelle d'hiver, souchet) aiment se cacher dans la végétation riveraine.

**Statut**

Certains oiseaux sont « communs », d'autres « rares » ; cela signifie que les premiers sont visibles sans recherches approfondies alors que les autres fréquentent un habitat très particulier ou ont des effectifs très réduits. Toutefois, une espèce peut être abondante dans l'habitat qui lui convient et exceptionnelle ailleurs (ainsi la foulque noire, commune sur les étangs et les lacs, est rare au bord de la mer).

**Distribution**

En général, celle qui est indiquée vaut pour l'Europe occidentale et la saison de nidification (printemps), mais après celle-ci un oiseau migrateur pourra être observé un peu partout dans l'habitat qui lui convient (ex. mouette rieuse, héron cendré). Les espèces qui, sauf exceptions, se montrent seulement durant quelques semaines aux périodes de migration printanière et automnale sont des oiseaux de passage (ex. grue cendrée, chevalier arlequin).

**Taille**

Il est souvent difficile de l'estimer, surtout à distance, quand on observe avec des jumelles. Pour l'évaluer, il est recommandé de comparer l'oiseau inconnu à une espèce connue (moineau, corneille) ou à un élément du paysage (feuille, coquillage, pilier...). Les dimensions citées correspondent à la longueur d'un oiseau étendu sur le dos (de l'extrémité du bec à celle de la queue). C'est évidemment de près que l'on aura le plus de chances d'apprécier les dimensions réelles des oiseaux.

**Voix**

La description des chants et des cris est difficile mais la voix est l'un des critères essentiels pour l'identification de nombreuses espèces. Pour bien la connaître, il faut s'efforcer de voir l'oiseau qui chante ou crie, et l'identifier correctement, après quoi il sera facile de déceler sa présence sans le voir.

**Comportement**

L'attitude, la façon de se déplacer à terre, dans l'espace ou sur l'eau sont des détails utiles pour l'identification, plus facilement repérables que les couleurs. Ils permettent la distinction des espèces qui se ressemblent beaucoup par la silhouette et la coloration.

**De nombreux oiseaux sont visibles durant une courte période en Europe occidentale car ils sont migrateurs. Après avoir niché en Sibérie, les cygnes de Bewick (ci-dessus) vont passer l'hiver en Grande-Bretagne et ne se montrent en France que s'il y a une vague de froid.**

**Plongeon arctique** Gaviidae *Gavia arctica*. L. : 56-58 cm. Bec plus mince que celui du plongeon imbrin. **Habitat :** en hiver, sur les côtes, grands lacs. Rare. Niche dans le nord de l'Europe.

**Plongeon imbrin** Gaviidae *Gavia immer*. L. : 68-81 cm. Vol puissant mais décollage difficile. **Habitat :** Islande, parfois lacs écossais. Hiverne sur les côtes d'Europe occidentale. **N.B.** Rare.

**Plongeon catmarin** Gaviidae *Gavia stellata*. L. : 53-58 cm. Bec mince, retroussé ; en été, paraît plus clair que les autres plongeons. **Habitat :** lacs, étangs écossais et scandinaves. Hiverne sur les côtes d'Europe occidentale. **N.B.** Rare.

◄ **Grèbe huppé** Podicipedidae *Podiceps cristatus*. L. : 48 cm. Taches alaires blanches très visibles en vol. **Habitat :** lacs, étangs, réservoirs ; en hiver, estuaires, côtes abritées et lagunes ; Europe occidentale et méridionale. **N.B.** Huppe ▼ réduite en hiver.

**Grèbe jougris** Podicipedidae *Podiceps grisegena*. L. : 43 cm. **Habitat :** niche en Europe centrale et orientale ; en hiver, côtes abritées, parfois lacs, réservoirs. Rare. **N.B.** En hiver, diffère du grèbe huppé par le cou plus foncé et le bec jaune à bout noir. Vol semblable. ►

▲
**Grèbe esclavon**
Podicipedidae *Podiceps auritus*. L. : 33 cm. **Habitat :** nicheur en Scandinavie, Islande, Europe orientale ; en hiver : côtes, estuaires d'Europe occidentale. **N.B.** En hiver, diffère du grèbe à cou noir par ses joues blanches et son bec droit.

▲
**Grèbe à cou noir**
Podicipedidae *Podiceps nigricollis*. L. : 30 cm. En vol, marques alaires blanches plus longues que chez le grèbe esclavon ; bout des ailes foncé ; bec un peu retroussé. **Habitat :** niche sur les étangs et les lacs à végétation riche ; hiverne sur les lacs, côtes. Localisé. **N.B.** Plumage hivernal comme celui des autres grèbes.

◄ **Grèbe castagneux**
Podicipedidae *Tachybaptus ruficollis*. L. : 27 cm. Trapu. Pas de marques alaires ; joues rousses en été. **Habitat :** niche sur les lacs, étangs, réservoirs, rivières lentes. Commun. **N.B.** Plonge très souvent.

**Fou de Bassan** Sulidae *Sula bassana.* L. : 90 cm. Longues ailes à bout noir. Plonge de haut pour pêcher. **Habitat :** îlots, parfois falaises (Ecosse). Niche en Grande-Bretagne et en Bretagne. Se montre en Méditerranée. **N.B.** Immatures brun-noir taché de blanc.

immature

adulte

▲ **Puffin des Anglais** Procellariidae *Puffinus puffinus.* L. : 35 cm. Nocturne en saison de reproduction ; passe le jour dans un terrier ou en mer pour pêcher. **Habitat :** eaux côtières, îlots, falaises. Niche en Grande-Bretagne, en France, en Espagne, en Italie. Très localisé. **N.B.** Corps svelte, ailes longues.

◀ **Grand Cormoran** Phalacrocoracidae *Phalacrocorax phalacrocorax.* L. : 90 cm. Au printemps, tache blanche sur les cuisses, gorge blanche. **Habitat :** eaux côtières, estuaires ; lacs, réservoirs, bords des fleuves (surtout en hiver). Niche en Grande-Bretagne, aux Pays-Bas, en France, en Italie. **N.B.** Vol rapide mais lourd ; battements d'ailes précipités.

**Cormoran huppé** Phalacrocoracidae *Phalacrocorax aristotelis.* L. : 76 cm. Huppe au printemps ; pas de blanc à la gorge ; reflets vert bouteille visibles au soleil. **Habitat :** voisinage des côtes et îles rocheuses. Niche en Grande-Bretagne, en France, en Espagne, au Portugal, en Italie. **N.B.** Battements d'ailes plus rapides, cou et tête plus fins que chez le grand cormoran.

**Héron cendré** Ardeidae
*Ardea cinerea*. L. : 90 cm. En vol, long cou replié ; pattes tendues en arrière. **Habitat :** estuaires, côtes, marais, étangs, lacs, rivières, prairies humides, champs. **N.B.** Niche en colonies dans des arbres.

**Butor étoilé** Ardeidae
*Botaurus stellaris*. L. : 76 cm. En vol, cou replié, pattes étendues. **Habitat :** roselières au bord des étangs. Sédentaire ; se montre rarement. **N.B.** Au printemps, le mâle lance des cris graves, sonores.

**Héron pourpré** Ardeidae
*Ardea purpurea*. L. : 78 cm. Migrateur. Localisé. **Habitat :** roselières des étangs, marais. Manque en Grande-Bretagne, en Belgique et au Luxembourg. **N.B.** Très craintif.

**Oie à front blanc** Anatidae *Anser albifrons*. L. : 66-76 cm. **Habitat :** en hiver, prairies, prés salés. Niche en U.R.S.S. L'hiver, présente en Grande-Bretagne, aux Pays-Bas, en Belgique, en Italie. **N.B.** Immatures : pas de barres abdominales ; pas de blanc à la base du bec.

**Oie cendrée** Anatidae *Anser anser*. L. : 76-89 cm. Ressemble aux autres oies grises mais bec et pattes orange. **Habitat :** niche sur les marais, lacs (Belgique, Grande-Bretagne). En hiver, prairies, champs, estuaires. Lieux de stationnement très dispersés en Europe occidentale.

**Spatule blanche** Threskiornithidae *Platalea leucorodia*. L. : 86 cm. Couleur blanche et forme du bec caractéristiques. **Habitat :** marais côtiers, lagunes, estuaires. Niche aux Pays-Bas, en Espagne ; ailleurs de passage ou séjourne en été. **N.B.** Immature : bout des ailes noir.

**Cigogne blanche** Ciconiidae *Ciconia ciconia*. L. : 1 m. **Habitat :** prairies, marais, champs. Niche en Alsace, en Suisse, aux Pays-Bas, en Espagne, au Portugal. Niche sur des toits, cheminées, parfois un arbre. **N.B.** Migratrice (sauf oiseaux élevés en semi-captivité). Très rare.

**Bernache nonnette** Anatidae *Branta leucopsis*. L. : 58-69 cm. Reconnaissable à ses joues blanches ; plumage contrasté. **Habitat :** champs, prairies proches des côtes. En hiver : seulement Grande-Bretagne et Pays-Bas ; ailleurs, en très petit nombre.

**Bernache cravant** Anatidae *Branta bernicla*. L. : 56-61 cm. Cou et tête noirs sauf tache blanchâtre au cou. **Habitat :** vasières, marais salés. En hiver seulement : côtes de la mer du Nord, de la Manche et de l'Atlantique.

**Bernache du Canada** Anatidae *Branta canadensis*. L. : 92-102 cm. Plus brune que les autres bernaches. **Habitat :** lacs, marais, prairies proches de l'eau. Introduite en Grande-Bretagne où elle niche. Très rare ailleurs.

**Cygne de Bewick** Anatidae *Cygnus columbianus*. L. : 112 cm. Zone jaune du bec plus petite que celle du cygne sauvage. **Habitat :** lacs, fleuves, prairies inondées, côtes abritées. En hiver, Grande-Bretagne et Pays-Bas ; ailleurs surtout par grand froid. Rare. **N.B.** En vol, cri puissant.

**Cygne sauvage, Cygne chanteur** Anatidae *Cygnus cygnus*. L. : 152 cm. Grande zone jaune sur le bec. Cou droit. **Habitat :** lacs, marais, réservoirs, estuaires, côtes abritées. En hiver : Grande-Bretagne, Pays-Bas, Belgique, France, Suisse. **N.B.** Cri semblable à un coup de trompette. Bruyant.

**Cygne muet, Cygne tuberculé** Anatidae *Cygnus olor*. L. : 152 cm. Bec orange avec tubercule noir. **Habitat :** lacs, fleuves, étangs, estuaires, côtes abritées ; petites populations sédentaires ; d'autres migrent plus ou moins. **N.B.** Vol bruyant.

**Oie des moissons** Anatidae *Anser fabalis*. L. : 71-89 cm. Plus brune que les autres oies grises ; pattes orange. **Habitat :** marais, prairies humides ; seulement en hiver (niche en Scandinavie, en U.R.S.S.).

**Oie à bec court** Anatidae *Anser brachyrhynchus*. L. : 61-76 cm. Diffère de l'oie des moissons par le dessus gris-bleu, clair ; pattes roses. Tête plus foncée que le corps. **Habitat :** champs, marais. Niche en Islande ; en hiver : Grande-Bretagne, Pays-Bas, Belgique, parfois en France.

**Canard colvert** Anatidae *Anas platyrhynchos*. L. : 58 cm. « Miroir » bleu-violet, bordé de blanc, visible en vol. Le mâle en plumage d'éclipse ressemble à la femelle. **Habitat :** lacs, étangs, rivières, marais. Commun. Niche et hiverne. **N.B.** Canard de surface : plonge seulement l'avant du corps pour se nourrir.

**Canard chipeau** Anatidae *Anas strepera*. L. : 51 cm. Dessous de la queue noir ; miroir blanc et noir. **Habitat :** lacs, étangs, rivières, marais. Niche et hiverne. **N.B.** Plumage terne. Canard de surface.

**Canard pilet** Anatidae *Anas acuta*. L. : 66 cm (mâle). Miroir vert et blanc (mâle), brun (femelle) ; longue queue et grand cou mince bien visibles en vol. **Habitat :** lacs, étangs, côtes, estuaires. Niche en Grande-Bretagne ; ailleurs : seulement en hiver. **N.B.** Canard de surface.

**Eider** Anatidae *Somateria mollissima*. L. : 58 cm. **Habitat :** eaux côtières et voisinage des îles. Niche en Grande-Bretagne, aux Pays-Bas ; ailleurs seulement en hiver. **N.B.** Canard plongeur.

**Harle huppé** Anatidae *Mergus serrator*. L. : 58 cm. En vol, grandes marques alaires blanches. **Habitat :** niche sur les lacs et cours d'eau en Ecosse, en Irlande ; ailleurs, seulement en hiver (côtes abritées, lacs, réservoirs).

**Harle bièvre** Anatidae *Mergus merganser*. L. : 66 cm. En vol et sur l'eau, paraît très blanc. **Habitat :** lacs, réservoirs, fleuves. Niche en Grande-Bretagne, Suisse, France ; ailleurs, en hiver seulement. **N.B.** Se nourrit en plongeant.

**Harle piette** Anatidae *Mergus albellus*. L. : 41 cm. La femelle diffère des grèbes par sa gorge et ses joues blanches. **Habitat :** lacs, réservoirs, fleuves ; seulement en hiver. **N.B.** Canard plongeur.

**Tadorne de Belon** Anatidae *Tadorna tadorna*. L. : 61 cm. Mâle reconnaissable à la bosse située à la base du bec. **Habitat :** côtes de sable, vasières, estuaires, dunes. Nicheur : Grande-Bretagne, Pays-Bas, Belgique, France, Italie. **N.B.** Mue estivale en R.F.A. (mer du Nord).

**Sarcelle d'hiver** Anatidae *Anas crecca*. L. : 35 cm. Tache jaune sur la cuisse, très visible chez le mâle. En automne, mâle semblable à la femelle ; tous deux ont un miroir vert. **Habitat :** petits étangs, rivières rapides (ou lentes), tourbières, landes avec plans d'eau. En hiver, sur les lacs, réservoirs. Nicheuse ; manque en péninsule Ibérique. **N.B.** Canard de surface.

♂

♀

♀ ♂

**Sarcelle d'été** Anatidae *Anas querquedula*. L. : 38 cm. Mâle et femelle ont le devant de l'aile gris-bleu et un miroir vert. **Habitat :** lacs peu profonds, marais, étangs, réservoirs. Migratrice. **N.B.** Canard de surface.

♀

♂

**Canard siffleur** Anatidae *Anas penelope*. L. : 46 cm. Ailes avec marques blanches et miroir vert ; vient souvent à terre brouter l'herbe. **Habitat :** lacs, lagunes, estuaires, golfes. Niche seulement en Ecosse ; ailleurs, en hiver. **N.B.** Canard de surface.

♀ ♂

**Fuligule milouinan** Anatidae *Aythya marila*. L. : 48 cm. **Habitat :** côtes et estuaires ; seulement en hiver sauf en Ecosse où il niche parfois sur les lochs. Peu fréquent. **N.B.** Canard plongeur.

♀ ♂

**Fuligule morillon** Anatidae *Aythya fuligula*. L. : 43 cm. Le mâle diffère du milouinan par son dos noir et sa huppe, la femelle par sa petite tache faciale blanche. **Habitat :** lacs, étangs, cours d'eau lents. Niche en Grande-Bretagne, aux Pays-Bas, en Belgique, France, Suisse ; hiverne sur les plans d'eau. Commun. **N.B.** Canard plongeur.

**Canard souchet** Anatidae *Anas clypeata*. L. : 51 cm. En vol, les deux sexes ont l'avant de l'aile gris et un miroir vert ; gros bec. **Habitat :** étangs et lacs bordés de roseaux et autres végétaux, rivières, marais, prairies humides. Partiellement migrateur. **N.B.** Canard de surface.

**Fuligule milouin** Anatidae *Aythya ferina*. L. : 46 cm. En plumage d'éclipse le mâle ressemble à la femelle mais a le dos plus foncé. **Habitat :** lacs, étangs avec végétation riveraine, réservoirs, rivières, lagunes côtières. Nicheur ; manque en Italie. Commun en hiver. **N.B.** Canard plongeur.

**Garrot à œil d'or** Anatidae *Bucephala clangula*. L. : 46 cm. En vol, grandes marques blanches sur les ailes ; plumage d'éclipse du mâle semblable à celui de la femelle. **Habitat :** niche parfois en Ecosse ; en hiver seulement : côtes, lacs, réservoirs, estuaires. **N.B.** Canard plongeur.

**Macreuse noire** Anatidae *Melanitta nigra*. L. : 48 cm. **Habitat :** niche en Ecosse, Irlande ; ailleurs, en hiver seulement sur les côtes de l'Ouest ; parfois sur les réservoirs. Commune. **N.B.** Canard plongeur, canard marin.

**Harelde de Miquelon** Anatidae *Clangula hyemalis*. L. : 53 cm. Corps blanc, ailes noires caractéristiques. **Habitat :** eaux côtières ; en hiver seulement. Rare. **N.B.** Canard plongeur.

**Outarde canepetière** Otididae *Otis tetrax*. L. : 43 cm. **Habitat :** plaines cultivées, aérodromes. Niche en France — Champagne, Beauce, Poitou —, Italie (sud), dans la Péninsule Ibérique. **N.B.** Sociable en hiver. Migratrice partielle.

**Râle d'eau, Râle aquatique** Rallidae *Rallus aquaticus*. L. : 28 cm. Long bec rouge, flancs barrés ; en vol, pattes pendantes. **Habitat :** marais, étangs bordés de végétation, fossés, rivières. Commun mais peu visible. **N.B.** Furtif. Voix variée : grognements, cris aigus, souvent la nuit.

**Poule d'eau** Rallidae *Gallinula chloropus*. L. : 33 cm. Hoche la tête en nageant ; mouvements nerveux de la queue. **Habitat :** étangs, mares, lacs, rivières, bords des eaux. Commune. **N.B.** Vol maladroit, pattes pendantes ou tendues dépassant la queue.

**Foulque noire** Rallidae *Fulica atra*. L. : 38 cm. Grands doigts festonnés. **Habitat :** lacs, étangs, réservoirs ; estuaires et lagunes en hiver. **N.B.** Court sur l'eau avant de prendre son essor.

**Marouette ponctuée** Rallidae *Porzana porzana*. L. : 23 cm. Inquiétée, relève la queue, montrant des sous-caudales fauves. **Habitat :** marais. Migratrice. **N.B.** Furtive, rarement visible.

**Râle de genêts** Rallidae *Crex crex*. L. : 27 cm. En vol, ailes rousses et pattes pendantes. Préfère se faufiler dans la végétation que s'envoler. **Habitat :** prairies, pâturages, champs. Manque en péninsule Ibérique. Devenu rare. Migrateur. **N.B.** Voix : « crek-crek » râpeux, régulier, souvent audible la nuit.

**Grue cendrée** Gruidae *Grus grus*. L. : 113 cm. En vol, pattes et cou tendus ; cri en coup de trompette. **Habitat :** niche en Scandinavie, Allemagne ; ailleurs, seulement de passage. Fait halte dans les prairies, au bord des réservoirs.

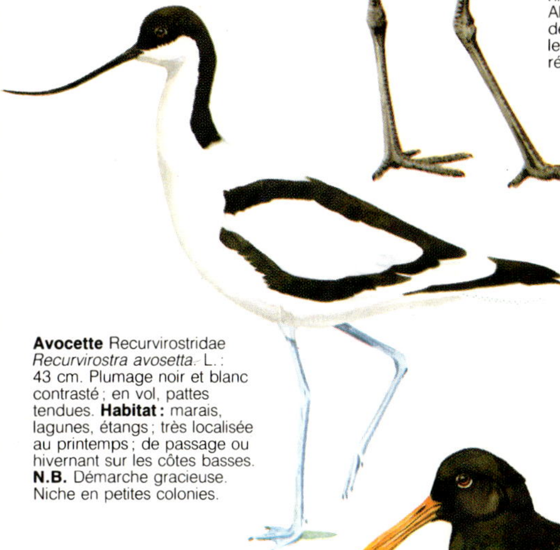

**Avocette** Recurvirostridae *Recurvirostra avosetta*. L. : 43 cm. Plumage noir et blanc contrasté ; en vol, pattes tendues. **Habitat :** marais, lagunes, étangs ; très localisée au printemps ; de passage ou hivernant sur les côtes basses. **N.B.** Démarche gracieuse. Niche en petites colonies.

**Huîtrier-pie** Haematopodidae *Haematopus ostralegus*. L. : 43 cm. Ailes et queue noir et blanc ; pattes orange ; bec aplati rouge-orangé. **Habitat :** niche sur les plages, les bancs de gravier, dans les estuaires, au bord des lacs, fleuves. Hiverne sur les côtes. Commun. **N.B.** Battements d'ailes de faible amplitude. Sociable. Bruyant.

**Oedicnème criard** Burhinidae *Burhinus oedicnemus*. L. : 41 cm. En vol, 2 barres alaires blanchâtres. Surtout actif de nuit et au crépuscule. Cris aigus « cou-li ». **Habitat :** prairies sèches, landes sablonneuses, terrains vagues, champs. Migrateur partiel. **N.B.** Battements d'ailes lents. Court en position horizontale.

**Gravelot à collier interrompu** ▲
Charadriidae *Charadrius alexandrinus.* L. : 16 cm. Diffère des autres gravelots par ses pattes noires, les côtés de la queue blancs, le dessus plus clair, le collier incomplet. **Habitat :** plages, vasières, rives.

**Vanneau huppé** Charadriidae *Vanellus vanellus.* L. : 30 cm. Queue blanche, noire au bout ; ailes larges, arrondies. **Habitat :** prairies, landes, terres cultivées. En hiver, champs, bords des eaux, vasières, estuaires. Migrateur partiel. **N.B.** Vol léger. Très sociable et bruyant.

◀ **Petit gravelot** Charadriidae *Charadrius dubius.* L. : 15 cm. Diffère du grand gravelot par l'absence de barre alaire blanche, les pattes rose chair, la ligne blanche en arrière du front noir. **Habitat :** cours d'eau, lacs, gravières, mares salées. Migrateur. **N.B.** Solitaire ou par couples.

**Grand gravelot** Charadriidae *Charadrius hiaticula.* L. : ▶ 19 cm. Barre alaire blanche ; pattes jaune-orangé. **Habitat :** plages de sable, de galets, vasières, estuaires, bord des lacs, terrains d'épandage. **N.B.** Remuant ; court et s'arrête souvent ; vol rapide, bas. Solitaire ou en petits groupes.

**Pluvier argenté** Charadriidae *Pluvialus squatarola.* L. : 28 cm. En vol, aisselles noires ; à terre, silhouette voûtée. **Habitat :** sur les côtes ; plages de sable, estuaires, baies ; de passage et en hiver. **N.B.** Généralement en troupe.

**Pluvier doré** Charadriidae *Pluvialis apricaria.* L. : 28 cm. Dessous des ailes blanc. **Habitat :** prairies, landes, champs, estuaires, côtes basses ; en hiver, souvent associé aux vanneaux dans les champs. **N.B.** Vol rapide ; souvent en troupe l'hiver.

**Chevalier combattant** Scolopacidae *Philomachus pugnax*. L. : 29 cm (mâle). L'hiver, diffère du chevalier gambette par la queue foncée avec une tache blanche ovale de chaque côté ; plumage d'aspect écaillé dessus. **Habitat :** niche dans les prairies humides ; en automne et en hiver, bords des eaux (lacs, réservoirs, bassins de décantation, d'épandage). **N.B.** Coloration des pattes variable.

▲
**Pluvier guignard** Charadriidae *Charadrius morinellus*. L : 22 cm. En hiver, adultes plus pâles mais sourcils et bande pectorale encore nets. **Habitat :** montagnes dénudées en Ecosse, alpages. Niche aussi aux Pays-Bas et en Italie. Rare, migrateur, peu craintif, vol rapide.

▲ **Tournepierre** Scolopacidae *Arenaria interpres*. L. : 23 cm. Plumage tricolore, plus brun en hiver. Vole sur de courtes distances. **Habitat :** estuaires, côtes rocheuses. De l'été au printemps, niche dans le Grand Nord. **N.B.** Retourne des pierres pour chercher sa nourriture, généralement au bord de l'eau. Souvent en petits groupes.

**Bécassine des marais** ▶
Scolopacidae *Gallinago gallinago*. L. : 27 cm. Long bec, dos strié. Bords de la queue blancs. **Habitat :** prairies humides, marais, vasières. **N.B.** Généralement solitaire ; furtive. S'envole en zigzag quand on la dérange. En vibrant, les plumes de la queue produisent un étrange chevrotement au cours du vol nuptial.

**Bécassine sourde**
◀ Scolopacidae *Lymnocryptes minimus*. L. : 19 cm. Diffère de la bécassine des marais par sa taille, son bec plus court, son vol plus lent et plus direct. Pas de blanc sur la queue. **Habitat :** marais, prairies humides. En hiver seulement.

**Bécasse** Scolopacidae *Scolopax rusticola*. L. : 34 cm. Diffère de la bécassine des marais par son bec plus épais, ses ailes plus arrondies. Vol bruyant, hésitant ; vol nuptial lent, au crépuscule (croule). **Habitat :** bois de feuillus, landes humides. Niche en petit nombre. Plus abondante en hiver. **N.B.** Surtout crépusculaire. Bien camouflée, rarement visible, sauf quand elle vole. Solitaire.

▲
**Bécasseau maubèche**
Scolopacidae *Calidris canutus*. L. : 25 cm. Reconnaissable à ses barres alaires claires, au croupion et à la queue pâles. **Habitat :** plages de sable, baies, estuaires, côtes rocheuses ; de passage et en hiver. **N.B.** Souvent en grandes troupes serrées.

**Bécasseau violet ▶**
Scolopacidae *Calidris maritima*. L. : 21 cm. Courtes pattes jaunes. Silhouette trapue. Etroite barre alaire blanche ; vol rapide, direct, bref. **Habitat :** côtes rocheuses, jetées couvertes d'algues et brise-lames ; de passage et en hiver. **N.B.** Généralement en petits groupes.

**Bécasseau minute**
Scolopacidae *Calidris minuta*. L. : 13 cm. Etroite barre alaire ; côtés de la queue gris. **Habitat :** estuaires, réservoirs, lacs, champs d'épandage, vasières ; de passage en petit nombre. **N.B.** En hiver, dessus gris. Vol rapide. Solitaire. Tout petit.

**Bécasseau variable**
Scolopacidae *Calidris alpina*. L. : 18 cm. En été, ventre noir ; silhouette voûtée quand il mange ; en vol, les troupes changent brusquement de direction (mouvements d'ensemble). **Habitat :** niche dans landes et prairies (Grande-Bretagne) ; ailleurs, de passage et en hiver : estuaires, vasières. **N.B.** Généralement en troupes souvent importantes.

**Bécasseau cocorli**
Scolopacidae *Calidris ferruginea*. L. : 19 cm. Diffère du bécasseau variable par le croupion blanc, la silhouette plus dressée, plus élégante, la poitrine plus claire, le sourcil large. **Habitat :** estuaires et vasières ; de passage.

**Bécasseau sanderling**
Scolopacidae *Calidris alba*. L. : 20 cm. En grande partie blanc durant l'hiver ; barre alaire blanche. **Habitat :** plages, vasières, estuaires ; de passage et hivernant. **N.B.** Très actif, se déplace presque sans arrêt. Répugne à s'envoler.

**Courlis cendré** Scolopacidae *Numenius arquata*. L. : 55 cm. Long bec très visible. Voix forte : « cour-li cour-li ». **Habitat :** prairies humides, rieds, tourbières ; en plaine et sur les plateaux. Nicheur (sauf Italie et péninsule Ibérique) ; l'hiver, sur les côtes basses, les estuaires. **N.B.** Vol régulier. Généralement solitaire ou en couple sauf en hiver.

**Barge rousse** Scolopacidae *Limosa lapponica*. L. : 36 cm. En été, dessous roux, pas de barre alaire blanche ; queue finement barrée. **Habitat :** plages, estuaires. Niche dans le Grand Nord ; de passage et hivernante. **N.B.** Sociable.
▼

▲
**Courlis corlieu** Scolopacidae *Numenius phaeopus*. L. : 40 cm. Diffère du courlis cendré par sa taille, son bec plus court, les rayures foncées sur la tête et les battements d'ailes plus rapides. **Habitat :** niche en Grande-Bretagne, Scandinavie ; ailleurs, de passage ou hivernant dans les estuaires, vasières et côtes rocheuses.

**Barge à queue noire** Scolopacidae *Limosa limosa*. L. : 40 cm. En vol, les pattes dépassent la queue ; large barre alaire blanche, queue noir et blanc. **Habitat :** prairies humides, estuaires, vasières. Niche très localement ; de passage et hivernante ailleurs. **N.B.** Sociable.

**Chevalier sylvain**
Scolopacidae *Tringa glareola*. L. : 20 cm. Croupion blanc ; pas de barre alaire ; dessous des ailes grisâtre ; pattes dépassant nettement la queue en vol. **Habitat :** bords des eaux douces, bois humides, champs d'épandage. Peu abondant. **N.B.** Généralement solitaire.

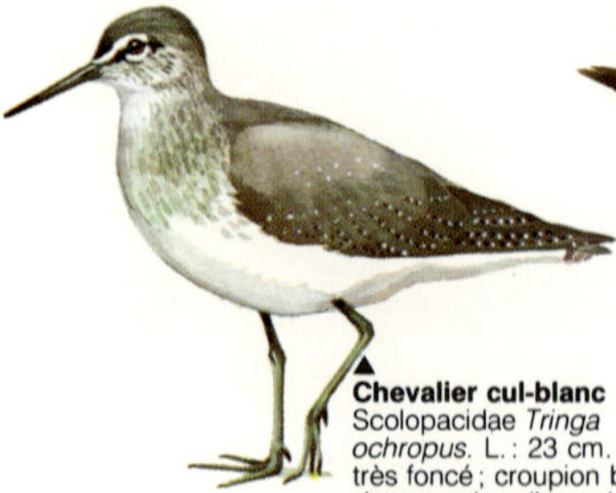

▲
**Chevalier cul-blanc**
Scolopacidae *Tringa ochropus*. L. : 23 cm. Dessus très foncé ; croupion blanc ; dessous des ailes noir, visible en vol, queue barrée, noire près du bout. **Habitat :** surtout près des eaux douces, bords des rivières, fossés, étangs ; de passage et en hiver.

▲
**Chevalier guignette**
Scolopacidae *Actitis hypoleucos*. L. : 19 cm. Hoche la queue quand il est posé ; dessous de la queue blanc ; barre alaire visible en vol. **Habitat :** bords des étangs, lacs, rivières rapides. En migration, sur les côtes ; hivernant.

**Chevalier gambette**
Scolopacidae *Tringa totanus*. L. : 28 cm. Croupion et bord postérieur des ailes blancs, bien visibles en vol ; pattes rouge orangé. **Habitat :** prairies humides, landes ; hiverne dans les marais salés, estuaires, vasières, au bord des plans d'eau. Commun **N.B.** Inquiété, hoche l'arrière-train.

**Chevalier aboyeur**
Scolopacidae *Tringa nebularia*. L. : 30 cm. Diffère du gambette par l'absence de barre alaire et la tache blanche du croupion plus longue. En vol, pattes dépassant la queue. **Habitat :** niche au bord des lacs en Ecosse ; ailleurs, hivernant ou de passage : estuaires, bords des étangs, vasières. **N.B.** Généralement solitaire.

▲
**Chevalier arlequin**
Scolopacidae *Tringa erythropus*. L. : 30 cm. Au printemps, plumage noir ; en vol, diffère du gambette par l'absence de barre alaire et les pattes qui dépassent nettement la queue. **Habitat :** lagunes côtières, marais salés, bords des étangs, vasières, estuaires, réservoirs ; de passage et hivernant en petit nombre. Peu abondant.

**Grand labbe** Stercorariidae *Stercorarius skua.* L. : 58 cm. Diffère du labbe parasite par sa queue moins pointue, les marques alaires blanches et ses larges ailes arrondies, vol rapide de rapace ; pourrait être confondu avec les goélands immatures, mais ceux-ci sont plus clairs et n'ont pas de tache alaire blanche bien nette. **Habitat :** mer, au voisinage des côtes. Niche dans les tourbières et prairies en Ecosse ; ailleurs, de passage en été, automne ou hivernant.

phase foncée

phase claire

▲

◀ **Labbe parasite** Stercorariidae *Stercorarius parasiticus.* L. : 45 cm. Vol élégant comme celui d'un faucon. A l'instar du grand labbe, poursuit d'autres oiseaux marins ; ailes pointues avec zone blanche au bout ; plumes centrales de la queue très longues. **Habitat :** mer, au voisinage des côtes. Niche dans les tourbières, prairies d'altitude en Ecosse ; ailleurs, de passage en petit nombre.

hiver

**Phalarope à bec large** Scolopacidae *Phalaropus fulicarius.* L. : 20 cm. Allure très légère quand il nage. Tourne sur place pour se nourrir dans l'eau. **Habitat :** sur les côtes ; rare sur les lacs. De passage et hivernant. **N.B.** Part à regrets et vole sur de courtes distances.

été ♀

hiver

**Phalarope à bec étroit** Scolopacidae *Phalaropus lobatus.* L. : 17 cm. En été, femelle plus colorée que le mâle. **Habitat :** de passage et hivernant sur les côtes. Rare sur les plans d'eau continentaux. **N.B.** Tourne sur place en se nourrissant, piquant du bec dans l'eau. Les phalaropes nagent beaucoup, à la différence des autres petits échassiers.

immature

**Mouette pygmée** Laridae *Larus minutus*. L. : 28 cm. La plus petite mouette d'Europe. **Habitat :** côtes, réservoirs ; de passage et en hiver. **N.B.** Vol léger ; capture des insectes à la surface de l'eau.

hiver

**Mouette mélanocéphale** Laridae *Larus melanocephalus*. L. : 38 cm. Tête noire en été. Diffère de la mouette rieuse par l'absence de noir à l'extrémité des ailes. **Habitat :** sur les côtes. Méditerranée principalement. Abondante l'hiver en Méditerranée occidentale.

**Goéland brun** Laridae *Larus fuscus*. L. : 53 cm. Dos gris foncé ; pattes jaunes. **Habitat :** plages, îlots, côtes rocheuses, tas d'ordures. Niche sur des falaises ; aussi au bord des réservoirs au passage. Migrateur. **N.B.** Vol puissant, plane souvent.

**Goéland marin** Laridae *Larus marinus*. L. : 65 cm. Diffère du goéland brun par son dos noir, ses pattes roses, sa taille et sa voix plus grave. **Habitat :** niche sur les côtes et îlots rocheux (Manche, Atlantique) ; aussi : estuaires, plages. **N.B.** Solitaire ou par couples.

immature

**Goéland bourgmestre** Laridae *Larus hyperboreus*. L. : 63 cm. Grande taille ; pattes roses ; pas de noir au bout des ailes. **Habitat :** estuaires, côtes de Grande-Bretagne. Rare ailleurs.

été

hiver

immature

**Goéland argenté** Laridae
*Larus argentatus.* L. : 56-66 cm. **Habitat :** côtes rocheuses, plages, estuaires, îlots ; localement au bord des fleuves, dépôts d'ordures, prairies et champs du littoral. Très commun.

**Goéland cendré** Laridae ▶
*Larus canus.* L. : 41 cm. Bec jaune sans tache rouge. **Habitat :** niche en Grande-Bretagne (falaises, tourbières, lochs) ; ailleurs, en hiver sur les côtes basses, dans les prairies du littoral, lagunes.

hiver

été

adulte

immature

**Mouette rieuse** ◀
Laridae
*Larus ridibundus.*
L. : 35-38 cm. **Habitat :** niche au bord des étangs, réservoirs, lacs ; en hiver : prairies, champs, côtes, tas d'ordures, cours d'eau, villes. Très commune. **N.B.** Très sociable.

▲
**Mouette tridactyle** Laridae
*Rissa tridactyla.* L. : 41 cm. Diffère de la mouette rieuse par l'extrémité des ailes entièrement noire, les pattes noires. Immature : bande alaire oblique, demi-collier noir. **Habitat :** niche sur des falaises côtières. Pélagique. Migratrice. **N.B.** Sociable.

**Guifette noire** Sternidae *Chlidonias niger*. L. : 24 cm. En été, toute noire sauf dessous de la queue blanc ; bec noir. **Habitat :** marais, étangs, prairies inondées, réservoirs, lacs. Niche çà et là, irrégulièrement. Migratrice. **N.B.** Pique pour capturer des insectes sur l'eau. Généralement en groupe.

été

hiver

été

**Sterne Pierre-Garin** Sternidae *Sterna hirundo*. L. : 35 cm. En été, bec rouge orangé à pointe noire. **Habitat :** niche sur les bancs de galets, de sable. Fleuves, lagunes, lacs, gravières. Migratrice ; sur les côtes au passage. **N.B.** Sociable.

hiver

**Sterne arctique** Sternidae *Sterna paradisaea*. L. : 35 cm. En été, bec rouge sang, poitrine grise. **Habitat :** îles, bancs de galets sur les côtes. Niche principalement en Grande-Bretagne ; ailleurs, de passage. Migratrice.

**Sterne de Dougall** Sternidae *Sterna dougallii*. L. : 38 cm. Bec noir toute l'année, poitrine rosée. **Habitat :** bancs de galets, îlots. Niche en Grande-Bretagne, France (rare). Migratrice. **N.B.** Queue très longue.

**Sterne caugek** Sternidae *Sterna sandvicensis*. L. : 40 cm. Bec noir à bout jaune ; plus massive que les autres sternes. **Habitat :** niche sur les bancs de sable, dunes, galets, marais salés. Migratrice. **N.B.** Vol plus semblable à celui d'une mouette. Sociable.

**Sterne naine** Sternidae *Sterna albifrons*. L. : 24 cm. Bec jaune à pointe noire ; front blanc au printemps ; queue courte. **Habitat :** bancs de sable, galets ; sur les côtes, les fleuves. Migratrice. Battements d'ailes rapides ; vole sur place avant de plonger.

**Pétrel fulmar** Procellariidae *Fulmarus glacialis*. L. : 47 cm. Ressemble à un goéland mais ailes plus étroites, pas de noir au bout des ailes. **Habitat :** niche sur des falaises côtières (Grande-Bretagne, France). Pleine mer en hiver. **N.B.** Vol rapide ; plane beaucoup.

**Pingouin torda, Petit pingouin** Alcidae *Alca torda*. L. : 41 cm. Bec aplati latéralement ; cou bref ; tête et dos plus noirs que chez le guillemot ; sur l'eau, queue redressée ; en hiver, gorge et côtés de la tête blancs.

**Habitat :** niche sur des falaises côtières (Grande-Bretagne, Bretagne) ; en hiver, eaux côtières.

**Guillemot de Troïl** Alcidae *Uria aalge*. L. : 42 cm. Plus brun que le pingouin torda ; joues blanches en hiver. **Habitat :** niche sur des falaises côtières (Grande-Bretagne, France) ; en hiver, pleine mer et eaux côtières.

forme « bridée »

▲ **Guillemot à miroir** Alcidae *Cepphus grylle*. L. : 34 cm. En hiver, la tête tachetée (blanc et noir) le distingue du guillemot de Troïl ; pattes orange vif. **Habitat :** côtes rocheuses, falaises. Niche en Grande-Bretagne. Ailleurs : en hiver, rare, sur les côtes de l'Ouest seulement. **N.B.** A terre, position oblique.

**Macareux moine** Alcidae *Fratercula arctica*. L. : 30 cm. Bec plus petit et plus terne en hiver ; battements d'ailes rapides ; aspect massif. **Habitat :** niche dans un terrier sur les falaises côtières, des îlots en Grande-Bretagne et en Bretagne. Migrateur. Hiverne en mer. **N.B.** Vertical quand il est perché mais se couche au repos.

**Pigeon colombin**
Columbidae *Columba oenas*. L. : 33 cm. Plus petit et plus foncé que le pigeon ramier. Pas de marques alaires blanches ; croupion gris ; 2 petites barres alaires noires. **Habitat :** forêts, parcs, jardins, dunes, falaises ; en hiver, champs et prairies. Migrateur partiel. **N.B.** Vol rapide.

**Pigeon biset** Columbidae *Columba livia*. L. : 33 cm. Se distingue du pigeon colombin par le croupion blanc, une zone blanche sous les ailes et les 2 barres alaires noires plus larges. **Habitat :** côtes rocheuses, falaises. Souche des pigeons domestiques, pigeons des villes, pigeons d'élevage et pigeons voyageurs. **N.B.** Commun à l'état semi-domestique.

**Pigeon ramier, Palombe**
Columbidae *Columba palumbus*. L. : 41 cm. Tache blanche sur les côtés du cou et les ailes. Envol très bruyant quand on le dérange. **Habitat :** bois, forêts, parcs, bocages ; en hiver, champs, prairies (en grandes troupes). Migrateur partiel. Commun.

**Tourterelle des bois**
Columbidae *Streptopelia turtur*. L. : 27 cm. Queue arrondie, blanche aux angles, caractéristique à l'envol ; raies noires et blanches sur les côtés du cou. **Habitat :** bois, bosquets, plantations, parcs, grosses haies. Migratrice. **N.B.** Battements d'ailes irréguliers.

**Tourterelle turque**
Columbidae *Streptopelia decaocto*. L. : 28 cm. Diffère de la tourterelle des bois par son corps plus pâle, sa queue paraissant plus longue ; En dessous, queue à moitié noire. **Habitat :** commune dans les villages, villes et aux environs, parcs, jardins. Sédentaire.

**Coucou gris** Cuculidae *Cuculus canorus*. L. : 33 cm. Ressemble un peu à un épervier, mais queue pointue, plus longue ; ailes pointues. Le mâle chante « coucou », la femelle émet une sorte de trille. **Habitat :** bois, bocages, roselières, campagne cultivée, alpages. Migrateur. Commun. **N.B.** Vol généralement bas, rapide, se terminant par un long plané.

**Chouette effraye** (= effraie) Tytonidae *Tyto alba*. L. : 34 cm. Yeux noirs ; dessous blanc. Vol lent. **Habitat :** campagne cultivée, cimetières, clochers, granges, greniers, ruines. **N.B.** Nocturne mais peut voler en plein jour si dérangée. Sédentaire.

**Hibou grand-duc** Strigidae *Bubo bubo*. L. : 66-71 cm. **Habitat :** falaises des collines et montagnes boisées ou non, gorges. Rare sauf localement. Niche dans la péninsule Ibérique, en France, Suisse, Italie. **N.B.** Très nocturne.

**Chouette chevêche** Strigidae *Athene noctua*. L. : 22 cm. Yeux jaunes. Chasse souvent de jour. Se perche sur les poteaux télégraphiques, les piquets, etc. **Habitat :** bocages, campagne cultivée avec arbres creux isolés, bosquets, haies, carrières ; dunes (en Grande-Bretagne). **N.B.** Sédentaire. Cris aigus « ouiou-ouiou ». Vol bas, rapide, ondulé.

**Chouette hulotte** Strigidae *Strix aluco*. L. : 38 cm. Yeux noirs. En vol, silhouette massive, ailes arrondies. Voix : hululements sonores, cris aigus. **Habitat :** bois en plaine et en montagne, parcs, campagne cultivée. **N.B.** Nocturne. Sédentaire.

**Chouette de Tengmalm** Strigidae *Aegolius funereus*. L. : 25 cm. **Habitat :** forêts de montagne et localement de plateaux. Niche en Belgique, France, Suisse, Italie. **N.B.** Nocturne ; se repose et niche dans un trou d'arbre. Sédentaire.

**Hibou des marais, Hibou brachyote** Strigidae *Asio flammeus*. L. : 38 cm. Yeux jaunes. Chasse souvent de jour. Niche et se pose à terre. Marques alaires claires. **Habitat :** tourbières, marais, landes, polders, dunes, friches. Nomade, présence irrégulière. **N.B.** En vol, allure de busard.

**Hibou moyen-duc** Strigidae *Asio otus*. L. : 45 cm. Yeux orange. Très nocturne. Aigrettes. **Habitat :** forêts de conifères et de feuillus, bosquets. **N.B.** Sédentaire. En vol, ailes et queue paraissent plus longs que chez la chouette hulotte.

**Bondrée apivore** Accipitridae *Pernis apivorus*. L. : 50-58 cm. Ailes et queue plus longues que chez la buse. Chasse souvent à terre. Queue avec 3 larges barres brun foncé. **Habitat :** bois, campagne cultivée, prairies. **N.B.** Migratrice.

**Autour des palombes** Accipitridae *Accipiter gentilis*. L. : 48-60 cm. Femelle plus grande que le mâle. Chasse dans les bois, champs et prairies. **Habitat :** forêts de feuillus ou de conifères en plaine et en montagne. **N.B.** Sédentaire.

**Aigle de Bonelli** Accipitridae *Hieraaetus fasciatus*. L. : 66-74 cm. Plus grand que la buse. Dessous des ailes contrasté. **Habitat :** collines boisées avec falaises, montagnes ; Midi, Corse, péninsule Ibérique, sud de l'Italie. **N.B.** Sédentaire. **N.B.** Rare.

**Aigle royal** Accipitridae *Aquila chrysaetos.* L. : 75-88 cm. Immature : base de la queue blanche et de grandes taches blanches sous les ailes. Plane longuement. **Habitat :** montagnes (Grande-Bretagne, France, Espagne, Italie, Suisse). Sédentaire (sauf les immatures). **N.B.** Rare.

**Buse variable** Accipitridae *Buteo buteo.* L. : 51-56 cm. Coloration très variable. Ailes larges, arrondies, queue avec plusieurs barres étroites. **Habitat :** campagne cultivée, bois, forêts en plaine et basse montagne. Le rapace le plus commun avec le faucon crécerelle. **N.B.** Plane beaucoup. **Buse pattue** *Buteo lagopus.* L. : 50-60 cm. Queue blanc et noir. Visible en hiver seulement. Très rare.

**Epervier** Accipitridae *Accipiter nisus.* L. : 28-38 cm. Femelle plus grande que le mâle. Les immatures ressemblent à la femelle. Ailes arrondies. **Habitat :** bois de conifères et de feuillus, campagne cultivée. Plaine et montagne. Sédentaire. **N.B.** Vol rapide, alternant glissades et battements d'ailes.

**Milan royal** Accipitridae *Milvus milvus.* L. : 62 cm. Tache blanche sur le dessous de l'aile ; longue queue rousse très fourchue. **Habitat :** campagne cultivée, bois, dépôts d'ordures. Migrateur partiel. Rare : Grande-Bretagne et Benelux. **N.B.** Plane beaucoup.

**Busard des roseaux**
Accipitridae *Circus aeruginosus.* L. : 48-56 cm. Mâle : ailes tricolores ; femelles et immatures : brun chocolat avec tête et épaules crème. **Habitat :** roselières entourant les lacs, étangs. Migrateur partiel. **N.B.** Vol lent, au ras de la végétation palustre.

Busard des roseaux

♀

♂

◀ **Busard Saint-Martin**
Accipitridae *Circus cyaneus.* L. : 43-51 cm. Croupion blanc bien visible ; mâle : ailes sans barres noires ; femelle brune. **Habitat :** prairies, landes, jeunes plantations de conifères, champs.
**N.B.** Presque sédentaire.

Busard Saint-Martin

♀

♂

▲ ♂
**Busard Cendré, Busard Montagu**
Accipitridae *Circus pygargus.* L. : 41-46 cm. Femelle très semblable à celle du busard Saint-Martin ; mâle : croupion grisâtre ; courte barre alaire noire. **Habitat :** prairies, champs, landes, dunes. Migrateur. **N.B.** Les busards volent et planent à faible hauteur, les ailes relevées.

**Balbuzard fluviatile**
Pandionidae *Pandion haliaetus.* L. : 51-58 cm. Coloration très contrastée. Très longues ailes. Plonge dans l'eau pour capturer des poissons. **Habitat :** lac fleuves, étangs, côtes marine Migrateur. Niche en Ecosse, Corse, péninsule Ibérique. De passage ailleurs. Très rare. **N.B.** Le seul rapace piscivore

**Faucon hobereau** Falconidae *Falco subbuteo*. L. : 30-36 cm. Queue courte, ailes longues. Femelle plus grande que le mâle. **Habitat :** landes, lisières, bois clairs, allées d'arbres, campagne cultivée. Migrateur. Peu abondant. **N.B.** En vol, aspect de martinet.

Faucon hobereau

**Faucon pèlerin** Falconidae *Falco peregrinus*. L. : 38-48 cm. Femelle plus grande que le mâle. **Habitat :** falaises côtières et à l'intérieur des terres ; en hiver, aussi estuaires, côtes, campagne cultivée, édifices des grandes villes. **N.B.** Très rare. Migrateur partiel.

Pèlerin immature

Faucon pèlerin

**Faucon émerillon** Falconidae *Falco columbarius*. L. : 33-37 cm. Vole au ras du sol. **Habitat :** niche dans les landes en Grande-Bretagne ; ailleurs, seulement en hiver dans les champs, les marais côtiers. Rare. **N.B.** Niche par terre.

**Faucon crécerelle** Falconidae *Falco tinnunculus*. L. : 33-36 cm. Femelle plus grande que le mâle. **Habitat :** campagne cultivée, prairies, landes, carrières, édifices citadins, plaine et montagne jusqu'à 3 000 m. Sédentaire. Commun. **N.B.** Chasse en faisant du vol sur place.

**Gelinotte des bois**
Tetraonidae *Tetrastes bonasia*. L. : 38-41 cm. **Habitat :** forêts de feuillus, mixtes ou de conifères (taillis, taillis sous futaie, futaie jardinée). Manque en Grande-Bretagne, aux Pays-Bas, dans la péninsule Ibérique. **N.B.** Adultes sédentaires.

**Lagopède alpin** Tetraonidae *Lagopus mutus*. L. : 32-36 cm. Change de couleur selon la saison. Ailes blanches toute l'année. **Habitat :** seulement au-dessus de la limite supérieure des arbres en montagne (Ecosse, Alpes, Pyrénées). Alpages.

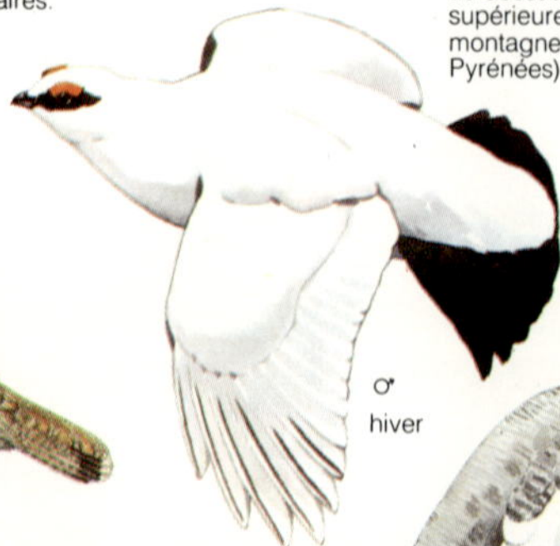

**Tétras-lyre** Tetraonidae *Tetrao tetrix*. L. : 53 cm (mâle), 41 cm (femelle). Femelle plus uniformément colorée que celle du grand tétras. **Habitat :** landes, tourbières (Ardennes, Grande-Bretagne), zone des arbres nains et des prés-bois en montagne (Alpes).

**Grand Tétras** Tetraonidae *Tetrao urogallus*. L. : 86 cm (mâle) ; 62 cm (femelle). Très grand ; la femelle a un plastron roux. **Habitat :** vieilles forêts de conifères avec clairières en Ecosse, dans le Jura, les Vosges, les Pyrénées et le nord des Alpes.

**Huppe** Upupidae *Upupa epops*. L. : 28 cm. Ne peut être confondue ; huppe érectile. **Habitat :** lisières des bois, bocages, prairies. En plaine et en montagne. Migratrice. **N.B.** Vol ondulé, souple. Chant typique « oup-oup-oup ».

**Perdrix rouge** Phasianidae *Alectoris rufa*. L. : 34 cm. Préfère courir à l'approche d'un danger. Vol rapide. Se perche volontiers. En « compagnies ». **Habitat :** bocages, garrigues, prairies sèches, vignobles. Niche en Grande-Bretagne, France, Italie, péninsule Ibérique. **N.B.** Localisée.

**Perdrix grise** Phasianidae *Perdix perdix*. L. : 30 cm. Courtes ailes arrondies. En « compagnies ». Souvent réintroduite. **Habitat :** campagne cultivée, prairies, champs, bocages. Surtout en plaine ; aussi en montagne localement. **N.B.** Vol rapide au départ, bas.

**Caille des blés** Phasianidae *Coturnix coturnix*. L. : 18 cm. **Habitat :** prairies, champs. Migratrice. Raréfiée localement. **N.B.** Répugne à s'envoler, préfère se cacher ou courir dans la végétation. **N.B.** Chant trisyllabique scandé, audible de loin, caractéristique.

**Faisan de chasse** Phasianidae *Phasianus colchicus*. L. : 65-89 cm. **Habitat :** bois, lisières, bosquets, haies. Localement commun. **N.B.** Préfère courir pour se mettre à l'abri. Envol bruyant, battements d'ailes rapides, puis long vol plané avant de se poser.

# Oiseaux

**Martinet noir** Apodidae *Apus apus*. L. : 17 cm. Ses longues ailes en faux, son plumage très foncé le distinguent des hirondelles. Vol rapide, ailes raides. Cris aigus, fréquents. **Habitat :** espace aérien. Vole au-dessus des villes, villages, prairies, plans d'eau, rivières, bois, falaises. Migrateur. Commun. **N.B.** Cris aigus, fréquents.

**Engoulevent d'Europe** Caprimulgidae *Caprimulgus europaeus*. L. : 27 cm. Crépusculaire ; le jour, couché et invisible, immobile, à terre ou sur une branche. **Habitat :** prairies, garrigues, friches, bois clairs, clairières, landes, dunes. Migrateur. **N.B.** Vol léger avec accélérations pour saisir des insectes.

◀ **Pic-vert** Picidae *Picus viridis*. L. : 32 cm. Vol ondulé. Croupion jaune très visible à l'envol. Souvent à terre. Femelle : moustaches sans rouge. **Habitat :** bois, parcs, bosquets, bocages, grands jardins. **N.B.** Commun. Sédentaire.

**Martin-pêcheur** Alcedinidae *Alcedo atthis*. L. : 17 cm. Vol rapide, généralement bas. Plonge du haut d'un perchoir ou après avoir fait du vol sur place. **Habitat :** rivières, ruisseaux, étangs, lacs. En hiver, côtes. Sédentaire. **N.B.** Solitaire. Ne peut être confondu.

**Pic épeiche** Picidae ▶ *Dendrocopos major*. L. : 23 cm. Le mâle a la nuque rouge, les immatures ont le dessus de la tête rouge ; femelle sans rouge sur la tête. **Habitat :** bois, forêts, parcs, haies, jardins avec arbres, vergers. Commun **N.B.** Au printemps, tambourine sur les branches ou troncs secs.

**Pic épeichette** Picidae *Dendrocopos minor*. L. : 17 cm. Diffère du pic épeiche par sa petite taille, l'absence de rouge sous la queue. **Habitat :** bois, parcs, grands jardins avec arbres, vergers, haies. **N.B.** Escalade les petits arbres.

**Torcol** Picidae *Jynx torquilla*. L. : 17 cm. Ressemble à un passereau. A terre, sautille la queue relevée. **Habitat :** vergers, bois de feuillus, parcs, jardins. Migrateur. Passe inaperçu. Rare en Grande-Bretagne. **N.B.** A son arrivée, chante bruyamment.

**Pic noir** Picidae *Dryocopus martius*. L. : 45 cm. Mâle : dessus de la tête rouge ; femelle : nuque rouge. **Habitat :** bois, forêts en plaine et en montagne. Manque en Grande-Bretagne, au Portugal et dans la majeure partie de l'Espagne.

**Hirondelle de cheminée** Hirundinidae *Hirundo rustica*. L. : 19 cm. Reconnaissable aux longues plumes externes de la queue ; gorge et front marron-roux ; dos bleu foncé sans marque blanche. Vol acrobatique, élégant, souple, souvent rasant. **Habitat :** campagne cultivée, prairies, bords des eaux douces, fermes. Migratrice. **N.B.** Nid de boue, en forme de coupe.

**Hirondelle de fenêtre** Hirundinidae *Delichon urbica*. L. : 12,5 cm. Dessous et croupion blancs. Courte queue fourchue. **Habitat :** proximité des bâtiments, en ville et à la campagne. Aussi falaises. Commune. Migratrice. **N.B.** Nid presque entièrement fermé, sous les balcons, corniches, toits ; en colonie.

**Hirondelle de rivage** Hirundinidae *Riparia riparia*. L. : 12 cm. Reconnaissable à la face supérieure brun terne et à la bande pectorale brune. Se nourrit surtout au-dessus de l'eau. **Habitat :** proximité de l'eau. Niche dans les sablières, berges élevées, talus nus, en colonie. Migratrice. **N.B.** Vol plus irrégulier et zigzaguant que celui de l'hirondelle de cheminée.

**Alouette lulu** Alaudidae *Lullula arborea.* L. : 15 cm. Queue courte, blanche au bout ; les sourcils se réunissent sur la nuque. **Habitat :** friches, lisières, landes, prairies, vergers.

**Alouette des champs** Alaudidae *Alauda arvensis.* L. : 18 cm. Queue bordée de blanc. Chant émis en vol, soutenu, aigu, audible une bonne partie de l'année. **Habitat :** champs, prairies, landes, dunes, en plaine et en montagne jusqu'à 2 700 m. Commune. **N.B.** L'hiver, en grandes troupes.

**Alouette hausse-col** Alaudidae *Eremophila alpestris.* L. : 16 cm. En été, le mâle a deux touffes de plumes érectiles sur la tête. **Habitat :** en hiver seulement, sur les côtes. Rare.

▼ **Cochevis huppé** Alaudidae *Galerida cristata.* L. : 17 cm. Silhouette plus lourde que l'alouette des champs ; queue plus courte ; huppe très visible. **Habitat :** terrains vagues, dunes, champs, toits en terrasse, pelouses rases. Localisé.

**Gobe-mouches gris** Muscicapidae *Muscicapa striata.* L. : 14 cm. Très terne. **Habitat :** lisières, parcs, allées d'arbres, jardins, squares. Migrateur. **N.B.** S'envole de son perchoir pour capturer un insecte et y revient.

**Gobe-mouches noir** Muscicapidae *Ficedula hypoleuca.* L. : 13 cm. En automne le mâle ressemble à la femelle. **Habitat :** bois, vergers, jardins avec arbres. Très localisé. Migrateur. Plus fréquent au passage estival.

**Accenteur mouchet** Prunellidae *Prunella modularis.* L. : 14,5 cm. Furtif. Rarement loin du sol. Souvent confondu avec le moineau domestique. **Habitat :** sous-bois, broussailles, haies, jardins, jeunes plantations de conifères, landes. En plaine et jusqu'à 2 200 m. **N.B.** Chant agréable, bref.

**Pipit des prés** Motacillidae *Anthus pratensis*. L. : 14,5 cm. Plus petit qu'une alouette. Dessous strié. Pas de huppe. **Habitat :** prairies, landes, tourbières, dunes. Localisé. Migrateur partiel. **N.B.** Chant : série de notes prenant fin par un trille ; chante souvent en vol ascendant ; vol plané à la descente.

**Pipit des arbres** Motacillidae *Anthus trivialis*. L. : 15 cm. **Habitat :** lisières, clairières, landes boisées. Migrateur. Jusqu'à 2 000 m. **N.B.** Chant fort, aigu, avec des notes caractéristiques quand l'oiseau descend : « tsia-tsia-tsia... ».

▼ **Pipit spioncelle** Motacillidae *Anthus spinoletta*. L. : 16,5 cm. Plus grand et plus foncé que les autres pipits. Les sujets montagnards descendent en plaine pour l'hiver. **Habitat :** côtes rocheuses ; alpages en montagne.

Bergeronnette de Yarrell

▲

**Bergeronnettes grise et de Yarrell** Motacillidae *Motacilla alba*. L. : 18 cm. Femelle un peu plus brune que le mâle. Marche, ne sautille pas. Hoche sans cesse la queue. **Habitat :** prairies, champs, voisinage des habitations, souvent loin de l'eau. **N.B.** La bergeronnette de Yarrell, sédentaire, est propre à la Grande-Bretagne, la bergeronnette grise est migratrice.

▼

Bergeronnette grise

♂

▲ **Bergeronnette des ruisseaux** Motacillidae *Motacilla cinerea*. L. : 18 cm. Femelle sans noir au menton. Va et vient sur les berges et se perche. **Habitat :** bords des cours d'eau rapides, torrents, lacs ; en hiver, aussi champs d'épandage. **N.B.** Migratrice partielle.

flavéole ♂

♂ printanière

**Bergeronnettes printanière, citrine et flavéole** Motacillidae *Motacilla flava*. L. : 16,5 cm. La flavéole ressemble à un canari à longue queue. **Habitat :** prairies humides, voisinage de l'eau. Flavéole : Grande-Bretagne et régions côtières de la Manche. **N.B.** Migratrice.

**Traquet motteux** Turdidae *Oenanthe oenanthe.* L. : 14,5 cm. Croupion blanc et dessin de la queue typiques. Se perche souvent sur un rocher, une butte. **Habitat :** friches rases, landes, pelouses côtières, dunes, alpages ; côtes et montagnes. **N.B.** Migrateur.

**Traquet pâtre** Turdidae *Saxicola torquata.* L. : 12,5 cm. Le mâle a le croupion blanc. Se perche souvent sur les piquets, fils télégraphiques, buissons. **Habitat :** bords des routes, talus, haies, rocailles. **N.B.** Migrateur partiel. Commun.

♂

♀

♂

♀

▼ **Traquet tarier** Turdidae *Saxicola rubetra.* L. : 12,5 cm. Sourcil blanc très net ; côtés de la queue blancs. **Habitat :** prairies, alpages, landes, jeunes plantations de conifères. En plaine et en montagne jusqu'à 2 000 m environ. Migrateur.

♂

♂

♀

▲
**Rouge-queue à front blanc** Turdidae *Phoenicurus phoenicurus.* L. : 14 cm. Femelle brunâtre. **Habitat :** lisières des bois de feuillus, parcs, jardins, allées d'arbres. Migrateur. **N.B.** Chant bref, mélodieux, commençant par 3 notes stéréotypées.

♂

♀

**Rouge-queue noir** Turdidae *Phoenicurus ochruros.* L. : 14 cm. Diffère du rouge-queue à front blanc par sa coloration générale foncée. **Habitat :** falaises, murailles, carrières et surtout dans les villes et villages. Migrateur partiel. **N.B.** Chant aigu, bref, aux notes très serrées.

**Rossignol** Turdidae *Luscinia megarhynchos.* L. : 16,5 cm. Furtif, difficile à voir. **Habitat :** bois de feuillus avec taillis, buissons, broussailles. Migrateur. **N.B.** Chant sonore, diurne et nocturne. Se tient près du sol.

**Rossignol progné** *Luscinia luscinia.* Remplace le précédent en Europe orientale. Exceptionnel en Europe occidentale. Chant plus puissant. Plumage brun plus foncé.

**Rouge-gorge** Turdidae *Erithacus rubecula.* L. : 14 cm. **Habitat :** bois, broussailles, parcs, jardins, haies. Commun. Migrateur partiel. **N.B.** Chant très aigu, varié, fort.

**Grive draine** Turdidae *Turdus viscivorus*. L. : 27 cm. Diffère de la grive musicienne par son plumage plus terne, plus gris, et les taches blanches au coin de la queue. **Habitat :** bois, friches boisées, prairies, haies, parcs, vergers, plantations. **N.B.** Chant mélodieux, précoce, un peu plaintif.

**Grive litorne** Turdidae *Turdus pilaris*. L. : 26 cm. Tête, cou et croupion gris ; dos marron. **Habitat :** plantations, bosquets, prairies, haies, jardins. Niche en France, Suisse. En extension. Visiteur d'hiver commun. **N.B.** Sociable, niche en petites colonies.

◄►
**Grive mauvis** Turdidae *Turdus musicus*. L. : 21 cm. Reconnaissable à son sourcil crème très marqué, à ses flancs roux vif. Poitrine tachetée comme celle des autres grives. **Habitat :** bois, prairies, haies. Visiteur d'hiver seulement (en Europe occidentale). **N.B.** Sociable.

**Merle noir** Turdidae *Turdus merula*. L. : 25 cm. Mâle noir à bec jaune ; femelle brune, tachetée. **Habitat :** haies, bois, jardins, parcs, bosquets. Migrateur partiel. Très commun. **N.B.** Vol direct, relève et étale la queue en se posant. Chant varié, flûté, fort.

**Grive musicienne** Turdidae *Turdus philomelos*. L. : 23 cm. Dessus uniforme, brun. **Habitat :** bois, haies, parcs, prairies. Migratrice partielle. Commune. **N.B.** Vol rapide, direct. Chant à répétitions, mélodieux, puissant.

**Merle à plastron** Turdidae *Turdus torquatus*. L. : 24 cm. Plastron blanc, zone claire sur l'aile. **Habitat :** prés-bois montagnards, tourbières de montagne ; au passage, broussailles et côtes. Niche, passe ou hiverne selon les pays. **N.B.** Se cache derrière les rochers quand on l'approche (en montagne).

**Hypolaïs ictérine** Sylviidae *Hippolais icterina*. L. : 13 cm. Queue carrée à l'extrémité. Dessous jaune. **Habitat :** bosquets, jardins, parcs, allées d'arbres. Localisée. Manque en Grande-Bretagne et dans la péninsule Ibérique. Migratrice.

**Gorge-bleue** Turdidae *Luscinia svecica*. L. : 14 cm. Mâle : menton et poitrine bleu vif bordés de noir, blanc et roux ; miroir blanc ou roux ; la femelle a un peu de bleu sur la gorge. Queue rousse à la base. Furtive. **Habitat :** haies, broussailles, souvent au bord de l'eau (fossés, rivières, étangs). Très localisée. **N.B.** Migratrice.

**N.B.** Chant comportant des notes scandées, fortes, variées, avec des imitations. **Hypolaïs polyglotte** *H. polyglotta*. Dessous plus pâle. Remplace l'ictérine dans le sud-ouest européen. Chant plus mélodieux.

**Locustelle luscinioïde** Sylviidae *Locustella luscinioides*. L. : 14 cm. Gorge blanche, visible quand l'oiseau chante. **Habitat :** roselières au bord des étangs, lacs. Migratrice. Manque en Grande-Bretagne. **N.B.** Chant monotone semblable à une stridulation d'insecte.

**Bouscarle** Sylviidae *Cettia cetti*. L. : 14 cm. Chant aisément reconnaissable, commençant par un cri brusque. **Habitat :** végétation touffue des rives, berges. Rare en Grande-Bretagne. **N.B.** Sédentaire.

**Fauvette grisette** Sylviidae
*Sylvia communis*. L. : 14 cm. La femelle a la tête brune ; zone marron sur les ailes. **Habitat :** haies, buissons, broussailles épaisses. **N.B.** Migratrice.

**Fauvette babillarde** Sylviidae
*Sylvia curruca*. L. : 13,5 cm. **Habitat :** buissons, haies. Migratrice. Localisée. **N.B.** Chant fort, comportant des notes gazouillées.

**Fauvette pitchou** Sylviidae
*Sylvia undata*. L. : 12,5 cm. **Habitat :** broussailles, landes d'ajoncs ; sur les côtes de l'ouest et dans le sud. Sédentaire. Furtive. **N.B.** Chant peu sonore.

**Pouillot fitis** Sylviidae
*Phylloscopus trochilus*. L. : 11 cm. Pattes claires. **Habitat :** bois, forêts, taillis, grosses haies. Commun. Migrateur. **N.B.** Chant : phase aiguë, descendante, prenant fin par un trille.

**Pouillot véloce** Sylviidae
*Phylloscopus collybita*. L. : 11 cm. Plumage plus terne que celui du pouillot fitis ; pattes foncées. **Habitat :** bois, forêts, grosses haies, parcs. Commun. Migrateur partiel. **N.B.** Chant scandé : « tsip-tsap... ».

**Pouillot siffleur** Sylviidae
*Phylloscopus sibilatrix*. L. : 12,5 cm. Sourcil jaune bien net. **Habitat :** bois, forêts, surtout futaies et taillis sous futaie (chênaies, hêtraies). Migrateur. **N.B.** Chant : trille de plus en plus rapide et « piu-piu » plaintifs.

**Roitelet huppé** Sylviidae *Regulus regulus*. L. : 9 cm. Tout petit oiseau. Double barre alaire ; milieu de la tête jaune vif. **Habitat :** bois de conifères ou mixtes ; en hiver, aussi haies, jardins ; en plaine et en montagne jusqu'à 2000 m. Commun mais se tient généralement à grande hauteur dans les arbres.

**Fauvette mélanocéphale** Sylviidae *Sylvia melanocephala*. L. : 13-14 cm. Tête entièrement noire ; côtés de la queue blancs. Se montre peu. **Habitat :** maquis, buissons des parcs et jardins de la région méditerranéenne. Sédentaire. **N.B.** Chant mélodieux.

**Locustelle tachetée** Sylviidae *Locustella naevia*. L. : 12,5 cm. Queue arrondie. **Habitat :** buissons, broussailles, landes, jeunes plantations de conifères, voisinage des eaux douces. Migratrice. **N.B.** Chant monotone semblable à la stridulation d'un insecte ou au bruit d'un moulinet de canne à pêche.

**Rousserolle effarvatte** Sylviidae *Acrocephalus scirpaceus*. L. : 12,5 cm. **Habitat :** roselières au bord des rivières, étangs. Migratrice. **N.B.** Chant assez faible, monotone, comptant de nombreuses répétitions.

**Phragmite des joncs** Sylviidae *Acrocephalus schoenobaenus*. L. : 12,5 cm. Sourcil blanc très net. Furtif. Cri râpeux. **Habitat :** roselières, buissons proches de l'eau, rives avec végétation touffue. Migrateur. **N.B.** Chant avec des imitations.

**Fauvette à tête noire** Sylviidae *Sylvia atricapilla*. L. : 14 cm. Chant flûté, mélodieux. **Habitat :** buissons dans les bois, parcs, jardins, lisières. Hiverne dans le sud. Migratrice partielle. Commune.

**Fauvette des jardins** Sylviidae *Sylvia borin*. L. : 14 cm. **Habitat :** buissons des bois, forêts, parcs. Migratrice. **N.B.** Se montre peu. Chant monotone, plus uniforme que celui de la fauvette à tête noire.

**Mésange à longue queue** Aegithalidae *Aegithalos caudatus*. L. : 14 cm. Plumage noir, blanc et roux-rosé ; longue queue noire bordée de blanc. **Habitat :** bois et forêts, mixtes ou non. Grosses haies, parcs, jardins. **N.B.** En groupes sauf au printemps.

**Sittelle** Sittidae *Sitta europaea*. L. : 14 cm. Grimpe agilement sur les troncs, branches, en tous sens. Queue brève non utilisée comme support. **Habitat :** bois, forêts, parcs, jardins avec grands arbres. Commune. Sédentaire. **N.B.** Ouvre les noisettes à coups de bec. Cris et chant forts.

**Grimpereau familier** Certhiidae *Certhia familiaris*. L. : 13 cm. Escalade les troncs. Prend les insectes de l'écorce avec son long bec recourbé. **Habitat :** bois, parcs, jardins, en montagne sur le continent. **N.B.** Vol saccadé. Sur le continent, le grimpereau brachydactyle est plus largement répandu.

**Troglodyte** Troglodytidae *Troglodytes troglodytes*. L. : 10 cm. Trapu ; queue souvent dressée. Très actif, se faufile dans la végétation. **Habitat :** broussailles, bois, parcs, jardins, haies. Commun. **N.B.** Vol direct, peu soutenu. Chant très fort ; cris d'alarme secs.

**Cincle** Cinclidae *Cinclus cinclus*. L. : 18 cm. Plonge et nage. **Habitat :** uniquement au bord des cours d'eau rapides, rivières et torrents. Plaine (très localisé) et surtout montagne. **N.B.** Vol rapide, généralement au ras de l'eau.

♂

♀

**Mésange à moustaches** Timaliidae *Panurus biarmicus*. L. : 17 cm. Brun roussâtre ; longue queue. Les mâles ont des moustaches très visibles. **Habitat :** roselières au bord des lacs, étangs. Très localisée mais en extension. Rare. **N.B.** Vol laborieux, ondulé.

**Mésange charbonnière** Paridae *Parus major*. L. : 14 cm. Calotte noire, joues blanches ; dessous jaune avec bande centrale noire. **Habitat :** bois, parcs, jardins, vergers, grosses haies. Commune. **N.B.** Vol ondulé, peu soutenu. Cri fréquent : « titi-u » répété, fort.

**Mésange bleue** Paridae *Parus caeruleus*. L. : 12 cm. Calotte bleue ; dessous jaune pâle. **Habitat :** bois de feuillus, parcs, jardins, vergers ; souvent près de l'eau en hiver. **N.B.** Vol plus rapide que celui de la mésange charbonnière.

**Mésange noire** Paridae *Parus ater*. L. : 12 cm. Calotte noire, nuque blanche ; double barre alaire blanche. **Habitat :** commune dans les forêts de conifères (en plaine et en montagne) ; plus rare dans celles de feuillus ; parcs, jardins avec conifères.

**Mésange huppée** Paridae *Parus cristatus*. L. : 12 cm. Huppe tachetée de noir et blanc. Se nourrit sur les troncs. Moins sociable que les autres mésanges. **Habitat :** bois de conifères (surtout pinèdes) en plaine et en montagne ; aussi bois mixtes ; rare dans les bois de feuillus.

**Mésange nonnette** Paridae *Parus palustris*. L. : 12 cm. Diffère de la mésange boréale par sa voix et la petite tache noire du menton. **Habitat :** bois de feuillus, lisières, broussailles, parcs, jardins, haies. Niche dans un trou d'arbre.

**Mésange boréale** Paridae *Parus montanus*. L. : 12 cm. Diffère de la mésange nonnette par la tache noire de la gorge plus étendue, et le cri nasal « si-si-de-de-de ». **Habitat :** en plaine, voisinage des cours d'eau avec végétation dense (mésange des saules) ; en montagne, forêts de conifères (mésange alpestre).

**Pie-grièche grise** Laniidae *Lanius excubitor*. L. : 24 cm. **Habitat :** champs, prairies, haies. Se perche souvent sur les fils télégraphiques, les buissons. Sédentaire ou migratrice partielle. **N.B.** Chant faible ; cri aigu « kirr ».

**Jaseur boréal** Bombycillidae *Bombycilla garrulus.* L. : 18 cm. Croupion et bas du dos gris. **Habitat :** arbustes et arbrisseaux porteurs de baies dans les bois et les parcs, jardins, haies. Apparaît

irrégulièrement en Europe occidentale (surtout dans l'Est) au cours d'« invasions ». **N.B.** Généralement grégaire.

**Pie-grièche écorcheur** Laniidae *Lanius collurio.* L. : 17 cm. Longue queue souvent balancée de gauche à droite. Femelle brun et beige. **Habitat :** prairies, haies, broussailles, buissons, landes. Migratrice. **N.B.** Capture de petits vertébrés et des insectes.

Pie-grièche écorcheur

**Etourneau** Sturnidae *Sturnus vulgaris.* L : 21,5 cm. En été, dessous non tacheté. Voix : sifflements, grincements, roulades avec des imitations d'autres oiseaux. **Habitat :** lieux boisés, lisières, parcs, vergers, prairies, vignobles. Très commun. Très grégaire. **N.B.** Migrateur partiel.

**Gros-bec** Fringillidae *Coccothraustes coccothraustes.* L. : 18 cm. **Habitat :** bois (surtout de feuillus et mixtes), parcs, jardins. Discret sauf au printemps. **N.B.** Cris secs « tzick ».

**Verdier** Fringillidae *Carduelis chloris.* L. : 14,5 cm. Femelle plus brune. Voix : gazouillis rapide et notes prolongées. **Habitat :** lisières, vergers, jardins, parcs, haies. **N.B.** En petits groupes à l'automne et en hiver.

**Chardonneret** Fringillidae *Carduelis carduelis.* L. : 12 cm. **Habitat :** champs, haies, jardins, parcs, vergers, bords des chemins. **N.B.** Migrateur partiel. Mange les graines des chardons. **N.B.** Chant aigu.

**Tarin** Fringillidae *Carduelis spinus.* L. : 12 cm. Femelle plus grise, sans noir sur la tête. **Habitat :** nicheur dans les forêts de conifères en montagne, Ecosse et parfois ailleurs ; L'hiver : bois, rives des cours d'eau avec aulnes, parcs.

**Linotte mélodieuse**
Fringillidae *Carduelis cannabina*. L. : 13 cm. **Habitat :** friches, vignes, haies, champs, landes, lisières. Marques blanches sur les ailes et la queue. **N.B.** Voix : cliquetis rapide.

**Linotte à bec jaune**
Fringillidae *Carduelis flavirostris*. L. : 13,5 cm. **Habitat :** prairies, tourbières en Ecosse, Irlande où elle niche ; en hiver, sur les côtes.

**Sizerin flammé**
Fringillidae *Carduelis flammea*. L. : 13 cm. **Habitat :** bois de bouleaux et mixtes, plantations de conifères en Grande-Bretagne. Sur le continent, niche entre 1 600 et 2 200 m. L'hiver, descend en plaine.

**Bouvreuil** Fringillidae *Pyrrhula pyrrhula*. L. : 14,5 cm. Croupion blanc très visible en vol. **Habitat :** bois avec buissons, taillis sous futaie, parcs, jardins, haies. En plaine et en montagne. **N.B.** Voix plantive, douce : « piu ».

**Bec-croisé des sapins**
Fringillidae *Loxia curvirostra*. L. : 16,5 cm. **Habitat :** forêts de conifères ; parcs, jardins avec conifères pendant les « invasions ». Niche en montagne, à basse altitude en Grande-Bretagne ; visible en plaine lors des déplacements massifs d'oiseaux.

**Pinson des arbres**
Fringillidae *Fringilla coelebs*. L. : 15 cm. **Habitat :** très varié ; tous les lieux boisés (forêts, parcs, jardins, haies, etc.). Très commun en plaine et en montagne jusqu'à 2 300 m. **N.B.** Cri typique « pink-pink ». Chant bref, fort, s'accélérant, stéréotypé.

**Pinson du Nord** Fringillidae *Fringilla montifringilla*. L. : 14,5 cm. Croupion blanc très visible. Mâle et femelle presque semblables en hiver. **Habitat :** l'hiver seulement en Europe occidentale ; forêts de hêtres, champs, voisinage des fermes. **N.B.** En grandes troupes ou petits groupes.

**Bruant proyer** Emberizidae *Miliaria calandra*. L. : 18 cm. **Habitat :** champs, prairies, haies. En plaine. Migrateur partiel. **N.B.** Chant prenant fin par une sorte de cliquetis.

**Bruant jaune** Emberizidae *Emberiza citrinella*. L. : 16,5 cm. Mâle adulte plus vivement coloré que la femelle et les immatures brunâtres. **Habitat :** champs, haies, bords des routes, lisières, landes. Commun. **N.B.** Chant typique, aigu, prenant fin par une note étirée.

**Bruant zizi** Emberizidae *Emberiza cirlus*. L. : 16,5 cm. Femelle reconnaissable à son croupion marron. **Habitat :** haies, vergers, lisières, jardins. En montagne jusqu'à 1 400 m. Migrateur partiel. **N.B.** Chant : trille bref.

**Bruant des roseaux** Emberizidae *Emberiza schoeniclus*. L. : 15 cm. **Habitat :** bords des étangs, rivières avec végétation arbustive et roseaux. Roselières. Migrateur partiel.

**Bruant des neiges** Emberizidae *Plectrophenax nivalis*. L. : 16,5 cm. Femelle semblable au mâle en hiver ; en été, le mâle est noir et blanc. **Habitat :** en Ecosse, sommets des montagnes. L'hiver, sur les côtes d'Europe occidentale (rare : mer du Nord, Manche et Atlantique). **N.B.** Cris variés.

**Moineau domestique** Passeridae *Passer domesticus*. L. : 14,5 cm. **Habitat :** villes, villages, fermes ; rarement loin des habitations. Très commun. **N.B.** Très bruyant, lance des pépiements. Sociable. Peu craintif en ville.

**Moineau friquet** Passeridae *Passer montanus*. L. : 14 cm. Tache noire sur les joues, calotte marron. **Habitat :** campagne cultivée ; lisières, bois clairs, vergers, champs. **N.B.** Sexes semblables.

# Oiseaux

**Loriot** Oriolidae *Oriolus oriolus*. L. : 24 cm. Mâle aisément reconnaissable ; femelle jaune verdâtre dessus et grise dessous. **Habitat :** bois de feuillus, bosquets, plantations de peupliers. Migrateur. **N.B.** Chant flûté, bref.

**Serin cini** Fringillidae *Serinus serinus*. L. : 11 cm. Le mâle a la tête jaune vif et gris-brun ; femelle plus terne, poitrine très tachetée de noir ; croupion jaune chez les 2 sexes. **Habitat :** haies, jardins, parcs, lisières, vergers. Migrateur partiel. **N.B.** Chant en trille aigu, lancé en vol ou posé.

**Crave** Corvidae *Pyrrhocorax pyrrhocorax*. L. : 40 cm. Long bec incurvé et pattes rouges. **Habitat :** quelques falaises côtières de la Manche et de l'Atlantique ; montagne (surtout dans le sud). Rare. **N.B.** Acrobaties en vol. Sociable. Plus fin que le choucas.

**Geai** Corvidae *Garrulus glandarius*. L. : 34 cm. Taches bleues et blanches et croupion blanc très visibles en vol. Ailes arrondies ; vol hésitant. **Habitat :** bois, parcs, en plaine et en montagne. Très commun. **N.B.** Très bruyant. Souvent en petits groupes.

**Bruant fou** Emberizidae *Emberiza cia*. L. : 15-16 cm. **Habitat :** lieux secs, ensoleillés avec buissons sur plateaux, collines et jusqu'à 2 750 m en montagne ; aussi vignobles, rocailles. Niche en France, Suisse, péninsule Ibérique, Italie.

**Casse-noix** Corvidae *Nucifraga caryocatactes*. L. : 31 cm. **Habitat :** forêts de conifères en montagne (Vosges, Jura, Alpes). En plaine, lors des « invasions » irrégulières d'oiseaux venus de l'est européen. **N.B.** Bruyant au printemps.

**Bruant ortolan** Emberizidae *Emberiza hortulana*. L. : 16 cm. Tête verdâtre, gorge jaune, dos brun. **Habitat :** haies, vignes, friches, champs. Migrateur. **N.B.** Chant : phrase mélodieuse, courte, prenant fin par une note étirée et descendante.

**Grand corbeau** Corvidae *Corvus corax.* L. : 64 cm. Gros oiseau au bec noir, massif ; plumes de la gorge hérissées ; queue en forme de coin. **Habitat :** certaines falaises côtières de Grande-Bretagne, France et péninsule Ibérique ; montagnes avec parois rocheuses. **N.B.** Vol puissant, souvent acrobatique. Voix grave.

**Corneille noire et Corneille mantelée** Corvidae *Corvus corone.* L. : 45 cm. La corneille mantelée a le ventre et le dos gris (niche en Italie, Grande-Bretagne, Corse), visible en hiver sur le littoral en Belgique, France (nord) et aux Pays-Bas. **Habitat :** corneille noire : partout, plaine et montagne, campagne cultivée, agglomérations. Très commune. **N.B.** Niche par couples séparés.

**Corbeau freux** Corvidae *Corvus frugilegus.* L. : 46 cm. Diffère de la corneille noire par la base du bec nue, grise (adulte), son grégarisme, son vol plus rapide. **Habitat :** campagne cultivée avec grands arbres, parcs, bosquets, plantations de peupliers. Surtout dans le nord, sauf en hiver. **N.B.** Niche en colonies bruyantes.

**Choucas** Corvidae *Corvus monedula.* L. : 33 cm. Reconnaissable à sa nuque et à ses joues grises, à sa petite taille, à ses cris aigus et à ses acrobaties en vol. **Habitat :** bois clairs, allées d'arbres, ruines, clochers, carrières, falaises, agglomérations, champs. Localisé. **N.B** Niche dans un trou d'arbre ou de mur, rochers. Grégaire.

**Pie** Corvidae *Pica pica.* L. : 46 cm. Longue queue, plumage bicolore. Vol assez lent avec battements d'ailes rapides. **Habitat :** campagne cultivée, prairies, champs, haies, broussailles, grands jardins, parcs. En ville aussi. Commune. **N.B.** Souvent en groupes, plus importants l'hiver. Voix : jacassements typiques.

# Mammifères

**A droite : Blaireau cherchant sa nourriture dans la litière de feuilles mortes.**

La plupart des mammifères européens sont petits et nocturnes, aussi est-il difficile de les voir et de les identifier. On peut observer les plus grands (cerf par exemple) dans la journée ou au crépuscule et, généralement, on les reconnaîtra aisément, bien qu'ils changent de couleur selon les saisons et que certains perdent leurs bois.

En ce qui concerne les espèces de faible taille, il ne sera généralement possible de les déterminer qu'après leur mort car les seuls critères absolument sûrs sont des détails de la dentition. La coloration du pelage, la longueur de la queue, la forme du museau ont néanmoins de l'importance.

Beaucoup de petits mammifères ne sont vus qu'à l'état de cadavres ou sous forme d'ossements dans les boulettes de débris indigestes (pelotes de réjection) crachées par les chouettes et les hiboux.

La plupart des mammifères sont observables en toute saison, et cela vaut même pour ceux qui hibernent (chauves-souris, loirs, hérissons), car certains se réveillent temporairement si le temps se réchauffe. De nombreux carnivores (hermine, belette, loutre, putois) ont été, et sont encore, persécutés et sont devenus rares localement ; parfois même ils ont disparu des milieux qui leur étaient favorables. Certaines grandes espèces, comme le cerf, sont très localisées car elles ont besoin de vastes surfaces boisées d'un seul tenant.

Plusieurs mammifères d'Europe occidentale sont originaires de pays plus ou moins lointains (par exemple en Grande-Bretagne l'écureuil gris, le vison américain, le ragondin, le lapin, le daim), mais plusieurs sont maintenant aussi répandues que les espèces indigènes. D'une façon générale, les contrées faiblement boisées ont une faune mammalienne plus réduite que celles où les forêts occupent de vastes surfaces, car celles-ci servent d'habitat à la plupart des grandes espèces. Alors qu'un certain nombre de mammifères se trouvent dans une situation précaire en raison des destructions dont ils ont été victimes ou à la suite de la transformation de leur habitat, d'autres, de faible taille, sont encore très prospères. Il s'agit en particulier de quelques rongeurs tels les rats, la souris grise, le campagnol des champs, le mulot, qui, en raison de leurs faibles exigences, réussissent à résister aux modifications du milieu et aux mesures de lutte prises à leur encontre. La faune des îles est nettement plus pauvre que celle du continent et cela vaut quelle que soit la taille des mammifères.

**Vingt-neuf espèces de chauves-souris vivent en Europe occidentale, mais une quinzaine seulement en Grande-Bretagne. Beaucoup sont devenues rares à la suite des traitements insecticides et des perturbations apportées à leurs retraites (carrières, ruines, etc.). Cet oreillard chasse en forêt.**

**Petit rorqual** Balaenopteridae *Balaenoptera acutorostrata.* L. : atteint 10 m. Silhouette élancée. Event peu apparent. **Habitat :** pleine mer et eaux côtières. **N.B.** Tache blanche sur les nageoires pectorales.

**Hypérodon** Ziphiidae *Hyperoodon ampullatus.* L. : atteint 9 m. Museau court ; grosse tête renflée ; jeunes gris ardoise, adultes noirs, vieux mâles brun foncé. Ventre plus clair. Petite nageoire dorsale ; pas d'encoche sur la nageoire caudale. **Habitat :** pleine mer et eaux côtières.

**Globicéphale noir** Globicephalidae *Globicephala melaena.* L. : atteint 6 m. Corps allongé, svelte ; tête globuleuse ; nageoire dorsale basse, fortement incurvée à l'arrière ; noir, sauf gorge blanche ; membres antérieurs très longs. **Habitat :** pleine mer et eaux côtières de l'Atlantique nord. **N.B.** Généralement en petits groupes.

**Dauphin à bec blanc** Delphinidae *Lagenorhynchus albirostris.* L. : atteint 3 m. Court museau blanc ; dos noir ; flancs blancs avec bandes noires en arrière des membres ; ventre blanc ; nageoire dorsale assez grande, concave à l'arrière ; queue et nageoires noires. **Habitat :** pleine mer et eaux côtières, surtout en mer du Nord. **N.B.** Bondit souvent hors de l'eau. Généralement en grandes troupes.

**Souffleur** Delphinidae *Tursiops truncatus.* L. : atteint 3,5 m. Gris ardoise ou brun clair (foncé quand il est échoué), « bec » bien net. La nageoire dorsale a l'arrière concave. Bande claire entre le « bec » et l'évent.

**Marsouin** Phocaenidae *Phocaena phocaena.* L. : atteint 1,80 m. Trapu ; tête bulbeuse ; pas de « bec ». **Habitat :** pleine mer et eaux côtières. **N.B.** Le plus petit cétacé d'Europe.

**Dauphin des Anciens** Delphinidae *Delphinus delphis.* L. : atteint 2 m. Petit « bec » très évident. **Habitat :** pleine mer et eaux côtières. Parfois en mer du Nord.

**Orque** Globicephalidae *Orcinus orca.* L. : atteint 9 m. Dos noir, ventre blanc et tache blanche derrière l'œil ; museau obtus ; très haute nageoire dorsale, surtout chez le mâle. **Habitat :** pleine mer et eaux côtières. **N.B.** Solitaire ou en groupe.

**Phoque gris** Phocidae *Halichoerus grypus.* L. : atteint 3 m. Coloration variable ; grosse tête ; profil en coin avec le museau haut, aplati ; narines parallèles, nettement séparées. **Habitat :** présent çà et là sur les côtes rocheuses, îlots et dans les eaux côtières des Iles Britanniques. Observé aussi en Bretagne.

**Phoque veau-marin** Phocidae *Phoca vitulina.* L. : 1,5-2 m. Dans l'eau, difficile à distinguer du phoque gris. Tête petite, arrondie ; museau court ; narines en V, presque contiguës à la base. **Habitat :** littoral, îles, côtes rocheuses. Nord-est des Iles Britanniques.

# Mammifères

**Hérisson** Erinaceidae *Erinaceus europaeus*. L. : 22-29 cm. Démarche hésitante ; se roule quand il est inquiété ; nage et grimpe bien ; nocturne et crépusculaire ; souvent écrasé sur les routes. **Habitat :** bois, parcs, jardins, haies. **N.B.** Bruyant quand il chasse (renifle et grogne). Hiberne mais peut se réveiller s'il y a un radoucissement du temps.

**Musaraigne pygmée**
Soricidae *Sorex minutus*. L. : 7-10 cm. Plus claire que la musaraigne carrelet ; queue aussi longue que le corps ou plus longue, assez épaisse. **Habitat :** partout où la végétation herbacée est épaisse (tourbières comprises), buissons, haies, lisières. La seule musaraigne en Irlande. **N.B.** Active jour et nuit.

**Musaraigne carrelet**
Soricidae *Sorex araneus*. L. : 9-13 cm. Tricolore : dos brun foncé, flancs brun clair, ventre gris ; jeunes plus bruns ; museau pointu, yeux et oreilles petits ; queue plus courte que le corps. **Habitat :** prairies, haies, bois, landes, broussailles, parfois tourbières. Manque en Irlande. **N.B.** Active jour et nuit.

**Crossope aquatique**
Soricidae *Neomys fodiens*. L. : 11-16 cm. Dos noir, ventre blanc, queue brune dessus, blanche dessous, avec une rangée de poils ; longs poils également au bord des pattes. **Habitat :** prairies, bois, ruisseaux, étangs. Manque sur les îles, sauf en Angleterre et en Ecosse. **N.B.** Active jour et nuit. Pas toujours au bord de l'eau.

**Taupe** Talpidae *Talpa europaea*. L. : 13-19 cm. Courte fourrure noire ; corps cylindrique ; fortes pattes antérieures ; yeux très petits, pas de pavillons auditifs. **Habitat :** prairies, champs, bois, jardins campagnards. Evite les terrains humides, caillouteux, acides et marécageux. Manque en Irlande. **N.B.** Active jour et nuit dans ses galeries souterraines.

**Ragondin** Capromyidae *Myocastor coypus*. L. : 60-100 cm. Fourrure hirsute, brune à l'arrière, grise à l'avant ; pattes postérieures palmées ; grandes incisives orange ; museau quadrangulaire ; queue écailleuse, presque sans poils. **Habitat :** bords des eaux douces. Localisé. **N.B.** Très gros rongeur.

**Marmotte** Sciuridae *Marmota marmota*. L. : 61-77 cm. **Habitat :** alpages plus ou moins rocailleux en montagne (Alpes ; introduite dans les Pyrénées), normalement entre 2 000 et 3 000 m. Vit dans des terriers mais sort souvent en plein jour pour se nourrir et surveiller les environs. **N.B.** Hiberne d'octobre à mars-avril.

**Ecureuil roux** Sciuridae *Sciurus vulgaris*. L. : 35-52 cm. Longue queue touffue ; dessus roux vif ou brun noir chez certains sujets ; touffes de poils des oreilles très nettes en hiver. **Habitat :** bois de feuillus et de conifères ; en montagne jusqu'à 2 000 m. **N.B.** Arboricole. Diurne. Fait un nid hivernal en haut d'un arbre. N'hiberne pas.

**Castor** Castoridae *Castor fiber*. L. : 1-1,40 m. Large queue aplatie, écailleuse. **Habitat :** rivières, lacs aux berges boisées. Manque en Grande-Bretagne, réintroduit dans le nord de la France mais a toujours vécu le long des affluents inférieurs du Rhône. **N.B.** Construit, si possible, une digue et une hutte mais vit souvent dans un terrier.

**Campagnol agreste** Cricetidae *Microtus agrestis*. L. : 12-18 cm. Fourrure assez hirsute, gris-brun dessus, grise dessous, parfois teintée de fauve ; museau arrondi, petites oreilles, très courte queue rosée. **Habitat :** prairies, marais, dunes envahies par la végétation, tourbières herbeuses. Manque en Irlande et dans le sud de l'Europe. **N.B.** Actif jour et nuit.

**Campagnol des champs** *M. arvalis*. L. : 12-17 cm. Très commun. **Habitat :** champs, prairies, lieux herbeux. Présent en Europe continentale.

**Campagnol souterrain** *Pitymys subterraneus*. L. : 10-14 cm. Ressemble aux précédents mais pelage foncé, yeux très petits et vit sous terre dans des galeries.

**Campagnol roussâtre** Cricetidae *Clethrionomys glareolus*. L. : 11-19 cm. Adultes : fourrure marron roussâtre avec duvet gris ou crème ; jeunes plus gris ; queue : 40-60 pour 100 du corps, foncée dessus, claire dessous ; oreilles et yeux petits. **Habitat :** bois, forêts, parcs, haies, jardins, abris de jardin.

**Campagnol terrestre, Rat-taupier** Cricetidae *Arvicola terrestris.* L. : 17-30 cm. Taille d'un rat, mais queue, oreilles et museau plus courts ; fourrure hirsute, brune ou noirâtre. **Habitat :** bords des eaux, berges, prairies, vergers. Manque en Irlande et dans le sud de l'Europe. **N.B.** Creuse des galeries, vit en partie sous terre.

**Rat musqué** Cricetidae *Ondatra zibethicus.* L. : 45-67 cm. Queue aplatie latéralement ; pattes postérieures faiblement palmées. **Habitat :** étangs, lacs, rivières lentes avec végétation abondante. Manque en Grande-Bretagne. **N.B.** Construit des huttes pour l'hiver et vit dans un terrier. Rongeur nord-américain qui s'est échappé d'élevage ou a été introduit.

**Rat gris, Rat d'égout, Surmulot** Muridae *Rattus norvegicus.* L. : 36-49 cm. Fourrure hirsute, gris-brun dessus, gris clair dessous, parfois noire ; jeunes plus gris et plus sveltes. **Habitat :** maisons, entrepôts, silos, magasins, fossés, dépôts d'ordures, égouts, ports. Partout. Très abondant.

**Mulot** Muridae *Apodemus sylvaticus.* L. : 14-22 cm. Yeux saillants, longues oreilles, grande queue. Dessus fauve, dessous blanc-gris ; jeunes plus gris. **Habitat :** bois, haies, lisières, champs, prairies, parcs, jardins. Rarement dans les maisons. **N.B.** Fait de grands bonds s'il est inquiété.

**Mulot à collier** Muridae *Apodemus flavicollis.* L. : 17-26 cm. Dessus roussâtre, large collier jaune, complet. Autrement, comme le mulot. **Habitat :** bois de feuillus et de conifères, haies, bords des champs, jardins, vergers. Dans le sud, en montagne. Manque dans une grande partie de la France et de la péninsule Ibérique ainsi qu'aux Pays-Bas.

**Rat noir** Muridae *Rattus rattus.* L. : 31-48 cm. Coloration variable, allant du noir au brun ; ventre gris ou crème ; queue proportionnellement plus longue que celle du rat gris. **Habitat :** maisons, entrepôts, bateaux ; se tient plus volontiers dans les lieux secs et chauds que le rat gris (greniers par exemple).

**Souris grise, Souris domestique** Muridae *Mus musculus*. L. : 14-20 cm. Gris uni dessus, un peu plus clair dessous ; queue à peu près de la même longueur que le corps et la tête pris ensemble, assez écailleuse. **Habitat :** maisons, terrains vagues, champs, haies au voisinage des bâtiments, jardins. Partout. Très commune.

**Rat des moissons** Muridae *Micromys minutus*. L. : 10-14 cm. Petit, roussâtre ; longue queue préhensile. **Habitat :** prairies, champs de céréales, haies, bords des eaux douces avec végétation herbacée drue et haute. Manque en Irlande et dans la majeure partie de la péninsule Ibérique. **N.B.** En été, bâtit un nid globuleux à 30-60 cm de haut dans la végétation herbacée (champs, prairies).

**Lérot** Gliridae *Eliomys quercinus*. L. : 19-29 cm. Masque noir, grandes oreilles, pinceau de poils noir et blanc au bout de la queue. **Habitat :** jardins, vergers, bois, greniers, broussailles, appentis, lieux rocheux, en plaine et en montagne jusqu'à 2 000 m. Manque en Grande-Bretagne. **N.B.** Grimpe très bien. Nocturne.

**Muscardin** Gliridae *Muscardinus avellanarius*. L. : 11-16 cm. Queue touffue ; dessus roux, ventre fauve clair, gorge blanche, grands yeux ; jeunes plus gris. **Habitat :** bois de feuillus (taillis sous futaie), haies, buissons des lisières, noisetiers. Manque en Grande-Bretagne, péninsule Ibérique. **N.B.** Nid d'été dans la végétation ; en hiver, au niveau du sol ou souterrain.

**Loir gris** Gliridae *Glis glis*. L. : 24-34 cm. Gris-brun uni dessus, masque noir, ventre blanchâtre, faibles bandes foncées sur le côté externe des pattes, grande queue touffue. **Habitat :** forêts, bois de conifères ou feuillus, aussi greniers. Manque dans presque toute la Grande-Bretagne et en péninsule Ibérique. **N.B.** Grimpe bien.

**Lapin de garenne** Leporidae *Oryctolagus cuniculus*. L. : 38-53 cm. Coloration assez variable. **Habitat :** dunes, bois, haies, parcs, pelouses calcaires, landes. Jusqu'à 2 000 m (Pyrénées). **N.B.** Surtout nocturne mais actif de jour s'il n'est pas dérangé. Raréfié par la myxomatose (maladie virale).

# Mammifères

**Lièvre brun** Leporidae *Lepus europaeus = capensis.* L. : 55-75 cm. Généralement brun-beige dessus, mais coloration variable ; dessous blanchâtre ; oreilles longues, noires au bout ; face supérieure de la queue noire ; grandes pattes postérieures. **Habitat :** champs, lieux herbeux, lisières, bois, en plaine et jusqu'à 1 500 m en montagne. **N.B.** Court rapidement. Se repose dans un gîte. Bien plus grand que le lapin de garenne.

**Lièvre variable** Leporidae *Lepus timidus.* L. : 50-70 cm. Change de couleur selon la saison (en hiver, tout blanc, ou presque, sauf le bout des oreilles noir) ; plus petit que le Lièvre brun, oreilles plus courtes ; pas de noir sur la queue. **Habitat :** prairies et bois des montagnes (Alpes) jusqu'à 3 700 m. Ecosse ; en plaine en Irlande.

**Putois** Mustelidae *Mustela putorius.* L. : 43-64 cm. Diffère du vison par sa coloration plus claire et les marques pâles de la face et des oreilles, du furet par sa coloration plus foncée, et les marques de la face moins étendues. **Habitat :** campagne cultivée, bois, broussailles, bords des eaux douces, localement dunes. En plaine.

**Hermine** Mustelidae *Mustela erminea.* L. : 32-43 cm. En été, dessus brun, dessous blanc-jaunâtre ; en hiver (surtout dans le nord), blanche sauf le bout de la queue noir en toutes saisons. **Habitat :** prairies, bois, haies, marais, broussailles, landes. **N.B.** Active jour et nuit.

**Renard roux** Canidae *Vulpes vulpes.* L. : 90-129 cm. Oreilles dressées, noires au bout. Gorge et bout de la queue blancs. Coloration variable, en principe dessus roux et ventre gris. **Habitat :** bois, champs, dunes, parcs, à la campagne et aussi en ville, au moins localement ; plaine et montagne.

**Vison d'Amérique** Mustelidae *Mustela vison.* L. : 48-54 cm. **Habitat :** berges des étangs, marais, fleuves. Très localisé. Devenu sauvage en Grande-Bretagne et çà et là. Le vison européen *Mustela lutreola* (taille identique) subsiste dans l'Ouest de la France et diffère seulement par la tache blanche du museau qui s'étend sur la lèvre supérieure. Nage bien.

**Genette** Viverridae *Genetta genetta.* L. : 87-105 cm. Courte sur pattes ; longue queue annelée. **Habitat :** bois rocailleux, broussailles ; jusqu'à 2 000 m ; France (en partie) et péninsule Ibérique. **N.B.** Grimpe et nage bien.

**Belette** Mustelidae *Mustela nivalis.* L. : 20-29 cm. Très petite mais très vive ; dos roux à fauve clair ; dessous blanc, parfois taché de brun ; queue assez courte, jamais noire au bout. **Habitat :** prairies, champs, haies, landes en plaine et en montagne. Manque en Irlande. **N.B.** Active jour et nuit.

**Martre, Marte** Mustelidae *Martes martes*. L. : 64-79 cm. Longue queue touffue ; brun chocolat avec zone jaune-orangé sur la gorge, généralement non fourchue ; jeunes plus pâles. **Habitat :** bois, forêts (surtout peuplements mixtes de feuillus et conifères) ; vit dans les arbres mais descend aussi par terre ; en montagne jusqu'à 2 000 m. **N.B.** Passe la journée dans un trou d'arbre, de pic. Activité diurne et nocturne.

**Fouine** Mustelidae *Martes foina*. L. : 64-75 cm. Zone blanche sur la gorge, généralement divisée en deux et atteignant les pattes. Ressemble beaucoup à la martre. **Habitat :** greniers, villages, ruines, carrières. Présente sur le continent, manque en Grande-Bretagne.

**Blaireau** Mustelidae *Meles meles*. L. : 76-95 cm. Tête blanche avec 2 bandeaux noirs sur les joues ; dos gris ; pattes et ventre noirs ; courte queue touffue. **Habitat :** bois de feuillus, haies, champs, carrières, landes, tas d'ordures. **N.B.** Très nocturne.

**Loutre** Mustelidae *Lutra lutra*. L. : 98-135 cm. Corps allongé, courtes pattes, longue queue effilée, petites oreilles, très grandes moustaches, pattes palmées ; brune sauf la gorge plus claire. **Habitat :** rivières, fleuves, lacs, côtes (Ecosse, Irlande). Devenue rare en mainte région. **N.B.** Nage remarquablement. Nocturne.

**Chat sauvage, Chat forestier** Felidae *Felis sylvestris*. L. : 73-117 cm. Plus volumineux que le chat domestique tigré. Fauve ou gris rayé de noir ; courte queue avec extrémité obtuse, noire ; grosse tête. **Habitat :** bois, forêts, broussailles, lieux tranquilles (Ecosse, est de la France, péninsule Ibérique). **N.B.** Très discret. Observation difficile.

**Chamois, Isard** Bovidae *Rupicapra rupicapra*. L. : 103-134 cm. Pelage brun l'été et noirâtre en hiver. **Habitat :** alpages et forêts, rocailles, en montagne, de 800 à 3 000 m. Vosges, Jura, Alpes, Pyrénées, Apennins. **N.B.** Sociable. Sexes semblables.

**Sanglier** Suidae *Sus scrofa*. L. : 125-175 cm. Le mâle a des défenses ; jeunes (marcassins) rayés ; tête très volumineuse. **Habitat :** champs, bois de feuillus et de conifères. Manque en Grande-Bretagne. Commun mais nocturne. **N.B.** Se croise avec le porc domestique qui en est issu.

**Cerf noble, Cerf rouge, Cerf élaphe** Cervidae *Cervus elaphus*. L. : 175-265 cm. Pelage non tacheté chez les adultes ; arrière-train et queue beiges ; queue plus courte que les oreilles. Jeunes (faons) tachetés. Les mâles perdent leurs bois en mars-avril, et en ont de nouveaux en août. Femelle (biche) sans bois. **Habitat :** forêts de plaine et de montagne (jusqu'à 2 000 m). En Grande-Bretagne, landes. **N.B.** Nocturne.

**Ours brun** Ursidae *Ursus arctos*. L. : 180-250 cm. Coloration variable. Jeunes avec collier clair. Solitaire, sauf les jeunes accompagnant leur mère. **Habitat :** forêts mixtes en montagne (Pyrénées, Alpes, Apennins). **N.B.** Généralement nocturne. Très rare. Observation très difficile en raison de sa discrétion. Signes de présence : empreintes, excréments.

**Mouflon** Bovidae *Ovis musimon*. L. : 115-135 cm. Pelage des mâles tricolore ; femelle : cornes petites ou absentes. **Habitat :** maquis, bois des régions montagneuses ; originaire de Corse et de Sardaigne, introduit ailleurs. **N.B.** Sociable, vit en petits groupes.

**Bouquetin** Bovidae *Capra ibex*. L. : 115-165 cm. Vieux mâles solitaires ; femelles en groupes avec les jeunes ; mâles adultes également groupés. **Habitat :** alpages, rocailles, falaises en montagne (entre 2 000 et 4 000 m). Alpes (rare) et Espagne.

**Chevreuil** Cervidae *Capreolus capreolus*. L. : 97-137 cm. Queue très brève ; menton blanc ; arrière-train blanc dont les poils sont hérissés quand l'animal est alarmé ; dos brun en été, gris-brun en hiver ; bois caducs (tombent en novembre) ; faons tachetés. **Habitat :** bois de feuillus et de conifères, en plaine et en montagne, champs. Manque en Irlande. **N.B.** Aboie s'il est inquiet.

**Grand rhinolophe fer-à-cheval** Rhinolophidae *Rhinolophus ferrum-equinum.* L. : 8-10 cm. E. : 34 cm. Corps globuleux, ailes larges, arrondies ; museau pourvu d'appendices charnus complexes (« feuille nasale »). **Habitat :** campagne cultivée, bois, grottes, greniers, ruines. **N.B.** Hiberne dans les grottes, parfois les caves. Se suspend la tête en bas par les pattes, les ailes entourant le corps. **Petit rhinolophe fer-à-cheval** *R. hipposideros.* Semblable mais plus petit.

**29 espèces de chauves-souris ont été signalées en Europe occidentale. Leur identification est souvent difficile, même quand elles sont mortes (il faut examiner la dentition) et, en vol, elle est donc généralement à peu près impossible. On les répartit entre 2 familles : les rhinolophes (Rhinolophidae) et les vespertilions (Vespertilionidae).**

**Les Vespertilionidés ont des ailes étroites, pointues et sont dépourvus de la feuille nasale des rhinolophes. Ils peuvent replier leurs ailes et s'en servir comme des pattes antérieures pour marcher. Ils ont un tragus (appendice situé à l'intérieur du pavillon auditif) étroit et pointu. *Myotis* est le genre le plus important. L'identification de ses membres est difficile. Quelques-uns des plus représentatifs sont illustrés. La taille, la coloration de la face, la structure de la queue et le tragus sont les caractères importants. L'éperon se trouve sur le talon, près du bord du patagium caudal (patagium : surface de peau formant les ailes).**

**Vespertilion à moustaches** Vespertilionidae *Myotis mystacinus.* E. : 22 cm. Petite taille ; patagium foncé, pelage gris-brun, courtes pattes, face sombre. **Habitat :** parcs, jardins, bois, grottes, maisons, arbres creux.

**Vespertilion de Daubenton** Vespertilionidae *Myotis daubentonii.* E. : 22,5 cm. Museau retroussé, rosé ; oreilles arrondies, brunes, presque de la même longueur que le museau quand on les replie vers l'avant ; grandes pattes ; éperon atteignant 3/4 de la distance cheville-queue. **Habitat :** parcs, campagne cultivée, bois, surtout près de l'eau ; grottes, carrières, arbres creux, maisons.

**Vespertilion de Bechstein** Vespertilionidae *Myotis bechsteinii.* E. : 26-28 cm. Oreilles très longues (1,5 fois la longueur du museau) ; diffère de l'oreillard par ses oreilles non soudées à la base. **Habitat :** bois, campagne cultivée, arbres creux, grottes, parfois maisons.

**Vespertilion de Natterer** Vespertilionidae *Myotis nattereri.* E. : 28 cm. Face brunâtre ou rougeâtre ; grand museau ; oreilles brunes au bout, roses à la base, dépassant le museau si on les replie en avant ; bord de la membrane caudale très velu près de la queue ; ventre blanc. **Habitat :** parcs, jardins, grottes, maisons, carrières.

**Murin** Vespertilionidae *Myotis myotis*. L. : 10-14 cm. E. : 40 cm. Museau et oreilles de la même longueur ou presque. **Habitat :** bois, campagne ; grottes, greniers. **N.B.** Une des plus grandes chauves-souris européennes.

**Les représentants de 9 autres genres vivent en Europe occidentale. On en a illustré 6. L'identification de certaines espèces appartenant à ces genres est difficile.**

**Oreillard** Vespertilionidae *Plecotus sp.* E. : 25 cm. Oreilles aussi longues que le corps, soudées à la base sur le dessus de la tête ; museau arrondi ; tragus large. Deux espèces d'identification difficile.

**Barbastelle** Vespertilionidae *Barbastella barbastellus*. E. : 26 cm. Presque noire ; face paraissant écrasée ; oreilles grandes, presque rectangulaires, soudées à la base. **Habitat :** bois, parcs jardins, maisons, arbres creux.

**Sérotine** Vespertilionidae *Eptesicus serotinus*. E. : 36,5 cm. Grande ; oreilles arrondies et noires ; tragus étroit ; fourrure foncée à la base, plus claire à l'extrémité ; peau nue très foncée ; bout de la queue dépassant le patagium. **Habitat :** fentes des murs, arbres creux. Hiberne et se reproduit dans les greniers.

**Sérotine de Nilsson** *E. nilssonii*. E. : 26 cm. Semblable mais plus petite et plus claire. Manque en Grande-Bretagne, péninsule Ibérique, Italie, Benelux et dans presque toute la France.

**Noctule** Vespertilionidae *Nyctalus noctula*. E. : 36 cm. Grandes et larges ailes ; pelage bronzé ; oreilles courtes, arrondies ; tragus presque semi-circulaire. **Habitat :** bois, parcs ; maisons. Hiberne dans les greniers, les arbres creux. **N.B.** Vol rapide, direct.

**Noctule de Leisler** *N. leisleri*. E. : 27 cm. Plus petite, plus terne. Poils bicolores.

**Pipistrelle** Vespertilionidae *Pipistrellus sp.* L. : 6-8 cm. E. : 21 cm. Oreilles et tragus courts et obtus ; pelage brun. **Habitat :** maisons, jardins. Commune. **N.B.** Hiberne dans les greniers, arbres creux. Vol papillonnant, circulaire. La plus petite chauve-souris d'Europe occidentale.

# INDEX